검찰은 왜

고래고기를
돌려줬을까

차례

추천사

김원웅 광복회장 … 6

염홍철 전 대전시장 … 7

오연천 울산대학교 총장 … 8

서보학 경희대학교 법학전문대학원 교수 … 9

서문

이 책을 쓰는 이유 황운하 … 10

아웃사이더에 대한 응원 조성식 … 12

1부 검찰과의 전쟁

성동경찰서의 반란 … 16

깃발 든 경찰대총동문회 … 21

'법조 브로커'에게 돈 받은 검사들 … 23

첫 수사구조개혁팀장 … 29

문재인 민정수석과 토론 … 32

국회 입법 투쟁과 청와대 감찰 조사 … 35

"검찰 피의자는 검사가 데려가라" … 41

'서부전선' 전투 중 유배인사 … 45

MB 민정수석실의 승진 제동 … 48

수갑 반납 퍼포먼스 … 51

해외로 달아난, 검사 친형 세무서장 … 55

조희팔 사건과 '뇌물 검사' … 58

'전설'의 귀환 … 63

검찰은 왜 고래고기를 돌려줬을까 … 70

2부 잊지 못할 사건들

미아리텍사스 화재 사건 … 76
철없는 경감의 승부수 … 78
김포 토박이파와 영화 <인정사정 볼 것 없다> … 83
파주 용주골을 뒤흔든 총성 … 88
톱가수가 대마초를 피운 까닭 … 92
FBI와 공조한 미국 여대생 살인사건 … 93
마약에 중독된 대통령의 아들 … 95
유명 여성연예인 가정폭력사건 … 97
성매매 집결지 해체 작전 … 99
불법 오락실 업주에게 돈 받은 경찰관들 … 108
'룸살롱 황제'를 잡아들여라! … 110
불법 다단계 대학생 구출작전 … 116
음모론에 빠진 디도스 공격 사건 … 120
정치공방으로 얼룩진 울산시장 측근 수사 … 128

3부 가지 않은 길

고집 세고 자존심 강한 아이 … 136
기대와 실망이 엇갈린 경찰대 … 142
낮에는 적, 밤에는 친구 … 150
6월 항쟁과 사과탄의 추억 … 152
경찰중립화 선언 … 155
결재서류에 끼운 돈봉투 … 158
흉악범 고문과 정의(正義) … 162

검사의 빨간 사인펜 … 165

승진시험에 '수석 불합격' … 170

삼성 갈 뻔했던 사연 … 172

언론 인터뷰 파동 … 175

비리 혐의 직속상관에 경고 … 179

서장 '고스톱 친구'를 구속하다 … 182

광화문타격대 … 185

첫 눈에 반한 여자 … 187

군 출신 서장과 충돌 … 190

승진 보장 자리를 거부하다 … 193

서울지검 피의자 사망사건의 뿌리 … 195

대우차 사태와 홍위병 논란 … 198

검찰 고위간부의 인사 개입 … 202

직위해제 … 204

고마운 사람들 … 212

총경 교육과 골프 … 215

경찰청장 퇴진 요구와 징계 파동 … 217

거듭된 인사 불이익 … 223

조현오 서울청장의 스카우트 … 227

송파서 '슈퍼스타K' … 230

특수수사를 총괄하다 … 232

경찰대 동기생 구속 … 235

성접대 동영상 수사의 배후조종자? … 237

경찰대 출신 청장에 대한 공개 비판 … 239

극적인 승진과 정치적 격랑 … 243

촛불혁명 정신으로 … 246

4부 묻고 답하다

첫 번째 인터뷰 **검찰 개혁** ··· 252
두 번째 인터뷰 **인생의 길** ··· 276

화보   함께한 날들 ··· 288

축사   김삼환 명성교회 원로목사 ··· 291

추천사

원칙과 소신 있는 사람,
황운하를 재발견하다

　　　　　　2019년은 3.1운동 100주년, 대한민국 임시정부 원년이다. 신채호, 김원봉, 이육사, 박열, 나석주… 일일이 나열할 수 없는 수많은 의열단 단원. 일제가 가장 무서워했던 의열단 단원들은 목숨을 버려야 하는 거사를 앞두고 서로 나서겠다고 추첨까지 했다.

　그로부터 100년이 흐른 지금 우리는 선열이 꿈꾼 나라를 건설했나? 그렇지 않다. 일본에 빌붙어 '천황폐하 만세'를 부르며 독립군 토벌에 앞장섰던 이들이 대통령이 되고, 국회의원이 되고, 육군참모총장이 됐다.

　성장의 시대에서 성숙의 시대로 접어들었지만, 반민족 기득권 세력의 저항은 여전하다. 결단코 2020년에는 의회권력을 찾아오고, 언론권력과 문화권력을 해체하고, 사회정의를 회복해야 한다. 위로는 맑은 물결이 흐르고, 아래로는 신선한 바람이 불어야 한다.

　오래전 한 사람을 발견했다. 바로 황운하 청장이다. 이미 원칙과 소신으로 정평이 나 있다. 뚝심도 대단하다.

　그런 그가 첫 번째 책을 펴냈다. 이 책을 통해 그의 가치를 재발견할 수 있다. 재발견은 성숙이다. 사람을 재발견하는 일은 매우 흥미로운 일이다.

　바다에는 3%의 소금이 있다. 그 3%의 소금이 세상을 썩지 않게 만든다. 소금은 녹아 형체가 없어져야 맛을 내고 생명을 보존할 수 있다. 소금과 같은 그의 신념을 뜨겁게 응원한다. 꿈을 가진 젊은이들, 대한민국의 내일을 고뇌하는 사람들에게 일독을 권한다.

　　　　　　　　　　　　　　　　　김 원 웅 광복회장·전 국회의원

이상을 향한
꿈 이야기

　　　　　황운하 대전경찰청장이 책을 냈습니다. 오랫동안 지켜본 사람으로서 그의 장점을 꼽자면, 일관성과 개혁성입니다. 그는 10년 전에 했던 주장을 지금도 합니다. 우리 사회의 잘못된 관행을 지적하며, 그 시정을 줄기차게 요구합니다.

　변화와 개혁을 주장하는 데는 불가피하게 고통이 수반되지요. 그는 경찰 수사권 독립을 꾸준히 주장하면서, 또 대전 유천동 성매매 업소와 전쟁을 하면서 엄청난 비난과 압력을 이겨내야 했습니다.

　이 책 1부에서는 검찰과 부딪쳤던 '투쟁'의 역사를, 2부에서는 '잊지 못할 사건'들을 소개해 독자의 흥미를 유발합니다. 해야 할 일을 회피하지 않는 그의 강한 책임감과 추진력을 엿볼 수 있습니다.

　3부에서는 성장과정을 포함한 삶의 이야기를 통해 '가지 않는 길'을 걸어온 그의 인간적 고뇌를 엿볼 수 있습니다. 그 길은 어쩌면 이상을 향한 그의 꿈이었을 것입니다. 마지막 4부에는 공동저자인 조성식 기자와의 문답식 대화가 담겨 그의 인생철학을 객관적으로 조명해볼 수 있습니다.

　이 책은 황운하 청장의 모든 것입니다. 일독을 권합니다.

염홍철 한남대학교 석좌교수·전 대전시장

추천사

젊은이들에게 던지는
의미 있는 메시지

․․ 38년간 경찰에 몸담은 황운하 대전경찰청장이 성장 과정과 직무 분야의 실천적 경험을 소개하는 책자를 발간했다.

앞부분에서는 수년 전부터 치열한 논의를 벌여온 수사권 독립, 또는 수사구조 개혁에 대한 경찰 측 논리와 검찰과 충돌했던 사건 비화를 소개한다. 아울러 경찰 직무를 수행하면서 경험하거나 관찰했던 흥미로운 사건들을 통해 독자들이 접하기 힘든 수사 현장을 생생하게 소개한다.

저자는 소년기부터 경찰 간부에 이르기까지 인생여정을 서술함으로써 자신의 정체성과 공직관을 독자에게 알려준다. 무난하고 평범한 길을 찾기보다는 자신에게 부여된 역할을 소명감으로 수행하면서 온갖 역경을 헤쳐 가는 모습이 인상적이다.

마지막 부분에서는 대담 형식으로 시대적 과제인 검찰개혁의 방향을 제시하는 한편 지난 삶을 돌아보면서 미래를 어떻게 열어갈지를 담담하게 털어놓았다.

이 책은 한 공직자의 삶의 궤적을 통해 경찰공무원은 물론, 진취적인 미래를 모색하는 젊은이들에게 의미 있는 메시지를 던졌다고 평가할 수 있겠다.

오 연 천 울산대학교 총장·전 서울대 총장

소인배를 불편하게 만든
'문제적 인간'

　　　　　　황운하 대전경찰청장은 '문제적 인간'입니다. 공직생활 내내 끊임없이 크고 작은 문제를 일으켰습니다. 이 때문에 좌천과 승진 누락, 징계 등 혹독한 대가를 치러야 했습니다.
　　경찰조직의 특성상 황운하처럼 반복적으로 문제를 일으키는 인물은 도태되기 십상입니다. 그런데 그는 살아남아 치안감까지 올랐습니다. 게다가 '문제적 인간' 황운하에 대한 경찰관들의 애정과 신뢰가 각별합니다. '존경하는 선배'로 주저 없이 황운하를 꼽는 청년 경찰관을 많이 봤습니다.
　　이 책은 황운하의 남다른 삶과 철학을 기록하고 있습니다. 특히 경찰대 1기 출신의 전도유망했던 젊은 경찰관이 '문제적 인간'으로 살아온 사연을 소상하게 담았습니다.
　　이 책을 읽다보면 황운하가 문제를 일으켰다는 표현이 사실 터무니없는 것임을 깨닫게 됩니다. 그는 문제를 일으킨 바 없습니다. 경찰을 둘러싼 부조리와 불의에 저항했을 뿐입니다. 모두 알면서도 눈감은 문제를 굳이 들춰냄으로써 용렬한 소인배들을 불편하게 만든 것이 황운하에게 가해진 비난의 진짜 이유입니다.
　　더 나은 세상, 정의로운 사회를 꿈꾸며 살아가는 분들에게 이 책을 추천합니다. 불의와 타협하기를 거부한 황운하 청장의 용기와 올곧은 삶의 철학이 여러분에게 묵직한 위안과 희망을 줄 것입니다.

서 보 학 경희대학교 법학전문대학원 교수

서문

이 책을 쓰는 이유

황운하

이 책은 저의 첫 번째 책입니다. 책을 낸다는 것은 두려운 일입니다. 그럼에도 이 책을 쓰는 이유는 기록으로 남기고 싶어서입니다.

1981년 만 19세에 경찰대학 제1기생으로 입학하면서 경찰은 제 운명이 됐습니다. 어느 새 38년의 세월이 흘렀습니다. 이제 경찰생활을 마감할 때가 됐습니다. 지난 삶의 과정을 가족, 친지, 후배, 동료들에게 기록으로 남겨 전하는 것이 저에게 남겨진 의무라고 생각했습니다.

경찰은 제가 살아가는 이유였습니다. 경찰과 함께 웃고 울고 기뻐하고 슬퍼하며 살아왔습니다. 때론 가슴을 불에 덴 듯 마음 아파하며 때론 경찰의 부조리한 현실에 좌절하고 분노하며 불면의 밤을 보내기도 했습니다. 경찰과 함께한 지난 세월은 멍에를 짊어진 듯 힘겨운 시간이었지만, 보람과 영광, 그리고 자부심의 시간이기도 했습니다.

한편 경찰은 제 삶을 더욱 의미 있고 한층 성숙하게 만들었습니다. 경찰은 매순간 저를 더 좋은 사람으로 만들어 주고 경륜과 지혜를 쌓게 해주었습니다. 꿈에 대한 열정을 식지 않게 해주고 소임을 잘 완수할 있도록 많은 영감을 주었습니다. 수사와 기소를 분리하는 수사구조 개혁이 시대적 과제이자 국민적 염원으로 자리매김하는 데 일조했다는 점은 제 경찰인생의 가장 큰 자부심이자 보람입니다.

이 책은 그런 저의 경찰인생을 정리했습니다. 제 경찰인생의 전부라 할 수 있는 수사구조 개혁은 이제 마지막 고비에 와 있습니다. 반드시 성공해야 합니다. 실패한다면 그것은 숱한 적폐를 야기했던 구체제와 불의에 대한 정의의 패배를 뜻하기 때문입니다.

　수사구조 개혁은 경찰의 이익을 위한 것이 결코 아닙니다. 정의가 숨쉴 수 있고 공정성이 보장되는 민주적 형사사법제도를 만들어 궁극적으로 국민에게 이익이 돌아가게 하기 위해서입니다. 주권자인 국민 모두 정의로운 역사를 만들어간다는 자신감으로, 또 반드시 성공한다는 확신으로 두 눈 부릅뜨고 감시하고 참여해야 합니다. 이 책은 그런 저의 신념과 단상을 정리했습니다.

　저에게는 2, 3년의 정년이 남았습니다. 하지만 박수칠 때 떠나는 것이 뒷모습이 아름다운 퇴장일 수 있겠다는 생각에서 조금 일찍 경찰생활을 마감하기로 했습니다. 그래서 미지의 세계에 도전하는 새로운 삶을 살아가기로 했습니다. 경찰 밖에서 더 정의롭고 더 공정한 세상을 향한 저의 역할을 모색할 것입니다. 이 책은 꿈과 열정, 그리고 균형감각과 의무감으로 새로운 인생을 살아가겠다는 저의 포부를 밝히고 있습니다.

　이 책은 자서전 성격이지만 공동저술 형식입니다. 공동저자인 조성식 기자는 오랜 시간 제 삶의 구석구석을 들여다보고 있었기에 저보다 저를 더 잘 알고, 무엇보다도 뛰어난 필력으로 독자에게 깊은 감흥을 유발할 것이라고 생각합니다. 저의 제안을 흔쾌히 받아주고 집필에 노고를 아끼지 않은 조성식 기자에게 이 자리를 빌려 감사의 마음을 전합니다.

　아울러 가장 어려웠던 시간에 가장 큰 버팀목이 돼주었던 사랑하는 아내와 딸, 그리고 경찰동지들에게 감사의 마음을 담아 이 책을 바칩니다.

서문

아웃사이더에 대한 응원

조성식

나는 검찰 기사를 많이 쓴 편이다. 가까이 지낸 검사도 많다. 하지만 검사 개인에 대한 평가와 검찰 조직에 대한 평가는 별개다. 2010년 <대한민국 검찰을 말하다>를 펴낸 이후 언젠가 경찰에 대한 책도 내겠다고 마음먹었다. 수사구조와 검찰권력의 문제점을 인식하면서 상대적으로 약자인 경찰에 관심을 기울이게 된 것이다.

원래는 여러 전·현직 경찰 간부 인터뷰를 모아 꾸밀 생각이었다. 황운하 대전경찰청장도 그 중 한 사람이었다. 어느 날 황 청장이 회고록 공동 저술을 제안했다. 한동안 고민하다 응낙한 것은 따로 책을 내도 좋을 만큼 이야깃거리가 많고, 기록으로 남길 가치가 크다고 판단해서다. 우리는 몇 개월 동안 10여 차례 만나 한번에 일고여덟 시간씩 대화하고, 정리한 원고를 함께 검토했다.

나는 20대에 알베르 카뮈의 <반항인>에 매료됐다. 좀 거창하게 말하면, 황 청장은 '나는 반항한다. 고로 우리는 존재한다'는 카뮈의 명제를 충실히 실천해온 사람이다. 그에 대한 호감과 신뢰감이 오랫동안 유지된 데는 기질이 비슷한 사람을 응원하고 싶은 마음도 작용했으리라. 그와 달리 나는 '의식과 실천의 일치'라는 명제 앞에서 내세울 게 없고 성취도 보잘것없는 사람이지만.

'반항인'은 단순히 불합리한 체제에 저항하는 사람을 뜻하지 않는다. 인간 존재와 사회질서의 근원적 부조리에 저항하는 사람이다. 그리스신화에서 끊임없이 언덕 위로 바위를 밀어올리는 시시포스처럼 포기하거나 굴복하지 않는다.

옳고 그름에 대한 최소한의 구분이 사라진 조직에서는 탐욕스러운 출세욕이 충성심으로 포장되고 무소신 보신주의가 합리적 생존철학으로 미화된다. 직위를 권력으로 여기고 남의 희생을 발판 삼아 자신의 안위와 영달을 도모하는 자들이 득세하는 조직은 암울하다. 언론계도 예외가 아니다.

남들이 다 순응하는 질서에 반기를 들면 꼴통 소리를 듣는다. 그런 점에서 황운하는 의로운 꼴통이었다. 그의 삶은 그 자체로 실험이었다. 조직에서 자존심과 소신을 지키면서도 뜻한 바를 이루는 것이 가능한지를 확인하는.

오래 전 경찰 고위간부는 내게 "황운하는 한국 경찰의 보배"라고 말했다. 나는 과거 황운하에 대한 인터뷰 기사를 쓰면서 '한국 경찰의 자존심'이라는 수식어를 붙인 바 있다. 언행이 튀고 과격하다고 그를 싫어하는 사람도 있다. 그럴 수도 있다. 다만 행동의 동기가 자존심이든 자부심이든, 그의 남다른 성취가 조직에 순응만 해서는 결코 얻을 수 없는 것이었음을 인정하는 데 인색할 필요는 없다고 본다.

그는 강함과 부드러움을 구분할 줄 아는 사람이다. 타협을 모르는 원칙론자이자 강경론자로 비치지만, 전략적이고 합리적인 면도 엿볼 수 있다. 그의 강점은 오히려 자신의 결함과 약점을 스스럼없이 드러내는 데서 더 빛난다.

그는 말한다. 불의한 상관이나 권력 앞에 쫄지 말라고. 아닌 건 아니라고 당당하게 말하라고. 당장은 손해나 피해를 볼지 모르지만, 길게 보면 그것이 진정 승리하는 길이라고.

눈 덮인 들판을 걸어갈 때는
발걸음을 어지럽게 걷지 말지어다.
오늘 내가 디딘 발자국은
언젠가 뒷사람의 이정표가 되리라.

- 백범 김구

검찰과의 전쟁

1부

성동경찰서의 반란

1999년 6월, 나는 오랜 구상을 실천에 옮겼다. 검찰에 파견된 경찰관들에게 복귀하라는 명령을 내린 것이다. 경찰 역사상 처음인 이 일은 불합리한 수사구조를 바꾸는 긴 여정의 첫 걸음이었다.

'절대권력' 검찰에 대한 현장으로부터의 첫 선전포고와 다름없었다. 정치적 격변기에 몇몇 전·현직 고위간부가 은밀하게 수사권 독립을 추진하다가 실패한 사례는 있었지만 현장에서 경정급 중간간부가 공개적으로 검찰과 정면으로 맞서는 일은 상상하기 어려운 일이었다.

그때까지 검찰은 마음대로 경찰 인력을 부려왔다. 파견근무 형식이었지만, 기한도 없고 인원 제한도 없었다. 경찰관을 검찰에 근무시키려면 협조공문을 보내고 파견 절차를 따라야 했으나 이런 과정을 생략하는 경우도 많았다.

장기 파견자가 많다 보니 경찰은 그만큼 인력 손실을 입을 수밖에 없었다. 그러나 경찰청장은 물론 누구도 이 문제를 공개적으로 거론하지 않았다.

특히 검찰 특수부와 강력부에 파견된 경찰관이 많았다. 주로 형사들이었다. 검사가 승진 보장 등 우대를 해줬기에 해당 경찰관들은 호가호위하며 어깨에 힘주고 다녔다.

서울 성동경찰서 형사과장에 부임한 나는 이 오랜 굴종의 역사를 뒤엎기로 마음먹었다. 관련 규정과 실태를 파악해보니 대부분 법적 근거가 희박한 편법·불법 파견이었다. 논란은 있겠지만 명분과 적정

> **경향신문** 　1999-06-24　강진구
>
> ## 검찰파견 경관 복귀
> ## '사상초유사태' 파문-'경찰의 반란'
>
> 경찰청이 검찰에 파견된 경찰관들에게 전원 복귀명령을 내려 큰 파문이 일고 있다. 일부 경찰서는 이미 검찰에 경찰관을 돌려줄 것을 요청, 23일 경찰관 5명이 실제 복귀하는 사상 초유의 일이 벌어졌다.
> 경찰청은 최근 13개 지방경찰청에…

절차라는 면에서 확실하게 우위에 설 수 있겠다는 판단이 들었다.

트집 잡히지 않으려면 절차를 잘 지켜야 했다. 검찰에 공식 문서를 보내기로 했다. 실무자들에게 지시하기 전 직속상관인 서장에게 미리 보고했다. 서장을 내 편으로 만들지 못하면 성사되기 힘들다고 봤기 때문이다.

간부후보생 출신 안모 서장은 다행히 배짱 있는 분이었다. "자신 있느냐"고 묻기에 조목조목 설명해줬더니 고개를 끄덕였다. 무엇보다도 경찰 지휘부의 '방해'를 차단할 필요가 있었다.

"상부에 보고하면 못 하게 할 테니 서(署)에서 알아서 하는 걸로 하시죠."

"그런데 뒷감당이 될까? 검찰이 보복하지 않을까?"

"보복하려 해도 대응수단이 마땅찮을 겁니다. 무시하고 상대하지 마십시오. 뒷일은 저한테 맡겨주십시오."

서장은 "일단 저지르고 보자"는 내 말에 동의했다. 문제가 생기면 자신의 경북고 인맥을 동원하겠다며 몇몇 검찰 간부의 이름을 대기도 했다. 실제로 당시 경찰과 검찰에는 경북고 출신이 많았다. 뜻하지 않은 원군을 만난 셈이었다.

공문서를 발송하려면 절차를 밟아야 했다. 실무자가 작성한 문서를 계장이 과장을 거쳐 서장에게 결재를 올리는 방식이었다. 그런데 다들 부담스러워했다. 오랫동안 검경(檢警) 주종관계에 길들여진 탓이리라. 결국 과장인 내가 직접 기안해 서장실로 들어갔다. 막상 결재를 하려니 고민스러운 모양이었다. 안 서장은 잠시 뜸을 들이다 결심한 듯 말했다.

"그러니까 검찰과 한판 붙자는 거지?"

"예."

서장 결재를 받아낸 나는 검찰에 공문을 보냈다. 당시 서울지방검찰청(현 서울중앙지방검찰청)과 동부지청에 파견된 성동서 직원은 5명. 검찰에서는 아무런 답이 없었다. 철저히 무시하는 태도였다.

김대중 정부 2년째인 당시 검찰권력은 날로 커지고 있었다. "검찰이 바로 서야 나라가 바로 선다"는 김 대통령의 훈시는 검찰 개혁이 아닌 검찰 키우기에 일조했다.

검찰은 '말 따로 행동 따로'인 정권을 등에 업고 세력을 키워갔다. 이런 판국에 일개 경찰서의 공문이 눈에 들어올 리 없었다. 감히 경찰이 검찰에 협조를 요청해? 시늉만 하다 말겠지….

파견 직원들에게 복귀날짜를 일러주고 그때까지 돌아오지 않으면 무단이탈로 징계하겠다고 엄포를 놓았다. 놀란 경찰관들은 모두 철수했다. KBS 출입기자가 이를 보도하면서 공론화가 됐다. 나중에 경향신문은 '경찰의 반란'이라는 제목으로 관련 기사를 실었다.

검찰은 마땅한 대응수단을 찾지 못했다. 경찰이 제시한 적정 절차에 대해 할 말이 없었기 때문이다. 경찰과 검찰을 대등하게 다룬 언론

보도에 항의하는 게 고작이었다. 언론이 성동서 형사과장과 서울지검 강력부장의 의견을 나란히 보도하자 어떻게 양자의 격이 같으냐고 항의한 것이다.

여론전에서 밀리지 않을 거라는 내 판단이 맞아떨어진 셈이다. 뒤늦게 서울지검 강력부는 공문을 보내 재파견을 요청했으나 거부당했다.

어느 날 서울지검 강력부 검사가 전화를 걸어왔다. 대전고 출신 79학번이라고 자신을 소개했다. 아마도 내 고향이 대전이라는 걸 알고 일부러 출신고를 밝힌 듯싶었다. 그는 대뜸 "그렇게 자신 있느냐"고 찔러왔다.

"고향 선배로서 충고하는데 무리하지 마세요. 당신은 깨끗한지 모르지만 부하들도 그럴까요. 오늘이라도 노래방 몇 군데 털면 다 잡아넣을 수 있어요. 간부라면 조직 보호를 생각해야지 부하들 다치게 할 겁니까?"

노골적인 협박이었다. 기세싸움. 여기서 밀리면 끝장이라고 생각한 나는 단호한 어조로 "내 생각은 변함이 없으니 마음대로 하시라"며 전화를 끊었다.

검찰은 서장실로도 전화를 걸었다. 서장실 직원이 도움을 청했다.

"검찰청에서 자꾸 전화를 걸어와 서장님 바꿔달라고 하는데 어떻게 할까요?"

"외출 중이라고 하고, 연결하지 마세요. 파견 직원 용건이라면 형사과장한테 얘기하라고 하고."

하지만 나한테 직접 전화를 걸어오는 검사는 없었다. 성동서의 작은 울림은 전국 경찰로 번져갔다.

경찰청은 전국 경찰서 직원들의 검찰 파견 실태를 조사했다. 모두

242명이었는데, 절반 이상이 경찰청장 승인 없이 이뤄진 '무허가 파견'이었다. 관련 법조항에 따르면 기관 간 공동 업무수행(파견)이 필요한 경우 해당 기관장의 승인을 얻어야 한다.

경찰청은 검찰 파견과 관련된 지침을 마련해 일선 경찰서에 하달했다. 지청장 또는 검사장 명의의 공문이 접수된 경우에 한해 경찰청장의 승인을 받아 파견하도록 했다. 파견기간은 1년 이내를 원칙으로 삼았다. 다만 검찰에서 연장을 요청할 경우 한 차례에 한해 1년 연기해주되 최대 2년을 넘지 못하도록 했다.

이에 따라 각 검찰청에 편법이나 불법으로 파견된 경찰관은 대부분 복귀했다. 경찰이 검찰에 직접 이의를 제기해 뜻을 관철한 첫 사례였다.

이 사건 이후 언론에 '검경 대립' '검경 갈등'이라는 표현이 등장했다. 검찰의 일방적 우위에 금이 가기 시작한 것이다. 또한 일선 경찰관들이 노예의식에서 깨어나 주인의식을 갖는 계기가 됐다.

경찰대학교 출신이 주도한 사건이라는 점에서도 눈길을 끌었다. 경찰 내에서는 경찰대 출신 간부들에 대한 막연한 기대감이 있었다. 경찰대 출신이 언젠가 조직 개혁에 대해 목소리를 낼 것이라는…. 이 사건은 그 신호탄으로 받아들여졌다.

깃발 든 경찰대총동문회

··   2002년 16대 대통령선거 때 노무현 민주당 후보는 경찰 수사권 독립을 공약으로 내걸었다. 노 후보가 당선된 후 경찰청은 대통령직인수위원회에 제출할 업무보고서를 준비했다.

어느 날 보고서 작성 실무자인 후배로부터 연락이 왔다. 경찰 수뇌부가 대통령 공약사항을 소극적으로 해석해서 공약에 미치지 못하는 내용으로 업무보고 방향을 잡았다며 답답해했다.

그에 따르면 경찰청이 마련하는 방안은 절도, 폭력 등 일부 경미한 범죄에 한해 검사의 수사지휘를 받지 않는 수준이었다. 검찰의 과도한 권한을 분산해 경찰과 검찰 간 견제와 균형이 작동하는 수사권 독립의 본질과는 거리가 멀어도 한참 멀었다.

나는 경찰의 숙원보다 자신들의 안위를 중시하는 수뇌부의 태도에 분개했다. 굴러들어온 호박을 발로 차버리는 격이었다.

경찰대총동문회장을 맡고 있던 나는 곧장 동문회 홈페이지에 경찰 지휘부를 맹렬히 비판하는 글을 올렸다. 제목은 '경찰 수뇌부는 역사 앞에 죄인이 되지 말라.' 요지는 다음과 같았다.

'검찰 등의 반발을 우려해 (수뇌부가) 미리 위축된 자세로 임하는 것은 패배주의다.'

'지금처럼 주변 여건이 유리한 상황은 다시 오기 어렵다. 일부 경미한 범죄에 한해 독자적 수사권을 추진하려는 수뇌부의 움직임은 천재일우(千載一遇)의 기회를 스스로 박차는 행동이다.'

'조직의 자존이 걸린 일을 (수뇌부) 혼자 거국적 안목에서 보는 것인 양 행동하는 것은 자기기만이다. 이는 권력자의 심기를 어지럽히지 않으려는 데 불과하며 자신의 영달을 위한 것이다.'

한 일간지 기자가 이 글을 보고 기사화했다. 경찰 내 여론이 들끓었다. 경찰청은 항명으로 간주해 감찰 조사를 벌였다. 하지만 내가 "개인 의견을 밝힌 것으로 외부에 공개할 의도는 없었다"고 맞서자 더 어쩌지를 못했다.

그뿐 아니라 명분에서 밀린 경찰청은 결국 방침을 바꿨다. 조직 내부에서 내 의견을 지지하는 분위기가 조성되자 전면적 수사권 조정을 요구하는 쪽으로 돌아선 것이다. 일선 경찰서 형사과장이 경찰수사권 독립에 관한 경찰청의 방침을 바꾸게 한 사건이었다.

■ '법조 브로커'에게 돈 받은 검사들

　　검사 비리 의혹에 대한 경찰 수사는 드물기도 하지만, 성공하는 경우는 더욱 드물다. 대부분 검찰에 영장을 신청하는 단계에서 수사가 가로막히기 때문이다.

　압수수색영장이나 구속영장은 임의수사에서 강제수사로 전환하는 과정에서 반드시 거쳐야 하는 필수적인 절차다. 제때 영장을 발부받지 못하면 수사에 제동이 걸리는 경우가 많다. 사실상 수사가 무력화될 우려가 있다.

　헌법에 따르면 영장청구권은 검사에게만 있다. 경찰은 오직 검사를 통해서만 법원에 영장을 청구할 수 있다.

　검사의 영장청구권 독점은 경찰 수사를 좌지우지할 수 있는 효과적 수단이다. 수사 대상이 비리 검사인 경우 경찰의 영장 신청이 받아들여지는 건 불가능에 가깝다.

　내가 서울 용산경찰서 형사과장 시절 수사했던 오다리 사건도 그런 경우다. 오다리는 서울 용산에서 법조 브로커로 활동하던 박모 씨의 별명. '오지랖 넓은 마당발'이라는 뜻이라고 했다.

　용산역 윤락가 주변에서 '해결사'로 통하던 박씨가 수사망에 걸려든 것은 2003년 3월 초. 형사과 강력5반이 경기도 평택 윤락가 업주 2명에 대해 윤락행위 방지법 위반 혐의로 구속영장을 청구한 사건이 발단이었다.

　수사 대상에 오른 평택 및 용산 윤락가 업주들은 인신매매 공범이었다. 구속된 업주 측에서 박씨에게 사건 해결을 부탁하려 한 정황이 포착됐다.

사실 용산서 형사들 사이에서 오다리는 제법 유명한 인물이었다. 윤락가 사건이 발생할 때마다 심심찮게 그의 이름이 오르내렸기 때문. 하지만 뚜렷한 범죄 혐의가 드러나지 않은 데다 검사들과 친하다는 소문 탓에 방관만 하던 터였다.

박씨는 과거 안마시술업소와 유흥업소를 운영한 경력이 있었다. 그때부터 검사들에게 밥 사고 술 사주며 친분을 쌓은 것으로 파악됐다. 나는 그가 검사들과의 친분을 내세워 브로커 노릇을 해왔을 가능성에 주목했다.

정의감 강한 젊은 강력반장에게 수사를 맡기고, 뒤에서 일일이 챙겼다. 검찰을 상대해야 하는 만큼 사실상 내가 직접 수사한다는 생각이었다.

용산 윤락가 일대에서 발생한 과거 범죄에 대한 수사기록을 샅샅이 훑고 업주들을 상대로 탐문수사를 벌인 결과 그의 과거 비리 몇 가지가 포착됐다. 구속된 용산 윤락가 업주들이 벌금형으로 풀려나는 데 그가 손을 쓴 정황이 드러난 것이다. 사건 해결 명목으로 제3자를 통해 돈을 받은 혐의였다.

3월 중순 박씨를 긴급체포했다. 그의 휴대전화 2개를 압수해 최근 3개월간 통화내역을 조회했다. 법조인 30여 명과 100여 차례 통화한 사실이 드러났다. 대부분 현직 검사이거나 검사 출신 변호사였다. 현직 검사들과 통화한 횟수만 70여 회였다.

통화기록이 확인된 검사 10여 명 중 상당수가 용산서 사건을 지휘하는 서울지검 서부지청(현 서울서부지방검찰청) 소속이었다. 서부지청에 근무하다 다른 검찰청으로 옮겨간 검사도 있었다. 판사도 한 명 있었다. 용산 지역을 관할하는 서울지방법원 서부지원(현 서울서부지방법원) 소속이었다.

박씨와 통화한 검사들 신분을 쉽게 확인할 수 있었던 것은 대부분 휴대전화로 통화했기 때문이다. 밤늦게 통화한 기록도 많았다. 나는 통화내역을 확인한 후 승부욕이 발동했다. 박씨와 검사들의 부적절한 거래 의혹을 파헤치고 싶었다.

해당 업주들의 진술을 확보한 다음 검찰에 박씨에 대한 구속영장과 계좌 압수영장을 신청했다. 영장에 적힌 범죄 혐의는 세 가지. 두 건은 윤락가 업주 구속과 관련된 변호사법 위반, 한 건은 사기 혐의였다.

서부지청은 영장 신청을 반려했다. 사유는 "박씨가 알선 대가로 돈을 받았다는 증거가 없다"는 것이었다. "계좌는 이 사건과 직접 관련성이 없다"는 이유도 덧붙였다.

보강수사를 한 후 다시 영장을 신청했다. 검찰은 이번에도 거부했다. 영장에서 자유로워진 박씨는 기가 살아났다. 반면 수사팀 의지는 약해질 수밖에 없었다.

박씨는 사건 초기 검사들과의 친분을 부인했다. 하지만 영장 청구

중앙일보
강주안·김정하 기자

경찰, 법조비리 의혹 수사 파문
사건 브로커 용의자 추적, 대상자 명단작성
검사 20여명 포함…변호사 4명은 서면조사

경찰이 검사·변호사 등이 관련된 법조비리 의혹 수사를 해온 사실이 확인돼 파문이 일고 있다.
특히 형사사건 알선 혐의를 받고 있는 안마시술소 업자가 자신의 휴대전화로 현직 검사 20여명을 포함한 법조인 30여명과 통화한…

가 물 건너간 후 대담한 모습을 보였다. 수사팀이 통화 대상자 명단을 들이대며 검사들과의 관계를 계속 추궁하자 "솔직히 검사들 반은 안다"고 큰소리를 쳤다. 검찰 간부 두어 명의 이름을 대며 "오래 전부터 아주 잘 안다"며 친분을 과시하기도 했다. 구속되지 않을 거라는 자신감의 표출이었다.

여기서 수사는 막혔다. 게다가 나는 인사발령을 앞둔 상태였다. 총경 승진 1순위로 꼽히는 서울 강남경찰서 형사과장에 보임될 예정이었다. 나를 아껴준 박종환 용산서장이 힘써준 덕분이었다.

박 서장을 생각하면 조용히 떠나는 게 좋겠지만, 그보다는 대의가 더 중요했다. 나는 오다리 사건을 공론화하기로 마음먹었다. 검사들과 윤락가 해결사의 부적절한 관계를 더 파헤치지 못하고 이대로 덮자니 자존심이 상했다. 견제 받지 않는 권력인 검찰의 부도덕한 행태에 대한 분노도 치밀었다.

평소 알고 지내던 중앙일보 기자가 취재를 시작했다. 4월 하순 이 신문은 사회면 머리기사로 이 사건을 다뤘다. 제목은 '경찰, 법조비리 의혹 수사 파문.' 내가 강남서로 옮겨간 지 이틀 뒤였다.

후속기사가 이어지고 다른 매체들이 관심을 보이면서 사건의 파장이 커졌다. 경찰이 검찰의 부패비리 혐의에 대해 고소·고발에 따른 조사가 아닌 인지수사에 착수한 첫 사례라 할 만했다. 검사가 음주운전 단속에 걸리거나 술 먹고 행패를 부리는 등 개인적 일탈로 경찰 조사를 받은 적은 있어도 특정 사건과 관련된 비리 의혹으로 인지수사 대상에 오른 것은 처음이었기 때문이다. 그것도 한두 명이 아닌 10여 명씩 말이다.

갓 출범한 노무현 정부의 대선 공약 중 경찰 수사권 독립이 포함돼 있었기에 검찰은 예민한 반응을 보였다. 언론은 이 사건을 수사권 조정을 둘러싼 검경 간 힘겨루기라는 갈등구도로 다뤘지만, 대체로 검찰의 제 식구 감싸기를 비판하는 논조를 보였다.

5월 중순엔 시사월간지 신동아가 이 사건을 심층 취재한 기사를 내보냈다. 신동아는 오다리 박씨와 통화한 전·현직 검사들을 전수조사 방식으로 일일이 연락해 친분 여부를 확인했다.

기사에 따르면 이들은 대부분 박씨와 적어도 한 번 이상 식사나 술자리를 함께한 사이였다. 그들은 친분 관계는 시인하면서도 사건과 관련해 청탁이나 금품을 받은 적은 없다고 부인했다. 신동아는 또 박씨 주변 인물들의 다양한 증언을 통해 그가 유흥업소를 운영하면서 어떤 식으로 검찰 인맥을 구축했는지를 구체적으로 보도했다.

여론이 불리하게 돌아가자 검찰 최고 조직인 대검찰청이 나섰다. 박씨와 통화한 검사들 명단을 확보한 대검은 감찰에 착수해 검사 12명으로부터 경위서를 받았다. 감찰이 진행되던 5월 말 박씨는 결국 구속됐다. 윤락업소 업주들로부터 사건을 해결해주겠다며 5400여만 원을 받은 혐의였다.

검찰이 영장 청구를 거부하는 바람에 경찰 수사팀은 박씨의 계좌를 추적하지 못했다. 당연히 금전거래 내역을 확인할 수 없었다.

하지만 대검은 관련된 검사들의 진술과 계좌추적을 통해 금전거래 사실을 밝혀냈다. 감찰 결과에 대한 언론보도에 따르면 검사 5, 6명이 박씨한테 돈을 받았다고 한다. 대검은 그 중 3명에 대해 법무부에 징계를 청구했다.

당시 대검 조사를 받았던 검사 중에는 뒷날 박근혜 정부에서 청와대 고위직을 지낸 K씨도 있었다. K씨는 이 사건 여파로 검사장 승진

> **중앙일보** 2003-06-09 김원배 기자
>
> 용산 '법조브로커' 유착 의혹
> ## 검사 12명 경위서 받아
> 검사 20여명 포함…변호사 4명은 서면조사
>
> 서울 용산지역의 자칭 '법조 브로커' 朴모(49·안마시술소 운영) 씨와 검사들의 유착 의혹 사건을 조사 중인 대검 감찰부가 최근 朴씨와 접촉한 현직 검사 12명에게 경위서를 제출케 한 것으로 8일 확인됐다. …

에서 탈락한 것으로 알려졌다. 그가 나한테 앙심을 품었다는 소문이 내 귀에도 들려왔다. 그는 현재 자유한국당 소속 국회의원으로 활동하고 있다.

이 사건은 당시 검찰 개혁 방안을 두고 대립하던 법무부와 대검의 갈등을 부추기는 데도 한몫했다. 강금실 법무부 장관의 측근으로 검찰제도 개혁 틀을 짠 L검사가 연루된 탓이다.

불리한 정황증거가 제시됐지만 L검사는 억울함을 호소했다. 그를 못마땅하게 여기던 송광수 검찰총장이 징계를 강행하자 강 장관이 저지하고 나섰다. 논란 끝에 L검사는 구제됐다. 강 장관은 나중에 그를 검사장으로 승진시켰다.

청와대도 이 사건에 관심을 보였다. 어느 날 법무비서관이 내게 관련 검사 명단을 제공해달라고 요청했다. 청와대에 파견된 후배 경찰관을 통해서였다. 나는 "수사자료라서 보내줄 수 없다"고 거절했다.

그해 12월 법원은 박씨에게 유죄를 선고했다. 징역 1년에 집행유예 2년이었다.

▌ 첫 수사구조개혁팀장

·· 2004년 11월 경찰청에서 전화가 왔다. 신설 수사권 조정팀에 합류해달라는 요청이었다. 그해 1월 총경으로 승진한 나는 서울지방경찰청 수사지도관을 거쳐 경찰대에서 총경 교육을 받고 있었다.

주지하다시피 검경 수사권 조정은 노무현 대통령의 대선 공약이었다. 하지만 정권이 출범한 지 2년이 다 돼가도록 가시적 성과가 없었다. 2004년 9월에야 검경수사권조정협의체가 구성됐는데 별 진척이 없었다. 예상한 대로 검찰의 강력한 반발에 부딪힌 탓이다. 뭔가 돌파구가 필요한 시점이었다.

수사권조정팀에 나를 끌어들인 사람은, 뒷날 경찰청장에 오른 경찰대 4기 민갑룡 경정이었다. 민 경정이 자신과 가까운 최광식 경찰청 차장에게 "황운하 선배가 팀장을 맡아야 한다"고 강하게 추천했다는 것이다.

민 경정과는 동문회 일을 같이한 인연이 있었다. 내가 경찰대총동문회장일 때 정책실장을 맡았다. 기획력이 탁월하고 성실한 후배였다. 표창원 경찰대 교수를 비롯한 몇몇 학계 전문가와 함께 경찰의 수사권 독립을 이론적으로 뒷받침할 수 있는 <비교수사제도론>이라는 책을 펴내기도 했다.

일이 잘되려니 그해 12월 허준영 서울경찰청장이 경찰청장으로 부임했다. 허 청장은 국회 인사청문회 때 수사권 조정에 대한 강한 소신을 밝혀 기대를 모았다.

2005년 경찰청 수사구조개혁팀장으로서 국회에서 열린 수사권 조정 관련 입법공청회에 토론자로 참석했다.

사실 그가 경찰청장에 오른 것은 그다지 바람직하지는 않았다. 노무현 정부 초기 청와대 치안비서관을 지낸 경력 때문이다. 하지만 허 청장은 정권 눈치나 보는 소인배가 아니었다. 재임 중 청와대와 맞서는 뚝심과 배포를 보여줬다. 이런 사람이 때마침 청장이 된 것은 경찰의 행운이었다.

그 즈음 검경수사권조정자문위원회가 출범했다. 학계와 시민단체 전문가 등 민간위원과 검경 대표가 어우러진 민관 협의체였다.

일은 미리 시작했지만, 우리 팀의 공식 출범은 다소 늦춰졌다. 경찰 안팎의 견제 탓도 있었다.

당시 경찰 내부에서는 수사권 독립을 놓고 일종의 노선투쟁이 벌어졌다. 온건파는 "정부에서 밀어줄 때 작은 것이라도 챙겨야 한다. 황운하처럼 강경하게 나가면 아무것도 얻어내지 못한다"고 주장했다. 경찰청 수뇌부를 형성하는 치안감, 경무관 대부분이 그런 시각을 갖고 있었다.

나는 공개 토론에서 반대파를 공박했다.

"검찰에 사정해서 뭘 좀 얻어내려는 사고방식은 노예근성이고, 수사권 독립의 이념적 기반인 주체적 사고에 반한다. 수사권 독립은 경찰과 검찰의 관계를 정상화하는 것이다. 우리 내부에 기득권 질서에 순응하려는 DNA가 있다. 이런 패배주의적 사고에서 하루빨리 벗어나야 한다."

목표의식이 불투명한 온건론은 원칙적이고 선명한 주장에 밀리는 법이다. 토론 후 많은 간부가 내 의견에 찬성하게 됐다.

나는 만약 허 청장까지 검찰과 타협해 뭔가를 얻어내려는 태도를 취한다면, 일단 설득해보되 안 되면 수사권조정팀장에서 물러날 생각이었다. 다행히 허 청장은 내게 힘을 실어줬다.

수사권조정팀이 진용을 갖춘 것은 이듬해 2월. 내가 과장급인 팀장을 맡고, 그 밑으로 계장인 민갑룡 경정, 이지은 경위 등이 포진했다. 하나같이 경찰에서 똑똑하다는 소리 듣는 인재였다.

수사권 조정에 대한 청와대 방침은 다소 비현실적이었다. 시한을 정해놓고 당사자인 검찰과 경찰이 알아서 협의하라는 식이었다. 당위의 문제를 타협의 문제로 변질시킨 셈이다.

수사권 조정의 본질을 이해한다면 결코 내놓을 수 없는 해법이었다. 타협이라는 것은 어느 정도 대등한 관계에서나 가능한 일이다. 강자와 약자에게 타협하라고 권하는 건 의도와 상관없이 강자 편을 드는 것이나 마찬가지다. 검찰에 대한 이해가 부족하고 이상론에 치우친 탓이었다.

▎문재인 민정수석과 수사권 토론

　　수사권조정팀이 발족한 지 얼마 안 돼 청와대에서 비공식 토론이 진행됐다. 문재인 민정수석비서관이 마련한 자리였다.

　경찰청 기획수사심의관인 김학배 경무관과 내가 경찰 대표로 참석했다. 검찰에서는 김회재 대검 수사정책기획단장(부장검사급), 차경환 부부장 검사가 나왔다. 청와대에서는 전해철 민정비서관, 신현수 사정비서관, 김진국 법무비서관. 김상환 치안비서관이 동석했다. 김 치안비서관이 내게 '사전 교육'을 부탁하기에 토론 전 청와대에 몇 차례 들어갔다.

　문 수석은 주로 이야기를 듣는 편이었다. 수사권 조정의 필요성은 인정하되 검찰이나 경찰 어느 한쪽에 치우치지 않으려는 듯 신중한 태도를 취했다. 그는 단계적 수사권 조정을 염두에 둔 듯한 얘기를 꺼냈다. 전면적 조정은 보류하고 우선 민생범죄에 대한 수사권만 경찰에 넘기자는 생각이었다.

　문 수석의 논리에는 경찰에 대한 일반인의 불신과 경찰의 준비 부족에 대한 우려도 엿보였다. 그의 표정과 말투는 온화했지만, 경찰이 생각하는 수사권 독립의 본질과는 거리가 있는 의견이라 나로서는 조금 불만스러웠다. 나는 "전면적 수사권 독립이 필요하다"고 조심스럽게 반론을 제기했다.

　검찰은 검찰대로 문 수석 의견에 이의를 제기했다. 검찰 방침은 어떠한 형태의 수사권도 경찰에 넘길 수 없다는 것이었다. 설사 민생범죄에 대한 수사권을 넘기더라도 형사소송법(형소법) 개정이 아닌 검찰 예규를 바꾸는 선에서 처리하자고 주장했다. 기득권을 조금도 내려놓지 않겠다는 오만한 발상이었다.

청와대는 양쪽이 적정선에서 타협하기를 바라는 듯했다. 검찰을 정치적으로 이용하지 않겠다며 검찰의 독립성과 중립성을 강조하던 터였다. 그러면 검찰권이 정당하게 행사될 것으로 생각한 것이다.

순진한 발상이었다. 청와대가 독립성을 보장해주면 검찰은 더욱 기고만장해지고 그들의 조직논리를 최우선으로 삼는 검찰공화국이 들어선다는 걸 모르는 듯했다. 검찰 문제의 본질이 검찰의 권한 남용이고, 이는 검찰의 비대화된 권력에서 비롯된 필연적인 현상이며, 그 결과가 얼마나 위험한지를 잘 몰라서 하는 얘기였다. 결과적으로 노무현 정부 검찰은 그 어느 때보다 강력한 권한과 위상을 확보했다.

내가 전면적 수사권 독립을 요구하자 문 수석이 차분한 말투로 물었다.

"진짜 전면적 수사권 독립을 원합니까?"

김학배 기획수사심의관이 어정쩡한 답변을 하기에 내가 말허리를 끊고 단호하게 말했다.

"전면적 수사권 독립을 원합니다."

문 수석이 빙그레 웃으며 다시 물었다.

"경찰의 공식 의견이 맞습니까?"

내가 "그렇다"고 하자 미심쩍은 표정으로 질문을 이어갔다.

"경찰이 검찰을 대신해 모든 범죄를 수사할 수 있나요? 그런 역량을 갖췄습니까?"

"경찰이 수사권을 갖되 일부 분야는 검찰과 나눠 수사하는 방법도 고려할 수 있습니다."

"먼 훗날 얘기 같군요."

2시간 동안 벌어진 청와대 토론은 별 소득 없이 끝났다. 양측의 뚜렷한 의견 차이만 확인했을 뿐이다.

사실 문 수석과는 초면이 아니었다. 2002년 용산서 형사과장 시절 박종환 서장의 소개로 만난 적이 있었다.

어느 날 서장실로 불러 가보니 문 수석이 앉아 있었다. 가까운 친구인데 변호사라고 했다. 명함에 '법무법인 부산'이라고 적혀 있었다. 셋이 식사하는 자리에서 나는 경찰의 수사권 독립에 대해 열심히 설명했다. 검찰의 수사지휘권을 전면적으로 폐지해야 하고 경찰이 검찰과 대등한 수사주체로 거듭나야 한다고 강조했다.

그는 진지한 자세로 경청하다가 가끔씩 질문을 하기도 했다. 그때도 경찰의 전면적 수사권 독립에 대해서는 확신이 부족한 듯했지만, 나는 전면적 수사권 독립이 이루어지면 경찰의 수사역량이 비약적으로 향상될 것이고 검찰의 권한남용 위험이 줄어들게 될 것이라고 열심히 설명했다.

▍국회 입법 투쟁과 청와대 감찰 조사

　　　　　　2005년 경찰의 최대 이슈는 수사권 조정이었다. 청장이 뒤를 받쳐주니 든든하고 의욕이 넘쳤다.

우리 팀은 매일같이 회의하고 토론하고 보고서와 보도자료를 만들었다. 선진국 법체계와 수사구조 실태를 분석해 수사권 조정의 논리를 다듬고 보강했다.

이론 정립 못지않게 중요한 것이 대외 홍보활동이었다. 각종 토론회와 공청회, 세미나에 참석하는 한편 언론과 국회, 법조계 인사들을 상대로 공격적 홍보전을 전개했다.

나는 사무실에 야전침대를 들여놓았다. 퇴근을 하지 않는 날이 늘었다. 팀원들은 늦게라도 퇴근하도록 했지만 나는 한 달에 두어 번 집에 들러 빨랫감을 갖다놓고 새로운 옷가지를 챙겨오는 생활을 이어갔다.

아내와 어린 딸에게 많이 미안했다. 돌이켜 생각해보면 아내와 딸에게 좀 더 많은 시간을 할애했어야 한다는 후회도 없지 않지만, 경찰 인생을 통틀어 가장 보람 있고 열정적으로 일한 기간이었다.

팀원들도 비슷한 처지였다. 몸은 고달팠지만, 새로운 역사를 만들어간다는 사명감으로 다들 정말 열심히 일했다. 검찰이라는 거대 권력과 싸우는 일이라 잠시도 긴장을 늦출 수 없었다. 일제 강점기 독립투사의 심정이었다.

그해 4월 검경수사권조정자문위원회가 주관한 공청회가 서울 세종문화회관에서 열렸다. 김종빈 검찰총장과 허준영 경찰청장을 비롯한 검경 관계자 500여 명이 참석해 언론의 조명을 받았다.

양측 의견을 대변하는 실무자와 학계 전문가들은 검사의 수사지휘권을 규정한 형소법 개정을 놓고 뜨거운 공방을 펼쳤다. 뒷날 문재인 정부에서 검찰 개혁을 주도하는 조국 서울대 교수도 이날 발제자로 참석했다. 조 교수는 경찰을 수사 주체로 인정하자는 쪽이었다.

5월에는 인터넷방송 오마이뉴스가 주관한 수사권 조정 토론회에 참석했다. 경찰 대표로 나선 나는 석 달 전 청와대에서 만났던 검찰 대표들과 다시 맞붙었다.

그때와 비교하면 양측 모두 토론자가 한 사람씩 늘었다. 검찰에서는 최세훈 부부장검사, 경찰에서는 민갑룡 경정이 가세했다. 물론 검찰 방침은 달라진 게 없었다.

검찰 대표 논객 김회재 부장검사와는 그해 세 차례나 토론하는 특별한 인연을 맺었다. 청와대, 오마이뉴스에 이어 12월 KBS 1TV에서 마련한 토론에서 일대일로 맞붙은 것이다. '일요진단'이라는 아침방송으로, 제목은 '검경 수사권 조정 논란'이었다.

지금도 많은 사람이 그 방송 얘기를 한다. 총경급 경찰 간부와 부장검사급 검찰 간부가 수사권 조정을 놓고 치열하게 토론을 벌이는 모습이 몹시 흥미로웠는데, 특히 경찰이 논리에서 다소 우위를 보이는 모습이 신선했다는 것이다.

6월 국회에서 열린 수사권 조정 토론회는 고무적이었다. 시민단체가 주최하고 여당인 열린우리당 홍미영 의원이 주관한 이날 행사에는 많은 경찰관이 참석해 수사권 조정에 대한 열정을 과시했다.

6월 말 천정배 열린우리당 의원이 법무부 장관에 임명됐다. 개혁 성향의 실세 장관이라고 여겼기에 기대가 컸으나 오판이었다. 천 장관은 수사권 조정과 관련해 노골적으로 검찰 편을 들었다. 검찰을 자신의 정치적 목적에 활용하려는 듯한 태도였다.

천 장관이 부임한 지 얼마 안 돼 노 대통령은 검찰과 경찰에 공개적인 수사권 논쟁을 중단하라고 지시했다. 검찰은 이때부터 협의 자체를 꺼리고 공식 토론회에도 참석하지 않았다.

힘이 빠졌지만, 그대로 주저앉을 수는 없었다. 우리 팀은 7월부터 대국민 홍보전을 강화했다. 정부에는 더 기댈 것이 없다고 판단했다. 남은 희망은 의원입법이었다. 경찰 표를 의식한 여야는 모두 관련 법안을 발의한 상태였다. 여야 상관없이 입법 과정에 경찰 의견을 최대한 반영시키는 것이 우리 팀의 목표였다.

팀 이름도 수사권조정팀에서 수사구조개혁팀으로 바꿨다. 단순히 검경 간 수사권을 조정한다는 차원을 넘어 왜곡된 수사구조를 근본적으로 바로잡겠다는 뜻을 담았다.

그해 9월 허준영 청장이 이 문제로 청와대와 충돌하는 사건이 일어났다. 발단은 경찰 출신 이인기 한나라당 의원이 주관한 수사권 조정 입법공청회였다.

국회 의원회관에서 열린 이 공청회에는 엄청난 인파가 몰렸다. 언론보도에 따르면 참석자 수가 5000명 이상이었다. 상당수가 전·현직 경찰관이었다. 휴가를 내고 지방에서 올라온 경찰관도 많았다.

수사구조 개혁에 대한 경찰의 열망을 여실히 드러낸 일대 사건이었다. 경찰의 힘을 과시한 이날 행사의 숨은 조력자는 개혁 성향 경찰관들의 온라인 커뮤니티인 폴네띠앙이다.

폴네띠앙 회원 수백 명이 인원 동원은 물론 자료집과 음료수 준비, 안내 등 특급 도우미로 활약했다. 경찰대총동문회도 홈페이지에 글을 올려 공청회 참석을 독려했다.

주최 측은 경찰과 검찰 양쪽 모두 초청했으나 경찰 측만 참석했다. 검찰은 이 의원실에 '수사권과 관련해 공개적인 논쟁에 참가하지 말라는 대통령 지시에 따라 참석할 수 없다'는 내용의 공문을 보내고 불참했다.

나는 이날 토론자로 참석했다. 변종필 동국대 법대 교수, 오창익 인권실천시민연대 사무국장 등과 함께였다. 발제는 검찰의 문제점을 꾸준히 지적해온 서보학 경희대 교수가 맡았다.

청와대는 이 공청회에 대해 몹시 불편한 기색을 드러냈다. 경찰이 대통령 지침을 어기고 집단으로, 그것도 야당 의원이 주관한 공청회에 참석했기 때문이다.

청와대를 불쾌하게 만든 이유가 하나 더 있었다. 수사권 독립을 위해서라면 여야를 따질 이유가 없다고 생각한 현장경찰관들이 공청회에 축사를 하러 온 박근혜 한나라당 대표가 연단에 오를 때 우레와 같은 박수와 연호를 보냈던 것이다.

공청회가 끝난 후 청와대 공직기강비서관실이 감찰에 착수했다. 그쪽 서기관이 내게 연락해 조사받으러 오라고 했다. 나는 "조사받을 이유가 없다"며 "정 조사하고 싶으면 검찰부터 조사한 다음 연락하라"고 거부했다.

내가 검찰을 물고 늘어진 건 실제로 검찰이 국회를 상대로 은밀하게 로비를 해왔기 때문이다. 검사 출신이 즐비한 법제사법위원회 소속 의원들이 주요 로비 대상이었다.

한동안 버티던 나는 최광식 경찰청 차장의 설득에 한 발 물러섰다. 대신 청와대가 아닌 경찰청에서 조사받겠다는 조건을 달았다. 결국 공직기강비서관실 실무자가 경찰청으로 왔다. 나 대신 민갑룡 계장이 조사를 받았다.

공직기강비서관실에서는 모든 일을 내가 주도했다고 결론을 내렸다. 조사를 해보니 황운하 팀장을 정점으로 한 회의기구에서 주요 사안을 결정한다는 사실이 드러난 것이다. 공청회 건도 그 중 하나였다.

청와대는 경찰청장이나 수사국장이 아닌 일개 총경 선에서 그런 결정이 이뤄졌다는 것을 의아해했지만, 현실이 그랬다. 실제로 전국 경찰에 공청회 참석을 독려하는 공문을 보낸 사람이 나였다. 수사구조개혁팀장 전결 공문이었다. 허 청장은 모르는 일이었다. 따로 보고를 하지 않았기 때문이다.

허 청장에게 책임을 물을 수 없자 청와대는 나에 대한 문책을 요구했다. 사유는 청와대 지시 위반. 징계는 하지 않을 테니 경찰청에서 내보내라고 했다.

허 청장은 이를 거부했다. 잘못한 게 없는 사람을 인사 조치하면 조직의 사기를 떨어뜨린다는 이유에서였다.

일종의 기세싸움이자 힘겨루기였다. 물러설 수 없는 국면이었다. 검찰과 사실상 전쟁을 벌이는 상황에서 청와대가 검찰 측 반칙에 대해서는 강하게 조치하지 않으면서 경찰의 선봉장만 쓰러뜨리는 것은 공평하지 않을뿐더러 수사권 조정 국면에서 검찰에 밀리는 결과를 초래할 것이라고 판단한 것이다.

청와대 실세그룹이 허 청장을 성토하는 목소리가 밖으로 새어 나왔다. "허준영, 많이 컸네." 그들은 치안비서관 출신의 허 청장에게 강한 배신감을 느낀 듯싶었다.

정권 실세가 많은 청와대에서 치안비서관은 비교적 위상이 낮은 자리로 인식됐다. 그런 자리에 있던 사람이 경찰청장에 올랐으면 청와대 뜻을 잘 헤아려 따르는 것이 도리일 텐데 오히려 정면으로 맞서니 하극상이라며 분개한 것이었다.

청와대와 통하는 경찰 고위간부가 중재안을 제시했다. 형식적으로 나를 수사구조개혁팀에서 빼내되 실제로는 관련 업무를 계속하게 해주자는 방안이었다. 허 청장은 이마저도 받아들이지 않았다. 검찰과의 기싸움에서 밀리지 않겠다는 결연한 각오였다.

사실 경찰청장이 청와대 지시를 따르지 않는 건 거의 유례없는 일이었다. 허 청장은 검찰과의 수사권 독립 전쟁에 자신의 명운을 건 것이다. 이때쯤 청와대 실세 비서관들이 허 청장을 벼른다는 소문이 나돌았다.

▌ "검찰 피의자는 검사가 데려가라"

..   2005년 11월 중순 이른바 장신중 사건이 터졌다. 그 달 초 나는 전국 경찰에 검찰의 피의자 호송 인치 요구를 거부하라는 공문을 내려보냈다. 이번에도 수사구조개혁팀장 전결 공문이었다. 그간 검찰은 자신들이 직접 수사하는 사건의 피의자에 대한 호송과 인치를 경찰에 맡겨왔다. 일방적으로 지시할 일이 아니었음에도 관행적으로 경찰에 자신들의 업무를 전가했다. 부당한 일이었다.

예상한 대로 검찰의 반발은 거셌다. 검찰은 경찰이 형소법 절차를 지키지 않아 재판에 지장을 받는다고 공격했다. 사법질서를 파괴한다는 논리였다.

일이 시끄러워지자 청와대가 나섰다. 최광식 차장을 불러 "싸우지 말라고 했는데 왜 자꾸 시끄럽게 하느냐. 하던 대로 하라"고 질책했다.

최 차장이 내게 공문 취소를 종용했다. 그는 반발하는 우리 팀 직원들을 설득하기 위해 우리 사무실로 찾아와 저녁을 함께 하자고 했다. 아쉽고 분했지만 어쩔 수 없었다. 결국 지시를 보류한다는 공문을 다시 보냈다.

하지만 그것과 상관없이 일선에서는 검찰과 충돌하는 사태가 빚어졌다. 평소 수사권 독립 의지가 강했던 경찰관들이 소신 있게 나선 것이다. 대표적 인물이 강릉경찰서 생활안전과장 장신중 경정이었다.

장 경정은 검사의 유치장 입감 지시를 거부했다. 검찰이 수사 중인 피의자를 데려다 관할 경찰서 유치장에 가둬놓으라는 요구였다. 그는 검찰에 "공문을 보내면 검토하겠다"고 통보했다.

강릉서 상황실장을 겸한 장 경정은 한 달 뒤 검찰의 똑같은 요구를 또다시 거부했다. 마침내 검찰은 그를 직권남용 권리행사방해와 직무유기로 기소했다.

대전에서는 김영일 경감이 검사의 피의자 면담조사를 위한 인치 요구에 불응했다. 김 경감이 피의자에 대해 구속영장을 신청하자 검사가 "직접 만나보고 결정하겠으니 검찰청으로 데려오라"고 지시했다. 김 경감은 규정에 없는 일이라고 따르지 않았다. 그도 기소돼 재판에 넘겨졌다.

전북 어느 경찰서에서는 검찰이 구속한 피의자를 법정에 데려오라는 지시를 거부했다. 이 피의자는 영장실질심사를 받기로 돼 있었는데 경찰이 호송을 거부하는 바람에 심사 자체가 무산됐다.

여기저기서 충돌이 빚어졌지만 기소된 경찰관은 장신중, 김영일 두 사람이었다. 다른 데서는 조금씩 양보하거나 타협해 사태가 커지지 않았던 것이다. 그러나 두 사람은 끝까지 굽히지 않아 검찰의 표적이 됐다.

청와대는 이번에도 조사를 벌여 내가 사건의 배후라고 판단했다. 허 청장에게 또다시 나에 대한 인사 조치를 요구했다. 허 청장은 또다시 거부했다. 대단한 배포가 아닐 수 없었다. 사태가 그쯤 되면 대외적 태도와 별개로 경고성 발언이라도 한마디 할 법한데, 그는 내게 조금도 싫은 소리를 하지 않았다.

그러나 역사 발전의 주요 고비마다 그랬듯 뜻밖의 상황이 벌어져 청와대와의 갈등이 급격히 악화됐다. 12월 청와대는 시위농민사망 사건에 대한 지휘책임을 물어 허 청장을 사실상 경질했다.

11월 중순 서울 여의도에서 전국농민대회가 열렸는데, 시위에 참여했던 농민 2명이 쓰러져 병원 치료를 받았다. 한 명은 11월 하순, 다른 한 명은 12월 중순 사망했다. 국가인권위원회는 조사 결과를 발표하면서 '경찰의 과잉진압'을 주요 사인(死因)으로 꼽았다. 여론이 악화됐다.

청와대는 허 청장을 버릴 카드로 만지작거렸다. 진보 성향 모 야당에서 "경찰청장이 사퇴하지 않으면 새해 예산안 협의에 협조하지 않겠다"고 압박한 것이 경질 명분이 됐다. 버티던 허 청장은 결국 12월 말 자진사퇴 형식으로 옷을 벗었다. 2년 임기의 절반이 지날 무렵이었다.

허 청장이 경질되기 전인 12월 초 열린우리당이 수사권 조정에 대한 최종 입법안을 발표했다. 이 법안은 경찰로서도 받아들일 만한 내용이었다. 소식을 접한 허 청장은 최광식 차장을 찾아 그간의 노고를 격려하며 눈물을 글썽이며 뜨거운 포옹을 했다.

경찰을 검찰과 대등한 수사 주체로 인정하는 게 골자였다. 이를 위해 대표적 독소조항인 형소법 196조 1항을 개정해 검사의 수사지휘를 폐지하기로 했다.

196조 1항에는 '수사관, 경무관, 총경, 경정, 경감, 경위는 사법경찰관으로서 검사의 지휘를 받아 수사한다'라고 규정돼 있었다. 열린우리당 입법안대로라면 검사와 사법경찰관의 관계가 명령에 따른 수직적 관계에서 상호 협조에 따른 수평적 관계로 바뀔 수 있었다.

하지만 이 획기적 법안은 여당 출신 천정배 법무부 장관의 강력한 반대에 부딪혔다. 청와대 기류 또한 경찰에 전면적인 독자적 수사권을 주는 것은 시기상조라는 인식에서 벗어나지 못한 듯했다. 결국 여당의 수사권 조정 입법안은 허 청장 경질론이 급부상하면서 휴지조각이 됐다.

  허 청장이 낙마한 후 수사권 독립 투쟁의 동력이 현저히 떨어졌다. 나도 팀원들도 사기가 많이 꺾였다. 후임 이택순 청장은 허 청장과는 그릇이 다른 사람이었다. 수사구조 개혁에도 소극적이었다. 이듬해 3월 나는 대전 서부경찰서장으로 발령 났다.

‘서부전선’ 전투 중 유배인사

　　대전 서부경찰서장으로 부임한 후 뜻이 맞는 후배 경찰관들과 '수사구조 개혁을 열망하는 사람들의 모임(수열모)'을 결성하고 적극 지원했다.

　수사구조 개혁을 향한 길은 비단길이 아니라 가시밭길이다. 거대한 기득권에 대항하는 고단한 일이기에 함께 걸어갈 동지가 필요하다. 투쟁 대상은 검찰만이 아니다. 조직 내부의 상사 또는 지휘부와 맞서야 하고, 때로는 최고 권력인 청와대와 부딪치는 일도 각오해야 한다.

　그래서 동지가 많으면 많을수록 좋다고 생각했다. 수사구조 개혁에 대한 이론과 실무에 밝은 경찰관이 많아야 유사시 힘을 발휘할 수 있기 때문이었다. 그러려면 평소 자주 토론 모임을 갖고 공부를 해야 했다. 다행히 수열모 회원은 갈수록 늘었다.

　어느 날 대전지방검찰청 검사가 피의자 인치를 요구했다. 수사과장으로부터 보고를 받은 나는 이를 거부하는 사유서를 직접 작성해 검사에게 보냈다. 법적 근거가 없으니 검사가 피의자를 면담하고 싶으면 경찰서로 오라고 했다. 웬일인지 검찰은 별 이의를 제기하지 않았다. 검사가 서부서로 와서 피의자를 면담하고 돌아갔다.

　그해 9월 이용훈 대법원장이 검찰을 강도 높게 비난해 파문이 일었다. 당시 법원과 검찰은 사법개혁 방향을 두고 마찰을 빚던 터였다. 이 대법원장의 발언 취지에 공감한 나는 경찰 내부 통신망에 '검찰의 불법에 적극 대응해야 한다'는 제목의 글을 올렸다.

　나는 이 글에서 '사법제도 개혁을 수사구조 개혁의 계기로 삼아야

> **내일신문**
>
> 2006-09-27 김선일 기자
>
> ### 황 총경 전보, 일선경찰 집단반발 움직임
> 온·오프라인 집단항의…경찰청 "불법행동 엄단"
>
> 수사권 조정문제로 검찰과 잦은 갈등을 빚어 온 황운하 대전서부경찰서장(총경)에 대한 전보조치를 두고 경찰들이 집단반발하고 있다.
> 26일 오전 열린우리당 최규식 의원이 주최한 형사법 통합정보체계 구축사업에 대한 정책토론회에 참석한 일선 경찰 간부들은 이날 20여명이 모여 황 총경의 전보조치에 대해 노골적으로 불만을 표출했다. …

한다'며 '경찰이 독자적 수사권을 갖고 검찰은 기소에 주력해야 한다'고 강경한 원칙론을 폈다. 아울러 수사권 독립에 미온적인 경찰 지휘부도 비판했다.

그 무렵 대전지검은 다시 한 번 피의자 인치를 요구했다. 절도미수 피의자에 대해 구속영장 청구 전 면담을 요구한 것이다.

나는 이번에도 같은 논리로 거부했다. 그러자 검찰은 기다렸다는 듯이 공격을 개시했다. 대전지검 2인자인 차장검사가 언론플레이를 했다. 경찰이 검찰의 정당한 인치 요구를 거부했다고.

나는 즉각 반박에 나섰다. 제각기 질문하는 기자들에게 한꺼번에 설명하기 위해 기자회견 일정을 잡았다. 그러자 상부에서 전화가 걸려왔다. 충남지방경찰청 차장 이종기 경무관이었다.

그는 내가 대전 동부경찰서 형사계장으로 근무할 때 직속상관인 형사과장이었다. 나를 아끼던 사람이었다. 이 차장은 경찰 조직의 어려움을 얘기하며 나보고 한 번만 양보하라고 설득했다. 그에게는 미안했지만 받아들일 수 없었다.

그러자 충남경찰청장 김정식 치안감이 직접 전화를 걸어왔다. 경찰청에서 적절히 대응할 테니 자제하라는 지시였다. 서장이 언론을 통해 검찰에 대응하는 건 모양이 좋지 않다고도 했다. 조직 차원의 결정이라고 여겼기에 기자회견을 취소했다.

그런데 바로 다음날 인사 발령이 났다. 배신감이 밀려왔다. 경찰종합학교(현 경찰인재개발원) 총무과장으로 옮기라고 했다. 대전 서부서장으로 온 지 6개월 만이었다.

직원들과 회식 중 인사 소식을 들었다. 밤늦게까지 통음하고 새벽에 간략한 이임사를 썼다. 다음날 이임식이 진행됐는데, 많은 언론사가 취재했다. KBS, YTN 등 방송 화면에도 등장했다. 언론은 내 이임사 중 가장 자극적인 말을 부각했다.

"검찰은 국가발전의 걸림돌이요, 사법개혁의 방해세력이고, 강력한 인권침해 집단이다."

이임식장은 인파로 붐볐다. 서부서 직원뿐 아니라 다른 지역에서 달려온 경찰관도 많았기 때문이다. 거기에 언론사 기자들이 뒤섞였다.

경찰서 입구에는 '황운하 유배인사 역사가 심판한다' '수사는 경찰, 기소는 검찰, 재판은 법원' 등의 문구가 적힌 현수막이 내걸렸다. 경찰청 내부게시판에는 수뇌부를 비난하는 글이 계속 올라왔다. 그들의 응원 덕분에 울분을 달랠 수 있었다.

■ MB 민정수석실의 승진 제동

　　　　　　　　서울경찰청 형사과장은 경무관 승진 1순위로 꼽힌다. 하지만 2010년 12월 그 자리에 있었던 나는 승진하지 못했다.

　대전지방경찰청 생활안전과장이던 내가 서울청 형사과장이 된 것은 그해 1월. 조현오 당시 서울청장의 파격인사 덕분이었다. 그는 그해 8월 경찰청장으로 승진했다.

　조 청장은 서울청장 시절 내게 "당신 같은 사람이 빨리 승진해야 하는데, 내가 아무리 노력해도 청와대 민정에서 반대하면 돌파하기가 쉽지 않으니 올해는 승진을 우선 생각하고 검찰과는 부딪치지 말아 달라"고 당부했다.

　민정수석실에서 검증을 명분으로 경찰 인사에 개입해 검찰과 껄끄러운 사람의 승진을 막는 것은 명백한 권력남용이었다. 하지만 나는 조 청장의 충고대로 가급적 검찰과 충돌하는 일을 자제했다. 인사 문제는 불법이 아닌 다음에야 싸워서 될 일도 아니고, 나를 위해 애쓰는 분에 대한 예의도 아닌 듯싶었기 때문이다.

　그런데 결국 탈락한 것이다. 조 청장에 따르면 청와대 민정수석실에서 내 승진을 반대했다고 한다. 겉으로 내세운 이유는 이제껏 서울 지역 경찰서장을 거치지 않고 총경에서 경무관으로 승진한 사례가 없다는 것이었다.

　전례가 없기는 했다. 하지만 그것은 관례일 뿐 규정은 아니었다. 더구나 그런 문제라면 경찰 내부에서 판단할 일이지 민정수석실에서 왈가왈부할 사안이 아니었다.

민정수석실에서 경찰 간부 승진에 제동을 거는 것은 참으로 어처구니없는 일이었다. 검찰공화국에서 벌어지는 진풍경이었다. 결정적인 증거만 드러나면 권력남용으로 처벌받을 일이었다.

마땅히 분노할 일이었지만 승진 탈락 자체에 대해서는 그다지 낙심하지 않았다. 승진에 약한 모습을 보이고 싶지 않았다. 다만 내가 적극적으로 부탁하지도 않았음에도 민정수석과 충돌하며 내 승진을 위해 애써준 조현오 청장에게는 감사하고 미안한 마음이 컸다.

당시 나는 만 7년간 총경으로 지낸 상태였다. 여느 총경이라면 그 기간에 서울 지역 경찰서장을 한 번은 하게 된다. 평균적으로 총경 된 지 4, 5년 지나면 서울권 경찰서장 자리가 돌아온다.

하지만 나 같은 경우 지속적인 인사 불이익으로 지방 한직을 돌다보니 서울권 경찰서장 보직을 받지 못한 것이다. 어찌 보면 부당한 인사의 피해자인데 그것 때문에 승진이 안 된다니….

민정수석실의 부당한 인사 개입에 분통이 터졌지만, 나에게 변함없는 신뢰를 보내는 조 청장은 오히려 나를 위로했다. "서울 서장 1년 하고 나면 반드시 승진시키겠다"고 약속했다. 민정수석실과도 그렇게 얘기가 됐다면서.

나중에 조 청장은 주간동아 인터뷰에서 당시 내 인사와 관련된 비화를 일부 공개했다.

기자가 "권재진 민정수석이 강하게 반대하지 않았나. 검찰과 갈등을 빚어온 인물이라고?"라고 묻자 "그쪽에선 그런 정서를 갖고 반대했을 수도 있겠지"라고 부인하지 않았다.

또 인사 검증과 관련해서는 "황 총경의 비리가 발견된 건 아니다"라면서 "하여간 반대가 심했다. 검찰 출신이 많다 보니…"라고 민정

검찰 라인의 집중 견제가 있었음을 암시했다.

그런데 인생지사 새옹지마(人生之事 塞翁之馬)라 하던가. 전화위복(轉禍爲福)이라고나 할까. 결과적으로 보면 그때 1년 늦게 승진한 것이 오히려 나았다. 그때 승진했더라면 문재인 정부 출범 전 경무관 계급정년(6년)에 걸려 치안감이 못 됐을 것이기 때문이다.

검찰 출신이 득세한 박근혜 정부에서 내가 치안감으로 승진하는 것은 불가능한 일이었다. 한 해 늦게 2011년 12월에 승진하는 바람에 계급정년이 1년 늦춰진 셈이다. 치안감으로 승진한 2017년 7월은 경무관 계급정년 5개월을 앞둔 시점이었다.

수갑 반납 퍼포먼스

　　　　　2011년 6월 경찰이 발칵 뒤집혔다. 조현오 경찰청장이 청와대에 가서 합의한 형소법 개정안 때문이다. 당시 총리실이 마련한 정부 안의 핵심은 형소법 196조에 사법경찰관의 수사 개시·진행권을 명시하는 것이었다. 하지만 검찰의 집단반발로 성사되지 못하고 후퇴할 조짐마저 보였다.

　6월 20일 청와대에서 조정회의가 열렸다. 임태희 대통령실장을 비롯해 권재진 민정수석, 정진석 정무수석, 맹형규 행정안전부 장관, 이귀남 법무부 장관, 김준규 검찰총장과 조현오 청장 등이 참석했다.

　이날 합의한 형소법 196조의 주요 내용은 다음과 같다.

　①수사관, 경무관, 총경, 경정, 경감 및 경위는 사법경찰관으로서 모든 수사에 관해 검사의 지휘를 받는다.

　②사법경찰관은 범죄의 혐의가 있다고 인식하는 때는 범인, 범죄사실과 증거에 관해 수사를 개시·진행해야 한다.

　③사법경찰관리는 검사의 지휘가 있는 때는 이에 따라야 한다. 검사의 지휘에 관한 구체적 사항은 법무부령으로 정한다.

　④사법경찰관은 범죄를 수사한 때는 관계서류와 증거물을 지체 없이 검사에게 송부해야 한다.

　논란이 된 조항은 1항과 3항이었다. 1항의 '모든 수사'라는 표현은 검사의 수사지휘권을 더욱 단단하게 만들었다는 비판을 들었다.

　3항의 '법무부령'도 경찰에 절대적으로 불리한 표현이었다. 대통령령으로 정해야 행정안전부를 거쳐 경찰 의사를 반영할 수 있기 때문이다. 법무부령으로 정하면 검찰 주장이 일방적으로 반영될 가능성이 컸다.

조 청장은 2항에 의미를 두고 1항과 3항에서 검찰에 양보한 듯싶었다. 나중에 얘기를 들어보니 조 청장이 무조건 양보한 것은 아니었다. 1항의 '모든 수사'에는 내사는 포함되지 않는다는 데 합의했다고 한다. 또한 3항에서 언급한 법무부령을 정할 때는 반드시 경찰과 협의하기로 약속했다는 것이다.

문제는 이것이 구두약속이었다는 점이다. 실제로 검찰은 조정안이 나온 이후 다른 해석을 내놓아 내부 반발에 부딪힌 조 청장을 더욱 난처하게 만들었다.

합의 당일인 6월 20일 오후 국회 사법개혁특별위원회(사개특위)는 정부 조정안을 법사위에 넘기기로 했다. 하지만 경찰 내부는 초상집 분위기였다. 내부게시판과 사이버경찰청에는 합의안에 반대하는 글이 빗발쳤다. 이는 조 청장 퇴진론으로 이어졌다.

당시 서울 송파경찰서장이던 나는 조 청장에게 전화를 걸어 일선 분위기를 전하면서 우려를 나타냈다. 사퇴 여론이 들끓는다고 하자 조 청장은 충격을 받은 듯싶었다. 나보고 공관으로 와달라고 했다.

잠시 후 또 전화를 걸어 "부를 수 있는 사람은 다 불러 모아라"고 지시했다. 주요 간부들과 수사구조개혁팀도 공관에 모여들었다.

수사구조개혁팀 직원들은 강한 불만을 터트렸다. 합의안은 도저히 받아들일 수 없으니 거부해야 한다고 했다. 청장 사퇴로 합의안을 뒤집자는 게 이들의 일관된 논리였다. 평소 수사권 문제에 강경한 목소리를 내온 일부 간부도 퇴진론을 폈다.

다른 의견도 있었다. 검찰과 맞선 국면에서 청장 사퇴는 조직을 더 큰 위험에 빠트린다는 반론이었다. 합의안 이후 전개될 국면에서 전략과 전술을 잘 짜는 게 더 중요하다는 현실론도 제기됐다.

나도 원칙적으로는 청장이 책임져야 할 사안이라고 생각했다. 하지만 사퇴가 해법인지에 대해서는 판단을 유보했다. 마땅한 대안도 없이 청장이 사퇴하는 건 자칫 무책임한 처사로 비칠 수 있었다. 판을 깨는 것이 경찰 조직에 득(得)일지 실(失)일지를 신중하게 따져봐야 했다.

그래서 조 청장에게 명예퇴진을 건의했다. 밀려서 나가지 말고 명분 있게 나가야 한다고. 조직을 위해 마지막까지 최선을 다하는 모습을 보인 후 퇴진하는 게 좋겠다고 했다.

실제로 정부안은 최종 결정이 아니었다. 국회 의결 과정이 남아 있었다. 사퇴 압박에 흔들렸던 조 청장은 다시 마음을 다잡았다.

국회 법사위에 출석해 경찰 조직의 반발을 내세워 '모든 수사권'에서 '모든'을 빼고 '법무부령'을 '대통령령'으로 바꿔야 한다고 강하게 주장했다. 결국 여야는 '모든'은 그대로 두되 '법무부령'을 '대통령령'으로 바꾸는 타협에 이르렀다.

그러자 이번엔 검찰이 반발했다. 대검 고위간부들이 집단으로 사의를 표출했다. 하지만 수정안은 국회 본회의를 통과했다.

이후 대통령령 세부 조항을 만드는 과정에서 경찰은 또 한번 좌절했다. 11월 발표된 총리실 직권조정안이 검찰에 현저히 치우쳤기 때문이다.

수사 경찰관의 70%인 1만5000명이 수사 경과(警科) 반납을 결의하며 반발했다. 수갑 반납 퍼포먼스도 펼쳤다.

하지만 대세가 기운 상태였다. 결국 12월 하순 국무회의에서 원안대로 통과됐다. 그 한 달 전 경무관으로 승진한 나는 경찰청 수사기획관으로 자리를 옮겼다.

조 청장이 구두약속을 믿고 청와대 조정안에 덜컥 합의한 것은 분명 실책이었다. 하지만 지금도 나는 당시 조 청장이 물러나는 것만이 해법은 아니었다고 생각한다. 형소법 파동은 전략과 전술의 중요성을 새삼 일깨워준 소중한 경험이었다.

해외로 달아난, 검사 친형 세무서장

..   2012년 발생한 윤모 세무서장 사건은 서울청 광역수사대(광수대)의 작품이었다. 당시 나는 경찰청 수사기획관이었다.

수사기획관은 경찰청 직속 수사팀(특수수사과, 지능범죄수사대, 사이버수사대)과 범죄정보과(범정과)를 총괄 지휘하는 자리였다. 경찰청 직속 사건이 아니더라도 중대 범죄의 경우 보고를 받고 간접 지휘하기도 했다.

윤씨에 대한 수사는 범정과 첩보에서 비롯됐다. 육류 수입업자 김모 씨가 모 대학교수에게 돈을 주고 자신의 딸을 그 대학에 부정 입학시킨 사건이 있었다. 그런데 김씨가 그 일과 별개로 윤씨에게 세무조사 무마 청탁과 함께 현금과 갈비 세트, 골프 접대 등 수천만 원 상당의 금품을 제공했다는 게 첩보 요지였다.

경찰청은 이 첩보를 서울청 광수대로 내려 보내 수사하게 했다. 이후 내가 직·간접으로 광수대 수사 상황을 챙겼다.

김씨를 수사하는 과정에 윤씨가 검사들에게 선물과 골프 접대 등 향응을 베푼 정황이 드러났다. 광수대는 윤씨가 자주 드나든 골프장 측에 관련 자료를 요구했다. 검사들과의 친분이 로비 수단으로 활용됐을 개연성이 크다고 보고 골프 접대 실태를 파악하기 위해서였다.

하지만 골프장 측은 거절했다. 강제수사를 하려면 영장이 필요했다. 골프장에 대한 압수수색영장을 검찰에 신청했다. 하지만 검찰은 허가해주지 않았다. 경찰은 그 뒤로도 다섯 번이나 더 신청했지만 번번이 거부당했다.

수사팀은 휴대전화 위치 추적과 차량 조회를 통해 윤씨로부터 골프 접대를 받았을 것으로 짐작되는 몇몇 검사의 이름을 확인했다. 하지만 이는 어디까지나 간접증거였다. 골프장 예약 내역과 동반자 명단, 그린피 결제 내역 등에 대한 확인이 필요했다.

이는 골프장의 모든 자료를 확보해야 가능한 일이었다. 하지만 검찰의 영장 거부로 수사는 벽에 부딪혔다. 그 사이 윤씨는 해외로 출국해 돌아오지 않았다. 우리는 검찰이 수사를 방해한다고 여겼다. 윤씨의 동생이 현직 특수부 검사였기 때문이다.

하지만 경찰과 검찰 주변에서는 윤씨가 동생 덕을 봤다기보다는 그 자신의 인맥을 활용해 위세를 과시했다는 소문이 돌았다. 국무총리실 파견근무를 통해 각 기관 유력인사들과 친분을 쌓았다는 것이다. 검찰은 물론 경찰에도 아는 사람이 많았다. 언론사 간부들과도 가까웠는데 특히 방송사 간부들과 돈독한 관계를 유지했다.

수사 과정에 조현오 청장이 전화를 걸어왔다. 조 청장은 "혹시 윤모 세무서장을 수사하느냐"고 물으며 "당사자가 억울해한다"고 누군가로부터 들은 얘기를 전했다. 내가 딱 잘라 말했다.

"그거 '백(back)' 쓰는 겁니다. 억울할 것 전혀 없습니다. 청장님이 관심가질 만한 일도 아닙니다."

경찰청장이 나한테 이런 얘기를 할 정도면, 광수대에 대한 외압이 꽤나 심하겠다 싶었다. 그래서 일부러 더 수사 상황을 챙겼다. 수사팀에 '외풍은 내가 차단할 테니 수사에 전념하라'는 신호를 보낼 필요도 있었다.

수사팀 간부들을 수사기획관실로 불러 이것저것 확인하고 수사방향에 대해 조언했다. 서울청장이 "왜 본청 수사기획관이 서울청 수사를 챙기느냐"고 불쾌해한다는 얘기가 들려왔다. 하지만 나는 아랑곳

하지 않고 수사팀을 독려했다.

경찰은 윤씨가 출국한 다음에야 압수수색영장을 받아낼 수 있었다. 6전7기였다. 그해 11월 수사팀은 윤씨에 대한 체포영장도 발부받아 인터폴을 통해 국제 수배 조치했다. 그 즈음 나는 인사발령이 나서 수사연수원장으로 자리를 옮겼다.

윤씨에 대한 경찰 수사는 내가 떠난 후에도 계속됐다. 그가 체포된 것은 해가 바뀐 2013년 4월. 태국에서 현지 경찰에 체포돼 국내로 압송됐다. 그의 신병을 확보한 광수대는 검찰에 구속영장을 신청했으나 거부당했다.

수사팀은 3개월간 보완수사를 한 후 다시 영장을 신청했다. 검찰도 더는 거부할 명분이 없었다. 하지만 산 넘어 산이었다. 이번에는 법원이 기각했다. "범죄 혐의에 관한 소명이 충분치 않고 구속 사유와 필요성을 인정하기 어렵다"는 게 기각 사유였다. 결국 경찰은 불구속 기소 의견으로 윤씨를 검찰에 송치했다.

검찰은 2015년 2월 윤씨를 무혐의 처분했다. 경찰로부터 사건을 넘겨받은 지 1년 6개월 만이었다. 검찰은 "혐의를 입증할 만한 증거가 부족하며, 금품 거래에 대한 대가성을 인정하기 어렵다"고 설명했다.

법적으로 자유로워진 윤씨는 국세청을 상대로 파면 취소 소송을 내 승소한 후 퇴직했다. 국세청은 2013년 2월 그가 수사를 회피하기 위해 무단결근을 했다는 이유로 파면을 결정한 바 있다.

경찰이 윤씨를 수사해 검찰에 넘기기까지 걸린 기간은 1년 반. 그런데 검찰은 그만큼의 시간을 흘려보낸 다음 죄가 없다고 종결지었다. 과연 이 사건의 진실은 무엇일까. 어느 정도 시간이 흐르고 나면 김학의 전 법무부 차관 사건처럼 이 사건 또한 진실을 드러낼 것이라고 확신한다.

조희팔 사건과 '뇌물 검사'

'다단계 사기꾼' 조희팔 씨에 대한 수사는 2012년 경찰청 범죄정보과 첩보에서 비롯됐다. 최시중, 이상득 씨 등 이명박 정부 실세들이 조씨의 비호세력이라는 얘기가 들려 경찰은 보안에 신경 썼다.

수사는 경찰청 지능범죄수사대(지수대)가 맡았다. 수사대장이 박관천 경정이었다. 박 경정은 뒷날 박근혜 정부 때 정윤회 사건과 관련해 청와대 문서 유출 혐의로 구속됐다. 나는 지수대를 관리하는 과장(총경)을 통해 수사 상황을 보고받고 필요한 지휘를 했다.

조씨 수사는 두 갈래로 진행됐다. 한 팀은 중국으로 건너가 조씨의 도피 행적을 조사했다. 다른 한 팀은 조씨의 주된 활동지였던 대구로 내려가 은닉자금을 추적했다.

다단계사업 동참자들에게 수조 원대 피해를 끼친 조씨는 2008년 중국으로 밀항했다. 2012년 2월 측근 황모 씨가 중국에서 귀국해 자수했다.

중국 수사팀은 현지에서 조씨가 사망한 정황을 확인하고 철수했다. 수사팀이 확인한 바로는 조씨는 2011년 12월 중국 칭다오 한 호텔에서 급성심근경색으로 쓰러져 병원 이송 중 사망했다. 시신을 화장해 유골을 국내로 들여온 사실도 드러났다.

피해자 단체는 조씨가 죽었다는 걸 믿으려 하지 않았다. 수사팀은 2012년 6월 뼛조각을 입수해 국립과학수사연구소(국과수)에 보내 DNA 검사를 의뢰했다.

국민일보 2012-11-13

[검·경 이중수사 대립]
檢 '검사 비리' 2주 전에 알았다…특임 김검사 영장 방침

검찰이 이달 초부터 서울고검 김광준(51) 부장검사의 비리 의혹에 대한 감찰을 벌였던 것으로 13일 확인됐다. 김검사는 지난 6일 서울 고검 직속상관에게 자신이 감찰 받고 있다는 사실을 보고 하고 휴가를 요청했다. …

그런데 국과수의 답변은 '감식 불가'였다. 그 바람에 조씨 사망에 대한 논란이 커졌다. 경찰 수사를 이어받은 검찰은 2016년 6월 조씨의 사망사실을 공식 발표했다.

이 사건은 뜻하지 않게 현직 검사의 구속을 불러왔다. 당시 검찰은 경찰청에서 이 사건을 수사하는 것을 못마땅하게 여겼다. 경찰청 수사기획관인 내가 관장하는 수사가 못마땅했던 것이다. 관할지역인 대구지방경찰청으로 넘기라고 수사지휘를 했다.

불합리하고 어이없는 일이었지만 검찰과 싸우는 것은 시간낭비일 뿐 생산적이지 못했다. 하는 수 없이 지수대 수사관을 대구경찰청에 파견하는 형식으로 수사를 이어갔다.

애초 김광준 검사는 수사 대상이 아니었다. 조씨와 측근들의 자금 흐름을 추적하던 중 우연히 포착했다.

조씨의 측근 강모 씨 계좌에 대한 입출금 기록에서 '검사'라고 적힌 계좌를 발견한 것이 발단이었다. 계좌 주인을 불러 조사해보니 김 검사의 차명계좌였다. 김 검사가 이 계좌를 통해 강씨로부터 받은 돈은 2억7000만 원가량 됐다.

곧 검찰에 압수수색영장을 신청했다. 조씨 사건 관련 계좌 수십 개에 대한 영장을 신청하면서 김 검사의 차명계좌를 끼워 넣었다.

대구지방검찰청은 대구지방법원에 영장을 청구했다. 아마도 영장에 적힌 수십 개 계좌를 꼼꼼히 들여다보지 않아 그 중 김 검사의 계좌가 포함된 것을 발견하지 못한 탓이리라.

서울중앙지검에서 대구지검으로 억지로 사건을 이송 지휘한 것이 오히려 제 발등을 찍은 결과가 된 것이다. 경찰이 처음으로 현직 검사의 계좌를 들여다보는 순간이었다.

영장을 발부받아 입출금 기록을 조사해보니 조희팔 쪽 말고도 모 기업 고위임원한테도 수억 원을 받은 사실이 드러났다. 조씨 쪽에서 받은 돈과 합하면 10억 원대에 이르렀다. 양쪽 돈 다 직무 관련성이나 대가성이 있어 보였다. 김 검사는 그 돈을 주식에 투자하기도 했다.

김 검사 주변 인물들에 대한 내사에 착수했다. 그 중 김 검사와 금전거래를 했던 여성의 협조가 수사에 큰 도움을 줬다. 그의 내연녀였다. 김 검사의 뇌물수수 의혹을 밝히려면 돈의 성격을 밝혀야 했다. 수사는 여기서 중단됐다. 검찰이 개입한 탓이다.

지수대는 김 검사에 대해 압수수색영장을 신청했지만 검찰은 거부했다. 경찰로부터 소환 통보를 받은 김 검사는 대학 동창인 대검 중앙수사부장에게 도움을 요청했다. 중수부장을 통해 김 검사의 비위사실을 파악한 한상대 검찰총장은 감찰을 지시했다.

경찰 소환조사에 불응한 김 검사는 대검에 출석해 감찰 조사를 받았다. 하지만 김 검사의 기대와 달리 감찰이 수사로 전환됐다. 11월 10일 특임검사를 임명해 정식 수사에 나선 것이다. 특임검사팀에 소속된 검사는 13명이나 됐다. '제 식구 감싸기'라는 비난을 의식해 일단 수사팀 외형을 키운 것이다.

경찰이 오랫동안 수사한 사건을, 그것도 검사가 관련된 사건을 이런 방식으로 가로채는 건 파렴치한 짓이었다. 검사가 경찰에서 조사받고 구속되는 선례를 남기지 않으려는 의도였다.

이중수사 논란이 일자 경찰과 검찰은 수사협의회를 열었다. 하지만 예상한 대로 아무런 성과 없이 끝났다. 현행법으로는 검찰의 개입을 막을 방도가 없었다.

나는 언론을 통해 여론전을 전개하며 강력히 반발했으나 허사였다. 형소법에 따르면 경찰은 검찰의 수사지휘에 따라야 하기 때문이다.

특임검사팀은 경찰의 수사기록을 가져갔다. 김 검사가 경찰 수사를 거부하고 검찰로 출석한 이상 수사를 더 진행하기도 힘들었다. 경찰 수뇌부의 태도도 미온적이었다. 이 사건이 검경 갈등 양상으로 번지자 몹시 부담스러워했다.

특임검사팀의 수사가 진행되는 동안 경무관급 경찰 간부에 대한 인사가 났다. 인사 전 이례적으로 김기용 경찰청장과 면담을 하는 자리가 마련됐다. 나는 "김광준 사건이 마무리된 후 떠나고 싶다"며 현 직책 유지를 희망했다. 그것이 안 된다면 서울청 수사부장으로 옮겨 가기를 바랐다.

하지만 일주일 후 한직인 수사연수원장으로 전보 조치됐다. 김 검사가 구속되기 3일 전이었다.

언론은 이를 좌천성 인사라고 규정했다. 경찰 안팎에서는 "경찰 수뇌부가 김광준 검사 사건을 둘러싼 검경 갈등을 봉합하기 위해 강경론자인 황운하 수사기획관을 빼냈다"는 얘기가 흘러나왔다. 인사 직후 기자들이 인터뷰 요청을 하기에 작심하고 검찰을 비판했다.

"경찰이 먼저 시작한 검사 비리 수사에 대해 검찰이 특임검사팀을 구성해 수사에 나선 것은 상식에 어긋난 반칙이다."

"검사가 형사소송에서 모든 권한을 독점적으로 보유한 '검사 독점적 수사 구조'에 검경 갈등의 뿌리가 있다."

"이번 사건이 낡은 사법체제 구조를 허무는 도화선이 될 수 있다. 근본적 해결책을 찾는 계기가 돼야 한다."

특임검사팀은 수사에 착수한 지 열흘 만인 11월 19일 김 검사를 뇌물수수 혐의 등으로 구속했다. 범죄사실은 경찰이 수사한 내용과 비슷했다. 2014년 대법원은 그에게 징역 7년, 추징금 4억5000여만 원을 선고한 원심을 확정했다.

2016년 수감 중이던 그는 일부 언론에 보낸 편지와 서면 인터뷰를 통해 "검찰의 과잉·불법 수사로 과도한 형을 선고받았다"고 '친정'인 검찰을 비난했다. 법원은 그의 재심 청구를 기각했다.

▌'전설'의 귀환

·· 2016년 12월 최순실 국정농단 사건을 수사할 특별검사팀이 꾸려질 무렵 나는 경찰대 교수부장으로 재직 중이었다.

페이스북을 통해 특검팀에 합류하고 싶다는 희망을 드러냈다. 일종의 공개 구직이었던 셈이다. 수사팀장은 윤석열 검사가 맡는 것으로 알려졌다. 나의 공개구직에 곤혹스러워한다는 얘기가 들려오기도 했지만 검사와 변호사가 주축인 특검팀에 내가 낄 자리는 없었다.

경찰청 수사기획관에서 수사연수원장으로 옮긴 이후 한직을 전전했다. 내년이면 옷을 벗어야 할 처지였다. 치안감 승진에서 잇따라 탈락하는 바람에 경무관 계급정년이 1년 앞으로 다가왔기 때문이다.

그 즈음 경찰청 내부게시판에 이런 글이 올라왔다.

"황운하 경무관의 정년이 1년밖에 남지 않았다. 그를 이대로 보낼 수는 없지 않느냐. 경찰청 수사구조개혁팀을 수사구조개혁단으로 격상해 단장에 황 경무관을 임명해야 한다."

지지를 나타내는 댓글이 쏟아지면서 경찰 안팎에서 큰 화제가 됐다. 어느 날 이철성 청장이 전화를 걸어왔다. 수사구조개혁단장으로 발령내겠다는 통보였다. 그러면서 "승진 생각은 하지 말라"고 덧붙였다. 쓴웃음이 나왔지만, 마지막으로 조직에 헌신할 기회라고 생각하고 고맙게 받아들였다.

인사가 나자 나를 지지하는 경찰관들은 "전설의 귀환"이라며 크게 반겼다. 언론도 "경찰이 수사권 독립 목소리를 더욱 높이겠다는 포석"이라며 큰 관심을 나타냈다.

나는 감회가 새로웠다. 2006년 수사구조개혁팀을 떠난 지 10년 만에 되돌아온 것이다. 수사구조개혁단의 전신은 2005년 발족한 수사권조정팀이다. 첫 팀장이던 나는 팀 이름을 수사구조개혁팀으로 바꿨다.

수사구조개혁팀은 조현오 청장 시절 경무관급이 책임자인 수사구조개혁단으로 확대됐다. 하지만 박근혜 정부가 출범하면서 다시 수사구조개혁팀으로 축소됐다. 2015년에는 더 축소돼 수사연구관실이라는 이름으로 겨우 명맥을 유지했다.

다시 살아난 수사구조개혁단은 신명나게 일했다. 2005년 수사구조개혁팀의 구호는 수사권 독립이었다. 검사의 수사지휘에서 벗어나 독자적 수사권을 갖는 것이 주요 목표였다.

하지만 2017년 수사구조개혁단의 목표는 훨씬 업그레이드됐다. '수사·기소 분리'라는 본질적인 개혁을 향해 달려갔다. 검사가 영장 청구권을 독점하는 제도도 바꿔야 했다. 이는 수사구조개혁단을 앞세운 경찰 조직의 목표이기도 했지만 검찰 개혁이라는 시대적 과제를 달성하는 데 필요한 구체적 실천 목표이기도 했다.

서울신문 2012-11-17 김정은 기자

'경찰수사권 독립 선봉' 황운하 기획관 사실상 좌천

경찰청은 황운하(50·경무관) 수사기획관을 수사연수원장으로 발령하는 등 경무관급 간부 26명을 전보했다고 16일 밝혔다.
경찰은 당초 지난 13일 경무관 승진 및 보직인사를 단행할 예정이었으나 승진 내정자만 발표하고 이례적으로 보직인사를 미뤘다. 이를 두고 일각에서 "경찰 수사권 독립 강경론을 펴 온 황운하 경무관이 경찰 수사 사령탑으로 남아 있을 경우 검·경 갈등 해결에 도움이 안 된다는 청와대 의견이 반영된 결과"라는 이야기가 나온다. …

그간 수사구조 개혁의 본질이 제대로 알려지지 않은 것은 전제조건이자 필요조건인 검찰 개혁에 대한 인식이 부족했기 때문이다. 경찰의 추진역량에도 문제가 없는 건 아니었지만, 정치권의 문제의식도 지엽적인 차원에 머물렀다. 특히 언론은 손쉬운 양비론에 머물며 사실상 기득권인 검찰을 자극하지 않으려는 논조를 벗어나지 못했다.

국회는 수사권 조정을 검찰의 권한 중 일부를 경찰에 떼어주는 정도로 인식했다. 형사사법체계에 대한 근본적인 개혁이 필요하다는 문제의식은 없었다. 검찰 출신들이 장악한 법사위의 벽은 높기만 했다.

청와대의 인식도 크게 다르지 않았다. 검찰 개혁에 대한 의지는 있었지만, 한편으로는 검찰의 힘을 자신들에게 유리하게 활용하고 싶어 했다. 수사구조 개혁에 대한 근본적인 성찰은 없었다.

거기에는 경찰 역량에 대한 불신도 한몫했다. 검찰 힘을 빼고는 싶었지만, 경찰 힘을 키워주는 것 같아 꺼림칙했던 것이다. 조직 구성원이 많으면 이런저런 사고가 나는 법이다. 거대 경찰 조직에는 바람 잘 날이 없었다.

언론은 권력에 대한 감시와 비판의 연습 상대로 경찰을 선택한 듯했다. 경찰은 툭하면 언론에 두들겨 맞았다. 경찰에 대한 부정적 보도를 자주 접하는 국민에게 경찰 이미지가 좋을 리 없다. 경찰의 길은 천형을 짊어진 것처럼 힘든 여정이었다.

근본적으로는 수사권 조정을 검찰과 경찰 간 권한 나누기로 보는 인식 자체가 문제였다. 그래서 경찰의 수사권 독립 요구를 검찰 개혁에 활용하지 못했다. 수사권 조정을 대선 공약에 따른 선물쯤으로 여긴 것이다.

물론 검찰 개혁도 실패했다. 검찰 개혁의 본질에 대한 이해가 부족하고 목표도 분명하지 않았기 때문이다.

언론도 수사권 조정을 '밥그릇 싸움'으로 묘사하며 갈등을 부추기는 구실만 했다. 많은 언론이 그랬다. 특히 기득권 체제의 일원인 거대 신문들은 종종 검찰에 치우친 편파보도로 여론을 왜곡했다.

2007년 10월 노무현 대통령이 세종문화회관에서 열린 '경찰의 날' 기념식에서 한 발언은 경찰 조직에 큰 상처를 안겼다. 노 대통령은 이날 자신의 대선 공약인 수사권 독립과 관련해 이렇게 말했다.

"공약했던 수준보다 더 나아간 안을 마련해 중재하려고 했지만, 여러분의 조직이 받아들이지 않았다."

"경찰과 검찰이 머리를 맞대고 타협해서 합의를 이루는 것이 바람직하다."

나는 역대 어느 정부보다 개혁적이고 진보적이라는 노무현 정부의 인식이 그런 수준이었다는 사실에 크게 낙담했다. 청와대의 문제의식은 수사구조 개혁이 아닌, 수사권 조정 단계에 머물렀던 것이다.

수사권 조정에 대한 깊은 성찰이나 구체적인 실천계획이 없어 보였다. 특히 수사권 조정을 검찰과 경찰 간 타협의 산물로 여기는 시각은 실망스럽기 그지없었다. 순진한 발상이었다.

뒷날 문재인 대통령도 저서 <문재인 김인회의 검찰을 생각한다>에서 "정권이 검찰을 정권의 목적에 맞춰 장악하려는 시도만 버린다면 검찰의 민주화는 시간이 좀 걸리더라도 저절로 따라온다고 봤다. 너무 나이브한 생각이었다"고 평가했다. 시행착오가 있었던 점을 인정한 셈이다.

그렇다고 노무현 정부의 검찰 개혁 의지를 낮게 평가하고 싶지는 않다. 노무현 정부는 검찰권을 견제하는 방편으로 고위공직자범죄수사처(공수처)와 상설특검제 도입까지 검토했다. 그만큼 문제의식이 강했다고도 볼 수 있다.

훗날 노무현 전 대통령은 저서 <운명이다>에서 "검경수사권 조정과 공수처 설치를 밀어붙이지 못한 것이 정말 후회스러웠다. 이러한 제도개혁을 하지 않고 검찰의 정치적 중립을 보장하려 한 것은 정말 미련한 짓이었다. 퇴임한 이후 나와 동지들이 검찰에서 당한 모욕과 박해는 그런 미련한 짓을 한 대가라고 생각한다"고 회한을 토로하기도 했다.

하지만 검찰과 검찰을 옹호하는 세력의 강력한 반발에 뚜렷한 돌파구를 찾지 못한 데서 보듯 전략과 뒷심이 부족했다. 게다가 정치적 중립성과 수사 독립성을 보장하면 검찰이 스스로 개혁할 것이라고 기대한 것은 치명적 판단 착오였다.

다시 노 전 대통령 저서 <운명이다>의 일부분을 인용한다.

"나는 검찰의 중립을 보장한 것에 대해 자부심을 느낀다. 그러나 대통령이 검찰의 정치적 독립을 보장하면 검찰도 부정한 특권을 스스로 내려놓지 않겠느냐는 기대는 충족되지 않았다."

여건도 좋지 않았다. 불법 대통령선거자금 수사로 국민의 지지를 받은 검찰은 무한정 힘을 키워갔다. 정치적 시비에 휩싸인 대검 중수부를 폐지하려 하자 검찰총장이 "차라리 내 목을 쳐라" 하고 대놓고 항명하는 사태가 벌어졌는데도 누구도 제어하지 못했다.

아이러니하게도 검찰은 검찰 개혁을 추진했던 노무현 정부에서 정권과 각을 세우며 역대 어느 정부에서보다 큰 위상을 확보했다. 반면 이명박·박근혜 정부 때는 정권과 유착하거나 지나치게 충성스러운 모습을 보여 국민의 지탄을 받았다. 검찰의 정치적 중립은 후퇴했다.

정치검찰에 대한 국민의 불신과 분노는 최순실 국정농단 사태를 맞아 촛불의 함성으로 표출됐다. 혁명처럼 다가온 구체제의 몰락 앞에 위축된 검찰은 국민의 눈치를 보는 듯했다.

이처럼 수사구조개혁단이 출범한 것은 검찰 개혁에 대한 국민 여망이 무르익었을 때다. 헌법재판소의 탄핵 결정에 따라 파면된 박근혜 대통령은 끝내 구속됐다. 그에 따라 대선 국면으로 접어들었다.

우리는 주요 대선 후보들을 접촉해 수사구조 개혁의 당위성을 설명하고 그것이 그들의 공약에 담기도록 애썼다. 후보들은 저마다 경찰의 수사권 독립과 검찰 개혁을 약속했다.

문재인 정부 출범 전후 각종 여론조사에서 검찰 개혁은 새 정부의 으뜸 과제로 꼽혔다. 바야흐로 시대적 과제로 떠오른 것이다.

정부는 공약대로 검찰 개혁을 적극 추진했다. 민정수석 주도로 법무부 장관과 행정자치부 장관의 협의를 거쳐 국회로 넘어간 정부 입법안은 미진하고 허점이 있기는 하지만 이전 정부안에 비하면 꽤나 진전된 것이었다.

무엇보다도 경찰에 대한 검찰의 수사지휘권을 사실상 폐지함으로써 실질적인 수사구조 개혁의 첫 발을 뗐다. 또한 그다지 실속은 없지만, 경찰이 수사종결권을 갖게 된 것도 의미 있는 변화다.

아울러 수사·기소 분리는 아니지만, 검찰 수사 영역을 제한함으로써 장차 검찰의 직접수사권을 폐지할 발판을 마련한 점도 평가할 만하다.

공수처 설치 논란에 종지부를 찍은 것도 주목할 부분이다. 판검사를 비롯한 고위공직자 비리를 전담 수사할 공수처는 검찰권력에 대한 강력한 견제 장치가 될 것으로 본다.

안타까운 점은 검찰의 직접수사권을 여전히 폭넓게 인정했다는 것이다. 이른바 적폐 청산을 하는 데 검찰의 수사권이 필요했기에 정치적 타협을 한 게 아닌가 싶다.

게다가 직접수사 영역을 범죄 종류로 구분해 정했기에 수사 일선에서 혼란이 일 수밖에 없다. 이에 대해서는 앞으로 국회 입법 과정에서 세심한 손질이 필요할 것으로 본다.

수사지휘와 더불어 검경 갈등의 핵심인 검사의 독점적 영장청구권을 전혀 건드리지 못한 것도 이번 입법안의 한계다. 검사가 영장청구권을 독점하는 한 경찰은 여전히 독립적인 수사를 할 수 없기 때문이다.

용산 오다리 사건, 검사 친형 세무서장의 해외도피 사건, 김광준 검사 뇌물수수 사건 등에서 보듯 검사가 영장 신청을 받아주지 않으면 수사가 벽에 부딪히거나 사실상 중단된다. 특히 검사가 관련된 사건은 수사를 포기해야 한다.

2017년 정치적 격변의 소용돌이 속에 수사구조개혁단은 여한 없이 일했다. 특히 수사구조 개혁의 핵심인 수사·기소 분리를 유력 대선 후보들의 공약에 넣은 것은 큰 성과였다. 가장 중요한 목표를 달성한 것이다.

공약의 실천은 정권의 몫이다. 촛불의 힘으로 탄생한 문재인 정부가 수사구조 개혁을 통해 검찰 개혁이라는 시대적 과제를 완수하기를 기대한다.

검찰은 왜 고래고기를 돌려줬을까

2017년 7월 치안감으로 승진한 나는 울산지방경찰청장에 임명됐다. 부임한 지 한 달쯤 지나 이른바 고래고기 환부(還付) 사건에 대해 보고를 받았다. 경찰이 수사해 압수한 불법 고래고기를 담당 검사가 유통업자에게 돌려줘 논란을 일으킨 사건이었다.

2016년 울산 중부경찰서는 고래고기 불법 유통조직을 적발해 창고에 보관 중이던 밍크고래고기 27t을 압수했다. 그런데 그 후 검찰이 이 중 21t을 유통업자에게 돌려줘 막대한 이익을 보게 한 사실이 뒤늦게 확인된 것이다. 시가 30억 원어치 분량이었다.

고래고기는 '바다의 로또'라고 부를 정도로 높은 가격에 유통된다. 많게는 한 마리에 1억 원에까지 거래된다. 식당에서 유통되는 고래고기 중에는 이른바 혼획도 많다. 혼획은 다른 어류를 잡으려 친 그물에 고래가 '실수로' 걸려들거나 사고로 죽은 고래를 건지는 걸 뜻한다. 시장 유통 실태를 보면 혼획보다 불법 포획한 고래고기가 훨씬 많다고 한다.

내사를 시작할 무렵 핫핑크돌핀스라는 해양환경단체가 이 사건과 관련해 울산지방검찰청을 울산경찰청에 고발했다. 이 단체는 검찰을 고발한 9월 13일 경찰청사 앞에서 기자회견을 열었다.

"당시 이 사건 담당 검사는 '고래고기의 불법 여부가 바로 입증되지 않았고 마냥 기다릴 수가 없다'는 이유로 일단 업자들에게 압수한 고래고기를 환부했다고 하는데, 이는 수사를 담당한 경찰조차도 황당한 조치라 받아들일 수 없다는 입장이다."

> **경향신문** 2018-06-27 백승목 기자
>
> ## 울산 '고래고기 사건' 검경 2라운드 가나
>
> 경찰 "검사 출신 변호사, 거짓 증언 지시" 영장 신청
>
> 울산경찰청은 27일 '불법 고래고기 환부(되돌려줌) 사건'과 관련, 고래고기 유통업자에게 거짓 증언 등을 하게 한 변호사 ㄱ씨에 대해 위계에 의한 공무집행방해 혐의로 사전구속영장을 신청했다고 밝혔다. 이 사건은 검경 갈등으로 비화됐던 사건이며, ㄱ씨는 과거 울산지검 …

"불법을 근절해야 할 검찰이 오히려 불법 포경업자들 손을 들어주고 장물을 유통시킨 꼴이다. 결과적으로 포경업자들은 2016년 울산고래축제를 앞두고 21t의 고래고기를 돌려받아 막대한 수익을 올렸다."

나는 울산청 광역수사대에 지시해 본격 수사를 벌였다. 검찰이 고래고기 21t을 돌려준 논리는 "불법 유통이라는 증거가 없다"는 것이었다.

경찰은 당시 불법 유통으로 인정된 6t 분량 고래고기는 압수물 처리 규정에 따라 전량 폐기해야 한다고 주장했다. 하지만 검찰은 이를 폐기하지 않고 공매 처분했다. 여러 모로 석연찮은 조치였다.

유통업자를 대리한 A 변호사는 공교롭게도 울산지검 검사 출신이었다. 더욱이 울산지검 재직 중 해양 관련 업무를 담당해 고래고기 관련 사건을 다룬 경험도 있었다. 울산지검 간부 검사와 A 변호사가 대학 동문이라는 점도 의심을 보탰다. 전관예우 의혹이 불거졌다.

수사팀은 고래고기를 불법 유통한 혐의로 구속된 포경업자들로부터 A 변호사에게 수억 원대 수임료를 건넸다는 진술을 확보했다. 고래고기를 돌려받은 시점에 유통업자의 계좌에서 거액이 빠져나간 정황도 포착됐다.

A 변호사 사무실에 대해 모두 세 차례 압수수색영장을 신청했으나 검찰은 단 한 번도 들어주지 않았다. 금융계좌에 대한 영장은 거래기간이 축소된 채 발부돼 수사에 차질을 빚었다. 통신조회 허가서도 제한을 받았다.

A 변호사는 경찰 수사가 시작된 후 유통업자들을 불러 모아 거짓 진술을 강요한 혐의도 받았다. 그러나 경찰에 소환돼서는 혐의를 전면 부인했다. 증거 인멸 우려도 높았다. 이에 사전구속영장을 신청했으나 이 또한 검찰의 비협조로 무산됐다.

검찰에 대한 수사도 진행했다. 담당 검사는 위계에 의한 공무집행방해 혐의를 받았다. 불법으로 포획한 것으로 추정되는 고래고기를 유통업자들에게 돌려줘 30억 원가량의 이익을 안기고, 유통업자들의 불법 행위를 단속하려는 경찰의 공무집행을 방해한 혐의였다.

직권남용 혐의도 있었다. 자신의 직권을 남용해 압수한 고래고기를 돌려줌으로써 불법 유통을 방치하거나 부추기고, 고래고기를 압수해 폐기하려는 경찰의 업무를 방해한 혐의였다.

그해 12월 중순 담당 검사에 대한 서면조사를 시도했다. 검사는 질의서에 대해 아무런 답변을 하지 않다가 열흘 뒤 해외연수를 떠났다. 검찰은 "예정된 연수였다"고 설명했다.

이런 경우 조사에 응하거나 출국을 연기하는 게 책임 있는 공직자의 자세다. 이해할 수 없는 행동이었다. 담당 검사뿐 아니라 그의 상관인 부장검사에게도 몇 차례 질의서를 보냈으나 무응답으로 일관했다.

1년 뒤인 2018년 12월 중순 귀국한 담당 검사는 뒤늦게 서면조사에 응했다. 그에 앞서 12월 초 나는 대전지방경찰청장으로 전보됐다. 담당 검사는 진술서에서 "원칙과 절차대로 고래고기를 돌려줬다"는 원론적 주장을 편 것으로 알려졌다.

　2년 가까이 진행된 고래고기 환부 사건 수사는 검찰의 비협조 속에 별 성과 없이 끝났다. 2019년 6월 울산청은 담당 검사와 A 변호사에 대한 조사를 매듭짓지 못한 채 유통업자들만 검찰에 송치했다. 검사 관련 사건을 경찰이 수사한다는 것이 얼마나 힘든지 여실히 보여준 사례였다.

　수사 당시 검경 갈등의 대표 사례로 부각됐던 이 사건은 엉뚱한 분쟁으로 비화됐다. 경찰 수사가 마무리된 후 울산지검이 울산청 광수대장과 직속 팀장을 피의사실 공표죄로 입건한 것이다. 고래고기 사건이 아닌, 다른 사건과 관련해서였다.

　2019년 1월 울산청은 면허증을 위조해 약사 행세를 한 혐의로 30대 여성을 구속하면서 출입기자들에게 보도자료를 배포했다. 그런데 5개월이 지난 시점에서 뒤늦게 경찰이 기소 전 피의사실을 공표했다며 문제를 삼은 것이다.

　당장 보복수사 의혹이 제기됐다. 수사 대상에 오른 광수대장이 바로 고래고기 사건을 수사한 주역이었기 때문이다. 언론도 그 점에 주목하며 검찰의 이례적 조치에 의문을 나타냈다.

　경찰이 기소 전 수사 내용에 대한 보도자료를 돌리는 건 오랜 관행이다. 경찰청 공보규칙과 판례, 그리고 국가인권위원회 등 유관기관의 권고 기준에 따른 것이기도 하다. 국민의 알 권리와 유사 범죄를 예방한다는 차원에서 일부 사건에 한해 언론에 수사 내용을 알리는 것이다.

　이는 검찰도 마찬가지다. 피의사실 공표죄를 엄격히 적용할 경우 검찰이 더 문제가 된다는 건 기자들이 더 잘 안다. 그간 검찰이 기소 전은 말할 것도 없고 구속 전에도 피의사실을 공표한 사례는 수없이 많다. 때로는 현장 생중계하듯이 조사 내용을 실시간으로 흘리기도 했다.

피의사실 공표를 문제삼겠다면 자신들부터 조사하는 게 마땅하지 않은가. 만약 언론의 시각대로 고래고기 환부 사건에 대한 보복성 수사라면 너무도 치졸한 작태가 아닐 수 없다.

비록 사문화된 규정이긴 하지만, 피의사실 공표는 인권 보호 차원에서 제한적으로 이뤄져야 한다. 그런 중요한 문제를 보복 차원에서 거론하는 것이라면 참으로 국민 수준을 우습게 아는 처사다. 이번 기회에 경찰과 검찰이 머리를 맞대고 적절한 기준을 마련함으로써 제도 개선이 이뤄지길 바란다.

事件

2부

잊지 못할 사건들

■ 미아리텍사스 화재 사건

·· 　　　　1988년 서울 종암경찰서 형사4반장을 지낼 때 발생한 성매매업소 화재 사건은 내게 큰 충격을 안겼다. 관내 성매매 집결지에서 발생한 화재로 여성 종업원(윤락녀)들이 사망한 사건이었다.

그날 아침 나는 당직근무를 마무리하던 참이었다. 당시 당직근무 시간은 아침 9시부터 다음날 아침 9시까지 24시간이었다. 사건이 일어난 것은 거의 교대시간 직전이었다. 인근 종암소방서에서 사이렌이 요란하게 울렸다. 속칭 미아리텍사스에서 불이 나 인명피해가 발생했다는 보고가 올라왔다.

당직 교대는 뒤로 돌리고 현장으로 달려갔다. 가게 하나가 다 탄 뒤에야 불길이 잡혔다. 밤새 영업하고 아침에 눈을 붙인 여성 종업원 5명이 질식사했다. 한 방에서 같이 자던 윤락녀들이 변을 당한 것이다. 업주 측에서 도주를 막는다고 밖에서 문을 잠근 탓이었다.

피해자 신원 확인이 급선무인데, 쉽지 않았다. 본명을 쓰지 않는데다 가족과도 거의 연락하지 않고 지냈기 때문이다. 지문을 채취해 신원을 확인했다. 3명은 밝혀졌지만 나머지 2명은 끝내 알 수 없었다. 주민등록증이 없거나 미성년자일 가능성이 제기됐다. 가출소녀이거나 고아 출신일 수도 있었다.

화재 원인을 파악하는 데도 시간이 걸렸다. 목격자가 없는 탓이었다. 주변 사람들에 대한 탐문수사 결과 그날 업주가 촛불을 켜고 굿을 했다는 사실이 드러났다. 촛불을 끄지 않고 잠들었을 가능성이 컸다. 발화지점과도 일치했다.

업주 구속 여부는 중요하지 않았다. 유족의 관심은 보상이었다. 업주들이 모여 대책회의를 열었다. 당시 미아리텍사스에는 약 150개 업소가 난립했다. 여 종업원 한 명이 개인택시 기사와 맞먹는 수입을 올렸다. 업주는 이 돈으로 경찰서와 소방서에 뇌물을 주고 '백'을 썼다.

미아리텍사스에는 정화협의회라는 자치단체가 있었다. 일종의 친목 모임이었다. 업주들은 돈을 걷어 정화협의회를 통해 유족 측과 합의했다. 지켜보고 있자니 마음이 답답하고 아렸다. 신원이 확인되지 않은 여성들의 한을 어떻게 풀어줘야 할지….

성매매 여성은 대부분 빚을 진 상태였다. 업주로부터 선불금을 받고 일을 시작하기 때문이다. 업주가 그들을 감금하는 명분도 돈 떼먹고 달아나는 것을 막는 것이었다.

선불금 액수는 보통 2000만~3000만 원이었다. 여성들은 이 돈으로 부모 병원비나 동생 학비를 댔다. 성매매 수입으로 빚을 갚아나가는 건 끝이 보이지 않는 터널을 걷는 것과 같았다. 이런저런 명목으로 업주에게 적잖은 돈을 떼이는 데다 씀씀이도 헤펐기 때문이다. 무엇보다도 옷값과 화장품값이 많이 들었다. 매일같이 입에 대는 술·담배 비용도 만만찮았다. 때로는 비싼 양주로 폭탄주를 만들어 마셨다.

나는 그들의 비참한 죽음 앞에 존재론적 고뇌에 빠졌다. 신이 있다면 왜 저들을 어둠의 자식으로 만들었을까. 며칠간 이 사건에 매달렸다.

성매매 여성들이 감금된 상태에서 숨졌다는 사실은 두고두고 잊히지 않았다. 이 쓰라린 기억은 뒷날 내가 대전 유천동 성매매업소와 전쟁을 벌일 때 강력한 심리기제로 작용했다.

■ 철없는 경감의 승부수

　　노태우 정부의 6공화국이 기울어가던 1992년 가을 나는 대전 동부경찰서 형사계장이었다. 14대 대통령 선거가 석 달 앞으로 다가왔을 때다.

　추석을 앞둔 시점에 형사계로 선물상자 수십 개가 쏟아져 들어왔다. 홍삼이었다. 나는 혀를 차며 돌려보냈다. 직원들에게 누가 보냈는지 물어보니 대전 시내에서 방귀깨나 뀌는 오락실 업주였다. 관행적인 명절 선물이었지만, 세상물정 모르는 초급 간부에게는 낯설고 놀라운 광경이었다. 부패 냄새가 코를 찔렀다. '검은 상자'를 열고 싶은 의욕이 솟구쳤다.

　기회는 생각보다 빨리 찾아왔다. 어느 날 불법으로 영업하던 오락실 업자가 관내 파출소로 붙들려왔다. 바지사장이었다. 실업주(실제 업주)를 알아보니 바로 지난번에 홍삼 선물을 보낸 사람이었다.

　곧바로 그를 불러들였다. 그는 자신이 실업주임을 실토하고 선처를 호소했다. 내가 강경한 방침을 고수하자 곧 순응하는 모습을 보였다. "구속되기 전 차도 처분해야 하고 정리할 게 좀 있으니 며칠만 말미를 달라"고 부탁했다. 나는 선선히 허락하며 "일주일 뒤 다시 오라"고 했다.

　며칠 후 그가 전화를 걸어와 밖에서 만나기를 청했다. 장소는 일식당. 나가보니 돈을 잔뜩 담은 007가방을 내밀었다. 애초 내 목표는 그가 아니었기에 선심 쓰는 척하며 협상을 제안했다.

　"나를 도와주면 빼주겠다. 입건도 안 할 수 있다."

　솔깃해진 그가 눈을 크게 뜨고 말했다.

"뭐든 말씀만 하세요."

큰 물고기를 잡기 위해 작은 물고기를 놔주는 방식. 일반인은 영화에서나 볼 법한 일이지만, 사실 수사현장에서는 더러 발생하는 일이다. 물론 정도(正道)는 아니다. 돌이켜 생각하면 몹시 위험한 발상이었다. 아무리 수사 목적이었다고 해도 검찰이 문제를 삼으면 꼼짝없이 당할 수밖에 없기 때문이다.

어쨌든 나는 승부수를 던졌다. 관내 두 군데 호텔 오락실이 목표였다.

"오락실 지분 구조를 말해주면 선처하겠다. 뒤를 봐주는 유력인사들이 누구인지도 말해 달라."

내친 김에 "불법 영업 증거를 확보하는 방법도 알려 달라"고 했다. 당시 오락실 단속은 형식적으로 이뤄지거나 사전에 단속 정보가 새나가 실효가 없었다. 업주들은 바람이 그물을 빠져나가듯 법망에 걸리지 않았다.

내 제안에 그가 놀란 표정으로 잠시 침묵했다. 이윽고 한숨을 내쉬며 말했다.

"그거 해봐야 수사 안 됩니다."

"무슨 소리야?"

"대전지방검찰청 특수부 송모가 강직하기로 소문난 검사입니다. 송 검사가 그거 해보려다 날아갔어요. 경찰 조직의 경감 정도는 한칼에 날아갑니다."

당시 시중에는 오락실 자금이 월계수회로 흘러들어간다는 소문이 돌았다. 월계수회는 6공 실세 박철언 의원이 주도한 노태우 대통령 후원조직이었다. 당시 오락실들은 슬롯머신으로 큰돈을 벌었다. 세간에서 '빠찡꼬'로 불린 슬롯머신은 일본에서 들어온 오락기계로 순식간에 국내 오락실 시장을 점령했다.

이듬해 김영삼 정부가 출범한 직후 서울지방검찰청(현 서울중앙지방검찰청) 강력부의 한 이름 없는 검사가 슬롯머신업계 비호세력을 파헤쳐 각광을 받았다. 뒷날 한나라당 당대표를 지내고 대선 후보로도 나선 홍준표 검사였다.

홍 검사는 거침없는 수사로 '6공 황태자' 박철언 씨를 비롯한 정·관계 유력인사들을 잡아넣었다. '슬롯머신 대부'로 불린 정덕진·정덕일 형제로부터 뇌물을 받은 혐의였다. 경찰 고위직 인사도 구속됐다. 불똥은 검찰 내부로도 튀어 모 고검장이 구속되기에 이르렀다.

대선이 있던 1992년 슬롯머신업계는 전성기를 누렸다. 그런 판국에 경감급 경찰 간부가 겁 없이 덤벼들겠다고 하니 업주 눈에는 딱하게 보일 법도 했다.

하지만 나는 그의 말에 외려 의욕이 더 커졌다. 오기가 발동한 것이다. 내사를 해보니 경찰 고위 간부들이 비호세력이라고 의심할 만한 정황이 포착됐다. 그 중에서도 대전 경찰 실세로 군림하던 총경급 간부 두 명이 눈에 띄었다.

공격 개시일을 잡아 문제의 오락실에 형사들을 투입했다. 은밀하게 진행했는데도 정보가 새나간 흔적이 보였다. 다음 단계로 공론화를 시도했다. 언론에 협조를 구하고 경찰 내부에도 정보를 흘려 수사를 기정사실화한 것이다. 어느 날 조회 시간에 직원들 앞에서 이렇게 공표했다.

"충남경찰청 고위 간부들이 오락실 비호세력이라는 첩보를 입수했습니다. 성역 없이 수사해 내부 비리를 척결합시다!"

소문이 빠르긴 했다. 얼마 지나지 않아 충남청 모 간부가 사람을 보내왔다. 경정인 그는 그 간부의 직속부하이자 내 상관이었다. 그가 안타까운 표정으로 말했다.

"젊은 사람이 정의감은 좋은데, 2년 뒤 서울로 복귀해야 할 것 아닌가. 있는 동안 조용히 지내다 가게. 조심하지 않으면 다칠 수 있네. 아끼는 마음에서 하는 소리네."

"말씀 다하셨습니까? 가서 그분한테 전하세요. 당신이나 조심하라고!"

방문을 박차고 나와 버렸다. 이후 구체적인 작전계획을 짰다. 그런데 하필 그 시점에 살인사건이 터졌다. 형사들이 그 사건에 투입되는 바람에 오락실 수사가 늦춰졌다. 그러다 인사발령을 맞았다. 4급지인 청양경찰서 방범과장으로 내쫓겼다. 충남청 고위 간부의 부하가 왔다 간 지 일주일이 채 안 됐을 때였다.

평소 가깝게 지낸 대전일보 송광석 기자가 충남경찰청장에게 전화해 내 인사에 대해 항의했다. 동갑내기인 데다 정의감을 가진 친구라 부패 척결에 의기투합할 수 있었다.

그 직후 누군가 내게 전화를 걸어왔다. 자신을 충남청장이라고 소개했다. 평소 동기생들끼리 고위 간부를 사칭하는 장난전화를 주고받았기에 "너 누구냐?" 했다. 상대방 목소리가 진지했다.

"미안하게 생각한다. 나중에 보상하겠다. 그러니 더 문제 제기 말라. 서울 가면 챙겨주겠다."

진짜 충남청장이었다. 물론 나중에 그에게 덕본 건 전혀 없다. 그에게 항의했던 송 기자는 그 뒤 대전일보 편집국장을 거쳐 현재 인터넷 매체 굿모닝충청 대표를 맡고 있다.

이듬해 김영삼 정부가 출범할 무렵 오락실 업주가 청양으로 나를 찾아왔다.

"그러게 제가 뭐라 했습니까?"

그날 그가 술을 사며 시건방진 소리를 했다.

"제가 원복(원상복귀)시켜 드릴게요."

갓 임명된 법무부 장관과 잘 안다고 했다.

"그 양반 대전지검에 근무할 때 저와 가깝게 지냈습니다. 원하신다면 전화해드릴게요."

나는 한마디로 잘랐다.

"까불지 마라."

오락실 비호세력으로 의심되는 두 총경에 대한 수사는 진행되지 못했다. 그들의 위세는 수사를 누를 정도로 대단했다. 나는 언젠가 이 썩어빠진 조직 내부에 칼을 들이대겠다고 마음먹었다.

▎김포 토박이파와 영화 〈인정사정 볼 것 없다〉

　　　　　　　인천 서부경찰서 형사과장 시절에는 정말 신나게 일했다. 그 중 가장 기억나는 사건은 김포 토박이파 사건이다.

　서부서 관내 김포군 검단면에 있는 나이트클럽에서 발생한 조직폭력 집단 간 패싸움이 발단이었다. 그 지역에서 가장 드세다는 토박이파가 세력을 과시한 사건이었다.

　토박이파는 범서방파의 김포 지역 하부조직이었다. 구성원은 15명 안팎. 20대 후반이 주축을 이뤘다. 1970년대 후반 김태촌이 조직한 범서방파는 이른바 3대 패밀리의 한 축으로, 한때 전국 최대 폭력집단으로 군림했다. 김태촌은 여러 정치폭력 사건에 개입하며 '대한민국 최고 깡패'로 이름을 날렸다.

　토박이파는 평소 업주와 손님들에게도 공공연히 폭력을 행사했다. 패싸움 이후 경찰이 수사에 착수하자 두목을 비롯한 주요 간부급 주먹들이 뿔뿔이 달아났다.

　휴대전화가 없을 때였다. 그들이 갈 만한 가정집 전화를 모조리 감청했다. 주로 애인 집이나 어머니 집이었다. 인근 공중전화도 감청했다. 대화내용을 분석해 도주 경로와 은신 장소를 추적했다.

　그러던 어느 날 영화감독 이명세 씨가 찾아왔다. 형사 활약상을 그리는 영화를 만들고 싶다고 했다. 그가 서부서 형사과를 찾아온 것은 우준환 강력반장 때문이었다. 사건 해결 능력이 뛰어난 우 반장은 방송에 자주 나왔다. 당시 인기를 끌던 <경찰청 사람들>이라는 MBC 다큐멘터리였다. 이 감독은 이 방송을 보고 영감을 얻었다고 했다.

이 감독이 구상한 영화 제목은 가칭 '형사수첩'이었다. 그는 형사들이 활약하는 생생한 현장을 담겠다며 자신을 형사로 끼워달라고 요청했다. 형사들은 귀찮아하는 기색이 역력했다. 일하는 데 방해만 된다고 여겼기 때문이다. 하지만 이 감독이 하도 간곡히 부탁하기에 나는 형사들에게 "잘 대해주라"며 합류를 허락했다.

이 감독은 두 달가량 형사들을 따라다녔다. 처음 얼마간 잘 지내는 듯싶더니 한 차례 사달이 났다. 저녁 술자리에서 언쟁을 벌이다 치고받기까지 한 것이다. 그러나 불화가 오래가지는 않았다. 곧 화해하고 다시 공생관계를 이어갔다.

이 감독은 형사 경험을 쌓으면서 모든 사건의 중심에 형사과장이 있다고 여겼다. 미혼에 툭하면 밤샘 근무하고 정의감 넘치는 경찰 간부. 그가 영화에서 그리고 싶어한 내 이미지였다.

몇 년 뒤 영화가 개봉됐다. 제목은 <인정사정 볼 것 없다>. 크게 흥행하지는 않았지만 꽤 화제가 됐던 영화로 기억한다. 박중훈 장동건 두 스타 배우가 서부서 형사로 나왔다. 거기에 국민배우 안성기 씨가 범죄조직 두목 역을 맡아 무게감을 더했다. 엔딩 크레디트 '도움 준 분' 명단에 '인천 서부경찰서 형사과장 황운하'도 포함됐다.

토박이파 수사 과정에서 저지른 실수를 생각하면 지금도 쓴웃음이 나온다. 어느 날 토박이파 조직원들이 인천 중구 모 호텔 유흥업소에서 술을 마신다는 보고가 올라왔다. 룸살롱과 단란주점의 중간에 해당되는 업소였다. 감청 첩보였기에 믿을 만하다고 여겼다.

신속한 작전이 필요했다. 곧 팀을 꾸려 현장을 급습했다. 형사들이 룸을 박차고 들어가자 여성 종업원들이 비명을 질러댔다. 청년 서너 명이 앉아 술을 마시다 화들짝 놀라 일어섰다. 날랜 형사 한 명이 탁자

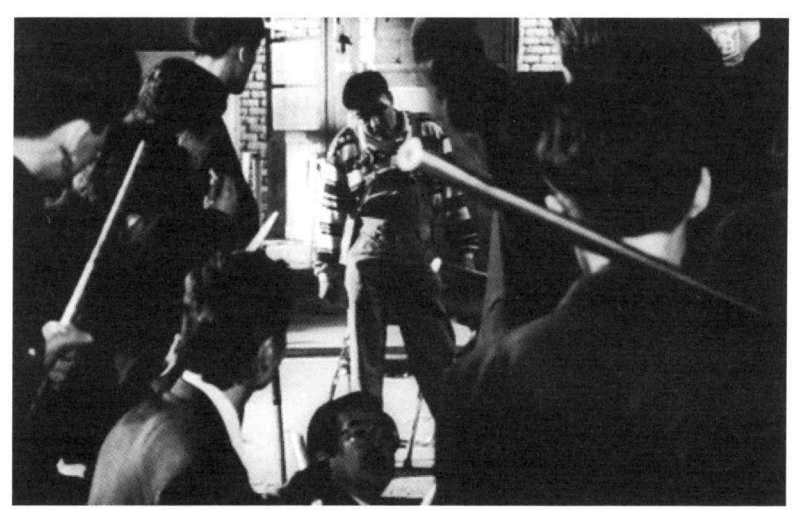
영화 〈인정사정 볼 것 없다〉의 한 장면.

위에 올라가 3단봉을 휘두르며 소리쳤다.

"전부 돌아서! 고개 숙여!"

영화에 나오는 장면 그대로였다. 조금이라도 고개를 들거나 입을 열면 두들겨 팼다. 청년들은 체념한 듯 순순히 수갑을 받았다. 형사들은 그들을 기동대 차량에 태워 경찰서로 끌고 왔다.

작전이 성공했다는 보고를 받고 한시름 놓았다. 그런데 잠시 후 우준환 반장이 당황한 기색으로 달려와 보고했다.

"잘못 데리고 왔는데요. 걔들 아닙니다."

비슷한 놈팡이들이긴 했지만, 김포 토박이파는 아니라는 얘기였다. 큰일났다 싶었다. 형사들을 폭행죄로 걸면 꼼짝없이 당할 판이었다. 잠시 고민하고 나서 우 반장에게 "전부 형사과장 방으로 데리고 오라"고 지시했다. 방에 들어온 청년들을 무릎 꿇리고 다짜고짜 뒤통수와 뺨을 갈겼다.

"머리에 피도 안 마른 놈들이 무슨 돈으로 룸살롱에서 술 처먹느냐. 샅샅이 조사해서 다 감옥에 보내버리겠다."

겁에 질린 청년들이 "잘못했다. 한번만 봐 달라"고 싹싹 빌었다. 나는 마지못해 봐주는 것처럼 말했다.

"잘못을 뉘우치니 이번 한 번만 용서해주겠다. 대신 밖에 나가 여기서 벌어진 일에 대해 일절 애기하지 말라. 특별 케이스로 봐주는 거니 소문나면 안 된다. 떠들어댔다가는 그길로 다시 잡혀 들어올 줄 알아라."

청년들에게 미안했지만, 어쩔 수 없는 일이었다. 형사들이 일부러 그런 것도 아니고 조폭 잡는다고 열심히 일하다 실수한 건데 그것 때문에 처벌을 받게 할 수는 없는 노릇이었다.

겁 없던 시절이었다. '잘못되면 나가면 되지' 하는 배짱이 있었다. 힘들게 검거한 김포 토박이파 두목을 잠시 풀어줄 수 있었던 것도 그런 자신감 때문이었다.

두목은 경북 포항에서 검거했다. 포항경찰서와 공조수사를 했다. 그의 어머니 집이 포항에 있었다. 그 집 전화를 감청했는데 어느 날 걸려들었다. 도주 중 어머니에게 전화를 걸었던 것이다. 통화를 엿들어 보니 어머니 병세가 오늘내일 할 정도로 위중했다. 결국 그가 인천으로 호송돼 오는 도중 사망했다.

형사들이 그를 형사과장실로 데리고 왔다. 내가 "어머니가 돌아가셨다니 참 안 됐다"고 위로하자 그가 말했다.

"어머니 장례 치르게 해주시면 고맙겠습니다."

강력반장이 강력히 반대했다. 풀어줄 경우 조직원들이 빼갈 수 있다는 우려였다. "뒷감당을 어떻게 하려고 이러시느냐"고 말렸다. "직무유기가 될 수 있다"면서. 나는 왠지 모를 자신감이 있었다.

"상주 노릇 제대로 하게 놔둡시다. 한번 믿어보지요."

감시 형사도 붙이지 않았다. 지금 생각하면 위험천만한 일이었다. 그러나 나는 내 판단을 믿었다. 그는 장례가 끝난 후 되돌아왔다. 재판에서 유죄를 선고받고 복역했다.

▌파주 용주골을 뒤흔든 총성

　　한때 성매매업소가 번창했던 경기도 파주 용주골의 정확한 주소는 파주시 파주읍 연풍리다. 2000년대 초반 김강자 서울 종암경찰서장이 속칭 미아리텍사스를 강력히 단속할 때 "서울 손님들이 용주골로 몰려간다"는 말이 나왔을 정도로 그쪽 세계에서는 제법 소문난 곳이다.

　내가 처음으로 권총을 사용했던 용주골 사건은 여중생 가출신고에서 비롯됐다. 어느 날 형사과에 여중생이 가출해 돌아오지 않으니 찾아달라는 신고가 들어왔다. 이동경로를 뒤쫓아보니 최종 행선지가 용주골이었다.

　담당 경찰관은 경찰대를 갓 졸업하고 순환보직으로 근무하는 신출내기였다. 그가 용주골 업주 측에 연락해 협조를 요청했다. 아이를 돌려보내주면 불법 성매매 영업은 문제삼지 않겠다고. 어정쩡하게 타협을 시도한 것이다. 윽박질러도 시원찮을 판에 정중하게 부탁하니 그쪽에서 도리어 세게 나왔다.

　"웃기는 소리 하고 있네. 우리가 왜 돌려보내?"

　담당자에게 보고를 받은 나는 매운 맛을 보여주기로 했다. 집창촌이라는 특수성을 감안하다 해도 이처럼 노골적으로 공권력을 무시하는 태도는 용납하기 힘들었다.

　나는 압수수색영장을 치라고 지시하고 영장에 적을 내용을 직접 불러줬다. 납치와 감금, 성매매 강요 등의 혐의였다. 압수수색 장소로는 집창촌 일대 모든 번지를 적게 했다. 요즘 그런 식으로 영장을 들이 민다면 아마도 퇴짜 맞을 것이다. 장소를 특정하지 않았기 때문이다.

하지만 당시 검찰이나 법원은 압수수색영장에 대해서는 관대한 편이었다. 특별히 '백'이 들어온 사건이나 자기들 조직을 겨냥하는 사건이 아니라면 말이다.

서장에게 보고했더니 "조심하라"고 당부했다. 영장을 발부 받은 직후 새벽에 형사들을 비상소집해 기동대 버스에 태웠다. 기동대에 요청해 1개 중대 병력을 지원받았다.

용주골에 도착한 시각은 아침 7시. 일찍이 종암서에서 근무할 때 미아리텍사스 화재 사건을 수사한 경험이 도움이 됐다.

버스에서 내린 형사들이 곧바로 영장을 집행했다. 업소마다 들이닥쳐 보이는 대로 연행했다. 문이 잠긴 곳은 미리 준비한 쇠지레(빠루)로 부수고 들어갔다. 성매매 남성과 여성은 현행범으로 체포하고, 업주들도 버스에 태웠다. 여기저기서 비명과 고함이 터지고 몸싸움도 벌어지는 등 그야말로 아수라장이었다.

덩치 크고 인상 험악한 사내들이 하나둘 모여들었다. 이들은 스크럼을 짜고 '우우' 소리를 질러대면서 버스 앞을 막아섰다. "왜 인천 경찰이 파주까지 와서 설치냐"고 항의 아닌 항의를 했다. 일본말로 '기도' 혹은 '삼촌'이라고 불리는 업소 관리직원들이었다.

인근에서 연락 받고 달려온 폭력배들도 합류했다. 그들은 깔맞춤이라도 한 듯 검정색 바지에 가죽점퍼를 입고 속에 폴라 티셔츠를 받쳐 입었다. '긴 밤'을 보낸 것으로 추정되는 남성들도 항의 대열에 가담했다.

자칫 큰 충돌이 일어날 수 있는 일촉즉발 상황이었다. 형사들도 위축된 모습이었다. 비상수단이 필요했다. 나는 권총을 뽑아들고 외쳤다.

"법집행 중이니 전부 물러나라!"

안 물러섰다. 공중을 향해 권총을 한 발 쏘았다. 공포탄이라는 걸 알았는지 별로 겁내는 기색이 없었다. 두 발째 쏘았다. 주춤거리긴 했지만 여전히 물러날 기미가 안 보였다. 한 번 더 경고했다.

"해산하지 않으면 진짜로 쏜다!"

세 번째는 실탄을 쐈다. 불꽃이 튀었다. 다들 혼비백산해 흩어졌다. 체포해온 사람들을 경찰서 강당에 모았다. 150명쯤 됐다. 분내가 진동했다. 업주들은 황당해하면서 발을 동동 굴렀다. 용주골이 생긴 이래 처음 겪는 일이었기 때문이다.

지역언론에서 이를 경찰의 영웅담으로 보도하자 검찰이 불쾌한 반응을 보였다. 대검찰청은 용주골을 관할하는 서울지검 의정부지청(현 의정부지방검찰청)을 질책했다. 관할 지역 내 경찰 수사 내용을 파악하지 못했다는 이유에서였다.

의정부지청은 인천지방검찰청 탓으로 돌렸다. 인천지검에서 알려주지 않아 알 수가 없었다는 것이다. 그러자 불똥이 인천지검으로 튀었다. 대검은 인천지검이 사건 내용을 의정부지청에 알려주지 않은 점과 포괄적인 압수수색영장을 내준 점을 문제삼았다.

인천지검은 경찰에 화풀이를 했다. 서장과 형사과장을 검찰청으로 들어오라고 했다. 자존심이 몹시 상했지만 하는 수 없이 나 혼자 가서 부장검사에게 자초지종을 설명했다.

형사소송법(형소법)에 경찰이 관할 외 지역에서 수사할 때는 해당 지역 검사장에게 사전보고해야 한다는 규정이 있다. 부장검사가 이 조항을 들먹이기에 "왜 사문화된 규정으로 문제를 삼느냐"고 항의했다.

부장검사는 "상부에서 (경찰에) 엄중히 경고하라고 했다"고 말했다. 군기를 잡아보겠다는 발상이었다. 이런 경우 소모적인 감정싸움을 하는 것은 현명한 처사가 아니다. 서로의 처지를 이해한다는 선에서 마무리했다.

경찰 조사 과정에서 포주 한 명이 거칠게 대들다가 혼이 났다. 형사들이 숙직실로 끌고 가 손 좀 본 것이다.

그런데 일이 꼬이려니까 하필 그에 대한 구속영장이 기각됐다. 기세등등해진 그가 변호사와 만난 후 "형사들을 폭행죄로 고소하겠다"고 난리쳤다.

우준환 반장이 나서서 원하는 게 뭔지 확인했다. 그쪽에서 요구한 건 수사 중단이었다. 수사를 더 확대하지 말고 체포된 사람들을 풀어달라고 했다. 그러면 고소하지 않겠다고 했다.

요구를 거절하면 자칫 역공을 당할 수 있었다. 게다가 소기의 목적은 달성한 상태였다. 가출소녀를 찾아 집으로 돌려보낸 것이다. 용주골 초토화까지 생각했지만 과욕일 수도 있었다. 이쯤에서 접는 것이 현명해 보였다. 그래서 일부 악질 포주만 구속하고 나머지 사람들은 다 돌려보냈다.

▎톱가수가 대마초를 피운 까닭

·· 　　　2000년대 초반 나는 두 건의 연예인 관련 사건으로 TV에 여러 번 나왔다. 하나는 인기 가수 S가 연루된 마약 사건이고, 다른 하나는 인기 개그우먼 L이 겪은 가정폭력 사건이다. 그 바람에 '연예인 사건 전담 형사과장'이라는 엉뚱한 별명도 얻었다.

현재 한국을 대표하는 가수 중 한 명인 S가 마약 사건으로 구속된 것은 내가 용산경찰서 형사과장으로 부임한 해인 2001년이었다. 초범이었는데, 여러 차례 대마초를 피운 것으로 드러났다.

그를 내 방으로 불러 사연을 들어봤다. 외국 명문대를 나온 그는 부모와 조부모의 반대를 무릅쓰고 가수의 길을 걸었다. 그 과정에서 스트레스가 심해 자연스럽게 대마초를 찾게 됐다고 털어놓았다. 마약을 하면 음감이 좋아진다는 얘기도 했다.

음악에 대한 순수한 열정과 자신의 과오를 진지하게 뉘우치는 모습에 호감이 갔다. 이런 열정과 인성이라면 장차 가수로서 성공할 수 있겠다는 믿음도 생겼다. 초범이고 사정도 딱해 풀어주고 싶은 마음이 들었지만, 대마초 흡입 횟수가 많아 불구속하기가 곤란했다. 당시 처리 기준대로라면 구속을 피할 수 없었다. 결국 그는 구속됐다.

▌FBI와 공조한 미국 여대생 살인사건

　　　　　　미국 여대생 살인사건을 수사한 것도 용산서 형사과장 시절이다. 2001년 3월 서울 이태원의 한 모텔에서 미국인 여대생이 숨진 사건이 발생했다. 장소는 모텔 화장실. 질식사였다. 얼굴과 목, 가슴 등에 타박상을 입고, 목뼈도 부러졌다.

　사망자 이름은 제이미 린 페니시. 미국 피츠버그대 3학년으로 한국에 유학 온 학생이었다. 대구 K대에 다니고 있었다.

　관내 사건이라 우리가 초동수사를 맡았다. 신고자는 동숙한 네덜란드 여학생이었다. 주변 인물들을 조사해 죽기 전 페니시의 행적을 파악했다. 사망 전날 저녁 페니시는 동료 교환학생 6명과 함께 이태원 술집에 놀러갔다가 주한미군들과 어울린 것으로 드러났다. 곧 미군 범죄수사대(CID)가 수사에 동참했다. 같이 술 마신 미군들을 1차 용의자로 본 것이다. 하지만 이들에게서는 범행 흔적이 발견되지 않았다.

　또 다른 용의자 그룹은 동료 교환학생. 이들 중 의심 가는 학생이 있었다. 같은 미국인 여대생 켄지 노리스 엘리자베스 스나이더였다. 스나이더는 참고인 조사에서 "페니시와 함께 방에 들어가 샤워하는 것을 도와준 후 내 방으로 돌아가 잤다"고 진술했다. 신고자인 네덜란드 여학생은 "자느라 (페니시가) 방에 들어오는 걸 몰랐다"고 말했다.

　미국연방수사국(FBI) 한국 지부도 공조수사에 나섰다. 수사팀은 스나이더의 진술에서 몇 가지 미심쩍은 점을 발견했다. 페니시가 샤워를 했다는 그녀의 증언과 달리 시신 발견 당시 욕실에 물기가 전혀 없었다는 점도 그 중 하나였다.

하지만 스나이더는 조사를 받은 후 곧바로 미국으로 돌아갔다. 이듬해 2월 FBI 한국 지부 수사관은 그녀를 찾아가 3일간 조사한 끝에 자백을 받아냈다. 페니시가 욕실에서 동성애적인 행동을 보여 밀어 쓰러뜨린 것이 살인으로까지 이어졌다는 진술이었다. 그녀는 페니시의 행동에 격분한 이유에 대해 "어릴 적 오빠 친구로부터 성추행당한 기억이 되살아났기 때문"이라고 말한 것으로 전해졌다.

스나이더는 미국 경찰서 유치장에 수감됐다. 한국에서 그녀를 다시 수사해 법정에 세우려면 미국에 범죄인 인도를 요청해야 했다. 한미범죄인인도조약에 따른 것이다. 나는 법무부 국제정책과 검사로부터 양식을 받아 영어 잘하는 후배의 도움을 받아 범죄인인도요청서를 작성했다. 이 문서는 법무부를 통해 미국 정부에 전달됐다.

미국 법원 결정에 따라 스나이더가 한국에 송환된 것은 그해 12월. 동성애와 관련된 우발적 다툼에 따른 살인으로 보였다. 하지만 법정에 선 그녀는 변호인 도움을 받아 무죄를 주장하고 나섰다.

나는 스나이더에 대한 재판이 진행되던 2003년 4월 강남경찰서 형사과장으로 옮겨갔다. 두 달 뒤 서울지방법원 서부지원은 스나이더에게 무죄를 선고했다. 실체적 진실을 가리기보다는 수사 과정의 문제점에 초점을 맞춘 판결이었다.

재판부는 FBI 진술서의 법적 효력을 인정하지 않았다. 검찰 이외의 수사기관에서 작성된 문서이기 때문에 증거능력이 없다는 논리였다. 형소법에 따르면 검찰 조서와 달리 경찰 조서는 법적 효력이 없다. 그 규정을 FBI에도 그대로 적용한 것이다.

그해 10월 항소심 재판부(서울고등법원)도 원심과 같은 논리로 무죄를 선고했다.

마약에 중독된 대통령의 아들

전직 대통령의 아들 Q는 한때 마약의 구렁텅이에 빠져 헤어나지 못했다. 1989~2002년까지 모두 6차례나 마약 사건으로 입건됐다. 전직 대통령 아들의 타락은 많은 사람을 안타깝게 했다.

구속된 횟수만 다섯 번. 그 중 마지막 2002년 사건은 서울지검 마약수사부가 구속함으로써 일반에 알려졌다. 하지만 실제로 이 사건을 먼저 인지한 곳은 내가 이끌던 용산서 형사과였다.

그가 선호한 마약은 필로폰이었다. 2002년 초 용산서에서 조사할 때도 필로폰 투약이 문제가 됐다.

사건의 출발점은 제보였다. 용산역 부근에서 Q가 필로폰을 투약한다는 내용이었다. 함께 투약한 사람을 조사해보니 사실이었.

수사에 착수하자, K 전 국무총리가 박모 용산서장에게 선처를 요청했다. 두 사람은 지연으로 얽혀 있었다. 서장은 충남 공주 출신이고, K 전 총리는 공주고를 졸업했다. 당시 서장을 통해 전달된 K 전 총리의 발언은 대략 이러했다.

"창피하다. 다 내 잘못이다. 나라 망신이니 외부에 알려지지 않으면 좋겠다. 처벌보다는 치료감호가 좋겠다."

Q의 또 다른 대부(代父)라 할 만한 모 대기업 명예회장도 전화를 걸어와 구명에 나섰다.

"Q가 일을 할 수 있도록 도와줄 생각이다. 안정적으로 먹고살고 자립할 수 있도록 돕고 싶으니 이번 사건은 조용히 처리해 달라. 구속하지 말고 치료 받게 해 달라."

두 사람의 요청이 아니더라도 상습범인 Q에게 필요한 것은 처벌이 아니라 치료라고 판단했다. 그래서 그를 부르지 않았다. 입건하지 않은 것이다.

그러나 얼마 후 그는 결국 사법처리됐다. 서울지검 마약수사부가 수사에 나서 구속한 것이다. 2001년 8월부터 2002년 4월까지 12차례 필로폰을 투약한 혐의였다. 굳이 그럴 필요가 있었을까 하는 의구심과 함께 씁쓸한 뒷맛을 남긴 사건이었다.

유명 여성연예인 가정폭력 사건

2003년 2월 유명 개그우먼 L이 가정폭력으로 입원하는 사건이 관내에서 발생했다. 그녀는 용산구 동부이촌동 집에서 남편에게 폭행당해 전치 4주의 중상을 입었다. 이웃주민 신고로 112순찰차가 출동한 데 이어 119구급차가 와서 한밤중에 병원으로 옮겼다.

조사해보니 야구방망이로 맞은 사실이 드러났다. 게다가 상습폭행이었다. 신문 방송 할 것 없이 거의 모든 매체가 이 사건을 다뤘다. 형사과로 기자들 전화가 빗발쳤다.

그녀처럼 사회적으로 성공한 유명인이 지속적으로 가정폭력에 시달렸다는 사실은 내게도 충격을 줬다. 가정폭력 문제는 쌍방의 주장이 다른 경우가 많고 부부간 특별한 사정이 있을 수 있기에 신중하게 접근해야 한다. 피해자 측이 막상 신고를 해놓고도 경찰이 조사에 나서면 외부에 알려지는 걸 꺼려 덮어버리는 경우가 많다.

하지만 이 사건의 경우 피해자 L의 진술이 매우 구체적인 데다 언론보도로 널리 알려져 개인의 가정사로 치부할 수 없는 상황에 이르렀다. 목격자도 있었다. 나는 철저한 조사를 지시했다.

그녀의 진술에 따르면 사건 당일 밤 10시께 남편이 술에 취한 채 귀가해 야구방망이로 옆구리와 엉덩이를 때렸다. 그녀는 남편이 한눈파는 사이에 도망쳤다. 하지만 뒤쫓아 온 남편에게 경비실 부근에서 붙잡혀 온몸에 발길질을 당했다.

L은 남편의 처벌을 원했다. 변호사를 통해 이혼소송 절차도 밟았다. 이틀 후 긴급체포된 L의 남편은 폭행 사실을 시인했다. 검찰에 구

속영장을 신청했다. 남편은 사건이 발생한 지 4일 만에 구속됐다. 매우 신속한 진행이었다.

이 사건 이후 가정폭력이 사회적 이슈로 떠올랐다. 가정폭력의 심각성, 공권력 개입의 필요성과 한계, 언론 보도의 적절성 등을 두고 논쟁이 불붙었다. 지금은 달라졌지만, 그때만 해도 보수적인 목소리가 강해 가정사에 대한 공권력 개입은, 설사 부부 간 폭력이 발생했더라도 최소한에 그쳐야 한다는 시각이 많았다. 유력 일간지에서는 지상토론을 진행하기도 했다.

나는 가정사라 하더라도 폭력사건이라면 경찰력이 적극 개입해야 한다는 주장을 펼쳤다. 날로 심각해지는 가정폭력 사건에 공권력이 신속하게 대응하지 않으면 경찰의 1차적 존재 이유인 국민의 생명, 신체 및 재산 보호에 사각지대가 발생할 수 있기 때문이다. 나아가 범죄로 인한 피해를 미연에 방지하는 것은 경찰의 중요한 직무다. 따라서 폭력이 발생할 조짐이 있다면 선제적으로 개입해 희생을 막아야 한다.

성매매 집결지 해체 작전

　　　　　　　2008년 3월 대전 중부경찰서장으로 발령났다. 대전에서만 두 번째 하는 서장이었다. 중부서장 재직 중 나는 성매매업소와 전쟁을 벌였다. 대상은 유천동 성매매 집결지. 당시 모두 67개 업소가 난립했다.

　단속 계기는 유천동 업소 여성 종업원들의 폭로였다. 엄중한 감시망을 뚫고 탈출한 이들은 느티나무상담소라는 여성단체를 찾아가 도움을 요청했다. 이들의 증언을 통해 업소 측의 인신매매, 감금과 갈취, 폭행 등 심각한 인권 유린 실태가 드러났다.

　지역언론이 이를 보도하자 주민 사이에서 경찰을 비난하는 목소리가 높아졌다. 유천동의 불법 영업이 제재를 받지 않는 건 경찰관과 업소의 유착 탓이라고 여기는 분위기였다.

　과거 미아리텍사스와 파주 용주골 수사를 통해 성매매업소의 반인권적 작태를 목격했던 나는 유천동 관련 보도를 접하면서 수사 본능이 꿈틀거리는 것을 느꼈다. 그것은 불의를 보면 몸 깊숙한 곳에서 솟구치는 원초적인 정의감과 맞닿은 것이었다. 유천동을 그대로 내버려두고서는 경찰의 자존심과 명예를 언급할 수 없을 것 같았다.

　몇몇 여성단체가 유천동대책위원회를 만들었다. 어느 날 대책위 관계자들이 중부서를 찾아와 서장 면담을 요청했다. 나는 그들과 만난 자리에서 강력한 단속을 약속했다.

　하지만 이들은 내 얘기를 곧이 믿으려 하지 않았다. 거칠게 항의하고 따지고 들었다. 워낙 경찰에 대한 불신이 깊은 탓이었다. 그 바람에

유천동 성매매 집결지를 성공적으로 해체하려면 여론의 지원이 필요했다. 2008년 7월 KBS 대전방송총국 공개홀에서 열린 공청회에서 발표하는 저자.

서로 언성이 높아지기도 했다.

"경찰과 유착하지 않으면 불가능한 일입니다. 경찰은 믿을 수가 없어요."

"도대체 싸우러 온 겁니까, 대책 마련하러 온 겁니까? 경찰을 못 믿겠다면 어떻게 하겠다는 겁니까?"

이해는 되지만, 태도가 너무 거칠었다. 화도 나고 자존심도 상했다. 하지만 어차피 내가 해결하려고 맘먹은 일이었다. 여성단체를 우군으로 삼으면 도움이 되면 됐지 나쁘지 않을 듯싶었다. 결과적으로 그들의 항의방문은 내 전의(戰意)를 더욱 달궜다.

성매매 유형은 업소형과 비업소형으로 나뉜다. 업소형은 집창촌을 형성하거나 안마나 마사지 등의 간판을 내걸고 영업한다. 업소형은 다시 전업형과 겸업형으로 구분된다. 전업형은 성매매만 하는 곳이고, 겸업형은 룸살롱이나 안마시술소처럼 본 영업이 따로 있고, 부차적으로 성매매 영업을 하는 곳이다. 비업소형은 인터넷을 통한 성매매를 일컫는다.

겸업형에 해당되는 유천동 업소는 유흥주점 허가를 받았다. 업태는 미아리텍사스와 비슷했다. 동석한 여성 종업원들과 술을 마시고 쇼를 즐긴 다음 성매매를 하는 방식이었다.

성매매 여성들이 업소에 코가 꿰이는 이유는 어디나 비슷하다. 시작은 목돈이고, 끝은 빚더미다. 부모 병원비나 동생 학비를 마련할 목적으로 업소를 찾은 여성들은 업주에게 2000만~3000만 원을 빌린다. 일을 시작할 때 선불을 받는 것이다. 몇 년 안에 빚을 다 갚고 저축을 해 자립하는 게 이들의 소박한 꿈이다.

하지만 그 꿈을 이루는 여성은 드물다. 구조적으로 빚을 갚기 힘든 환경이기 때문이다. 갚아도 갚아도 빚은 줄지 않는다. 먹고 자는 비용을 비롯해 갖가지 명목으로 업주에게 돈을 떼여 저축은커녕 빚 갚는 데도 허덕거리기 때문이다.

이런저런 벌금도 많다. 예컨대 몸이 안 좋아 쉬면 업소에 손해를 끼쳤다는 이유로 벌금을 내야 한다. 생리기간이라고 봐주지 않는다. 그나마 챙긴 돈은 대부분 화장품값과 옷값, 술·담배 값으로 나가게 마련이다.

여성들은 또 잦은 폭행에 시달렸다. 부당하다고 생각해 조금이라도 저항했다가는 엄청나게 맞았다. 업소는 이들이 빚을 안 갚고 도주하는 걸 막는다는 명목으로 24시간 밀착 감시했다. 사실상 감금생활이었다. 인간으로서 누려야 할 최소한의 인권조차 짓밟혔다.

이들이 도망갈 엄두를 내지 못하는 것은 폭력에 따른 공포감 때문만이 아니다. 업주와 경찰의 유착은 이들에게 절망감을 안겼다. 업주는 공공연히 "우리는 경찰을 끼고 영업하기 때문에 아무런 문제가 없다"고 말했다.

종업원들 앞에서 미리 짜놓은 사람과 통화하며 경찰과 통화하는 것처럼 속이기도 했다. 몇 차례 단속이 이루어지긴 했지만 형식적이다 보니 종업원들은 경찰과 업주의 유착을 사실로 믿고 있었다.

신고나 고소·고발도 실효가 없었다. 업주는 어떻게든 빠져나가고 영업도 중단되지 않았다. 기껏해야 벌금 무는 정도였다. 업주가 감옥에 가는 경우는 거의 없었다. 어렵사리 구속영장을 신청해도 검찰이 반려하거나 법원에서 기각되는 경우가 많았다. 업주는 사건이 발생하면 지역에서 힘쓰는 전관(前官) 변호사에게 현금다발을 들고 갔다. 검찰의 차단막을 통과하는 것도 만만치 않지만 법원 담장을 넘어가기는 더욱 힘들었다.

간혹 업소 여성이 신고하는 경우도 있었다. 하지만 단속은 위력적이지 못하고, 업주는 신고한 여성을 찾아내 폭행했다. 단속 때문에 매출이 줄면 종업원들의 몫을 줄였다.

결국 단속을 하면 할수록 업소 여성들만 피해를 보는 결과를 빚었다. 업주는 구청으로부터 영업정지 처분을 받으면 소송으로 시간을 끌었다. 일시적으로 문을 닫는 척하거나 상호를 바꿔 영업을 재개하곤 했다.

유천동 집결지 해체를 목표로 업소와의 전면전을 선포하기 전 내부 의견을 들어봤다. 간부들 대부분 실현 가능성이 없다고 반대했다. 공권력으로 성매매업소를 근절하겠다는 건 비현실적 발상이라고 했다.

업주들과 일부 경찰관들의 유착 가능성도 걸림돌로 지적됐다. 업주들이 자신들의 비호세력이라며 이를 언론에 흘리면서 경찰을 압박하면 업소는 건드리지도 못한 채 경찰 이미지만 흐려지고 자칫 검찰의 표적만 될 수 있다는 우려였다.

간부회의에서 두어 명만 찬성했는데, 그들의 태도도 적극적이지는 않았다. 실효성은 없겠지만 한 번 해보자는 정도였다.

나는 간부들의 반대 의견을 듣고 나서 더욱 결심을 굳혔다. 경찰에 만연한 패배주의와 무사안일주의에서 벗어나기 위해서라도 밀어붙이기로 했다.

물론 나도 경찰력으로 성매매 자체를 근절하는 건 가능하지 않다고 봤다. 하지만 성매매 문제의 특수성을 감안하더라도 관내에서 버젓이 불법 영업을 하고 여성 인권을 짓밟는 업소가 집결지를 형성하는 상황을 방치하는 건 책임 회피이자 직무유기나 다름없었다.

그것은 경찰의 존재 의미를 부정하는 행위였다. 시간이 걸리더라도 업소 여성의 인권 보호를 내세워 여론전으로 끌고 가면 승산이 있을 거라고 판단했다.

7월 중순 작전을 개시했다. 목표는 단속이 아니라 척결이었다. 시범적으로 업주 한 명에 대해 구속영장을 신청했다. 사전에 검찰과 법원 측에 비공식적으로 협조도 요청했다.

검찰에서 영장을 청구하자 업주는 전관 변호사를 선임하고 법원에 영장실질심사를 요청했다. 이 변호사는 대전고등법원 부장판사 출신이었다. 그와 통하는 정부기관 관계자에게 내 얘기를 전하게 했다.

"고등법원 부장판사씩이나 지낸 분이 돈벌이에 급급해 불법 성매매 포주를 변호하느냐. 언론에 보도되지 않겠나?"

이 변호사는 곧바로 사건 수임을 취소했다. 다음날 업주가 구속됐다. 유천동이 술렁거리기 시작했다.

이어 봉쇄작전에 돌입했다. 유천동 성매매 집결지로 들어가는 길목마다 경찰관을 배치했다. 업소로 손님을 태우고 오는 택시도 단속했다. 처음에 기사들은 영업 방해라고 항의했지만 불법 성매매 방조범으로 처벌하겠다고 하자 협조하기 시작했다. 남성 한 명을 성매매 혐의로 입건하자 매수자의 발길도 뜸해졌다.

한편으로는 홍보전을 전개했다. 일종의 공익캠페인이었다. 번화가 건물 옥외전광판에 '유천동은 재탄생해야 합니다'라는 문구가 뉴스 자막처럼 반짝거렸다. 시의 도움을 받아 버스 광고판에도 성매매업소의 유해성을 알리는 내용을 게시했다.

언론의 우호적 보도도 도움이 됐다. 지역언론은 물론 중앙언론까지 가세하면서 유천동은 전국적으로 유명해졌다. 당시 한 일간지 기사 내용이다.

'이번 단속이 관심을 끄는 것은 경찰이 거의 30년 만에 처음으로 이 거리의 완전 해체를 공언한 데다 황 서장이 경찰 내부에서 소신파로 통하는 인물이기 때문이다.'

업주들은 처음에는 냉소와 버티기로 대응했다. 유착 경찰관 문제가 제기될 위험을 감수하기 어려울 것이고 지역 상권이 다 죽을 수도 있으니 쉽게 건드리지 못할 것이라고 판단한 것이다.

하지만 강력한 단속으로 단기간 매출이 급감하자 마침내 단체행동에 나섰다. 포주들이 곗돈 모아 만든 유천동 상인연합회가 주축이었다. 차도에 드러눕거나 경찰서 앞에 몰려와 시위를 벌였다.

나는 여기서 밀리면 안 된다고 생각해 더욱 세게 밀어붙였다. 밤에 현장 순찰을 돌며 단속 경찰관들을 독려하고 상황을 점검했다. 시민단체 관계자들도 동행했다. 업주들이 "우리를 죽여라" 하면서 길을 막아서기도 했지만 그 이상의 난폭한 행동은 하지 않았다.

공교롭게도 유천동은 내가 태어나고 자란 대전시 중구 산성동 바로 옆 동네다. 그래서 아는 사람이 꽤 있었다. 동창생 중에 성매매업소 업주와 건물주도 있었다.

업주들은 이들을 통해 내게 경고 메시지를 전했다. 관사가 있는 아파트 위치를 들먹이면서 업소와 관련된 조폭들이 테러라도 할 것처럼 위협했다.

아내와 딸아이에 대한 안전 문제를 거론하기도 했다. 이에 대해 황정인 당시 중부서 수사과장은 "집결지 해체에 도움이 될 것"이라고 오히려 긍정적으로 해석했다.

"그런 시도가 알려지는 것만으로도 전국적 이슈가 될 겁니다. 그들이 실제로 테러를 시도한다면 서장님은 영웅이 될 것이고 유천동 집결지 해체 추진은 더욱 탄력을 받을 겁니다."

내가 전혀 위축되는 모습을 보이지 않자 업주들은 나와 가족에 대한 위해 위협을 실천에 옮기지 못했다. 자기들한테 돈 받고 뒤를 봐준 경찰관 명단을 언론에 흘리겠다는 협박도 통하지 않자 자포자기하는 듯싶었다.

그들 사이에서 나는 '꼴통 서장'으로 통했다. '경찰청장 퇴진을 요구하고 검찰과 맞서 싸우는 사람이 무엇을 겁내겠느냐. 흠 잡힐 일이 있겠느냐'며 나에 대한 압박이나 음해를 포기했다. 쓸 수 있는 카드를 다 쓴 것이다.

유천동 전쟁은 두 달 만에 끝났다. 업주들은 두 손 두 발 다 들었다. 폐업 또는 휴업하는 모양새로 유천동을 떠났다. 경찰의 완벽한 승

> **동아일보** 2008-08-01
>
> **"어떤 희생을 치르더라도 성매매업소 뿌리 뽑겠다"**
>
> 최근 대전 중구 유천동 속칭 '방석집' 거리의 대대적 단속에 나선 황운하(46·사진) 중부경찰서장은 31일 "이번 단속의 최종 목표는 이 거리의 완전 해체"라고 말했다. …

리였다. 어느 누구도 예상 못한 기적 같은 일이 벌어진 것이다. 구청과 세무서, 소방서 등 유관단체와의 적극적인 공조와 언론, 시민단체 등 외곽의 지원사격도 큰 힘이 됐다.

1980년대 형성된 유천동 성매매 집결지는 30년 가까이 하루도 불 꺼진 적이 없었다. 그런 유흥가가 암흑가로 변했다. 네온사인과 대형 간판이 내려지고 반라 여성들이 '진열'됐던 쇼윈도가 텅 비워졌다.

서장이 바뀔 때마다 벌이는 의례적 행사로 여겼던 업주들은 이전과는 판이하게 다른 경찰의 파상공세에 마침내 하나둘씩 업소 문을 닫고 떠났다. 서장 임기가 1년이니 바뀌기만을 기다리면서 버티는 사람도 있었다.

하지만 그들도 내가 어떤 사람인 줄 알고 나서는 생각이 바뀌었다. 무엇보다도 1년을 버티기에는 경제적 손실이 너무 컸다. 결국 전체 67개 업소가 모조리 문을 닫고, 300여 명의 여성이 떠났다.

경찰에 적대적이던 여성단체들은 유천동 성매매 집결지가 해체되는 과정을 지켜보며 우호적 태도로 바뀌었다. 성매매 관련 세미나를 열면 내게 꼭 초청장을 보냈다. 팬이 됐다며 나를 지지하는 여성도 늘었다.

1년 후 나는 대전경찰청 생활안전과장으로 옮겨갔다. 비록 내 희망에 어긋나는 인사였지만, 유천동 집결지 해체 업무의 연속성 면에서는 의미가 있었다. 불법 유흥업소와 성매매업소 단속을 지도하는 것이 주요 임무였기 때문이다.

서장이 바뀌는 대로 업소 문을 다시 열 생각이었던 업주들에게 내가 관련 업무의 주무과장으로 옮겨가는 인사발령은 청천벽력과 같은 소식이었다. 유천동은 재기불능 상태가 됐다. 여성가족부 장관이 방문해 성매매 집결지 대책의 성공 사례로 평가하면서 경찰청장에게 유천동 식 단속을 전국 경찰로 확대할 것을 권유하기도 했다.

2019년 대전경찰청장으로 부임한 후 유천동을 찾았다. 중부서를 떠난 지 10년 만이었다. 과거 성매매업소들이 늘어섰던 거리는 거의 폐허로 변했다. 흉측스럽게 남은 일부 건물들 사이에 유흥주점 몇 개가 자리 잡고 있었다.

현재 유천동 도시재생 뉴딜사업이 추진되고 있다. 이에 발맞춰 대전청은 범죄예방환경디자인(CPTED) 사업을 병행해서 추진하기로 했다.

불법 오락실 업주에게 돈 받은 경찰관들

　　불법 영업을 일삼는 오락실이나 유흥주점 업주들이 경찰관들을 끌어들이는 방식은 대체로 비슷하다. 1차 포섭 대상은 관할 지구대에 근무하는 동향 경찰관이다. 전통적으로 영호남 출신의 친화력이나 결속력이 타 지역에 비해 강한 편이다.

　처음에는 냉면 한 그릇 산다. 다음엔 일식집으로 부른다. 그 다음엔 휴가비를 건넨다. 큰돈을 주면 부담스러워 할 수 있으니 10만 원 정도를 준다.

　이후에는 만날 때마다 용돈으로 20만~30만 원씩 안긴다. 기회를 봐서 슬쩍 사업 얘기를 꺼낸다. 불법 영업이 아니라는 점을 강조하면서, "신고가 들어오면 잘 살펴 달라"고 부탁한다.

　여기까지 친분이 쌓이면 이제 매달 정기적으로 돈을 건넨다. 회식비 명목이다. 지구대에는 보통 4개 팀이 있다. 각 팀에서 총무 노릇을 하는 경찰관을 소개받아 매달 회식비를 전달한다. 그런 식으로 하나의 지구대를 포섭한다. 받은 게 있으면 보답해야 하는 게 인지상정. 돈 받은 경찰관들은 신고 및 단속 정보를 알려주기 시작한다.

　2010년 2월 구속한 불법 오락실 업주가 그랬다. 내가 서울경찰청 형사과장을 맡은 지 얼마 안 됐을 때였다. 사고가 터진 곳은 강남경찰서 역삼지구대. 관내 오락실에서 돈을 잃은 사람이 경찰에 불법 영업 사실을 신고했는데, 업주가 폭력배를 시켜 그를 폭행한 사건이 발단이었다.

　신고자 신분은 경찰만 알 수 있는 정보였다. 내부에서 누군가 알려줬을 개연성이 컸다. 감찰 보고를 통해 이 사실을 알게 된 조현오 서울청장은 내게 철저한 수사를 하명했다.

조 청장은 취임 직후부터 경찰 내부 비리 척결을 유난히 강조했다. 불법 영업을 하는 오락실이나 유흥주점 업주, 조폭 등과 접촉한 사실이 드러나면 중징계를 하겠다고 엄포를 놓았다.

나는 형사과 폭력계 임경호 반장에게 수사를 맡겼다. 임 반장은 수사도 잘하고 강단도 있어 신뢰감을 주는 사람이었다. 수사가 시작되자 오락실 업주가 잠적했다. 그는 위치 추적을 피하려 쓰던 휴대전화를 버리고 찜질방을 전전했다.

실업주라는 증거도 찾기 힘들었다. 그의 이름으로 등록한 동산, 부동산이 하나도 없었다. 수억 원대 외제차를 몇 대 굴리고 서울 방배동 큰 빌라에 산다는 등 소문만 무성했다.

하지만 이런 수사에 남다른 능력을 지닌 임 반장은 주변 인물들 탐문수사를 통해 기어코 업주를 잡아들였다. 이제 돈 받은 경찰관들이 누구인지 밝혀내야 했다. 업주는 입을 열지 않았다. 입을 여는 순간 뇌물공여 범죄가 성립하는 데다 보호막이 사라지기 때문이었다.

"돈 준 경찰관들 안 불면 당신이 실업주인 오락실 다 망하게 하고 재산 몰수하겠다. 대신 불면 더는 수사를 확대하지 않겠다."

업주로부터 자백을 받아내는 데는 임 반장의 노련한 수사기술이 주효했다. 임 반장은 업주가 지목한 경찰관들도 돈 받은 사실을 털어놓게 하는 데 성공했다. 수사해보니 오락실 업주가 역삼지구대 경찰관 6명에게 매월 수백만 원씩 건넨 사실이 드러났다. 신고 정보를 알려준 대가였다. 이 중 4명을 구속했다.

업주와 통화한 직원도 여럿 적발됐다. 업주의 휴대전화 통신기록을 추적해 경찰관 20여 명이 그와 통화한 사실을 밝혀냈다. 곧 그들에 대한 감찰조사가 이어져 그 중 15명이 징계를 받았다.

■ '룸살롱 황제'를 잡아들여라!

　　　　　　　오락실 업주처럼 경찰에만 돈을 뿌리는 업주는 피라미다. 큰손은 검찰에도 손을 뻗친다. 검찰 수사관과 검사에게 건네는 돈은 액수도 크다. 그에 비하면 경찰관이 받는 돈은 푼돈이다.

　그런데 검찰 쪽 비리는 여간해 드러나지 않는다. 수사권과 기소권을 한 손에 쥔 검찰이 덮어버리면 누구도 알 수 없기 때문이다. 국세청 직원들에게 건네는 금액도 검찰 못지않다. 탈세 조사를 대비하는 보험금인 셈이다.

　그런 점에서 오락실 사건 직후 맞닥뜨린 '룸살롱 황제' 이모 씨는 큰손이었다. 그는 검사 출신 변호사를 집사 부리듯 했다. 경찰 인맥은 기본이고, 법조계와 국세청 인맥도 탄탄했다. 불법 영업을 일삼으면서도 한 번도 처벌된 적이 없었다.

　이 사건은 한 여고생 부모의 가출신고에서 비롯됐다. 딸이 집을 나갔는데 유흥주점에서 일하는 것 같다고 했다.

　관할 서초경찰서는 탐문수사 끝에 강남의 한 룸살롱에서 일하는 여고생을 찾아냈다. 성매매를 하는 업소였다. 인터넷 구인광고를 보고 찾아온 여고생이나 여대생을 업소에 데려다 놓고 손님들을 상대로 성행위나 유사성행위를 시켰다.

　그 여고생이 일하던 룸살롱의 실제 업주가 이씨였다. 평소 법조계 인맥을 과시하고 다닌 이씨는 밤의 세계에서 '황제'로 통하고 있었다. 그가 결혼할 때 고위 법관 출신 변호사가 주례를 서고, 식장에 판사와 검사들이 보낸 화환이 즐비했다는 소문이 파다했다.

이씨는 술자리에서 쇼를 하고 성행위까지 벌이는, 이른바 북창동식 영업으로 큰돈을 번 것으로 알려졌다. 북창동과 강남 일대에서 여러 유흥업소를 운영했지만 겉으로 드러나지 않았다. 바지사장을 내세웠기 때문이다.

이씨는 도피 중 긴급체포됐다. 체포현장에서 검사에게 전화를 거는 여유를 보였다고 한다. 긴급체포를 하면 검사에게 사후 승인을 받아야 한다. 대부분 승인해주는 게 관례다. 그런데 검사가 불허했다. 압수수색영장, 통신영장도 기각했다. 이씨는 곧 풀려났다.

얼마 후 조현오 청장이 내게 전화로 지시했다.

"황 과장이 책임지고 이○○을 잡아들이고 경찰 내부 비리를 척결하라!"

그래서 이 사건은 서초서에서 서울청 형사과로 넘어왔다. 이번에도 폭력계 임경호 반장이 수사를 주도했다.

경찰에 소환된 이씨는 혐의를 부인했다. 물론 자신의 뒤를 봐준 경찰관들이 누구인지도 전혀 밝히지 않았다. '경찰이 감히 나를 건드릴 수 있느냐' 하는 오만한 태도였다. 그는 '유착 경찰관을 밝혀라'는 경찰의 요구에 "내가 실업주라는 증거가 있느냐" "실업주가 아닌데 유착 경찰관이 있을 리 없지 않느냐"고 버텼다. 압박이 계속되면 묵비권을 행사했다.

그는 검사 출신 변호사가 별 도움이 안 된다는 걸 알고 경찰 출신 변호사를 선임했다. 경찰대 출신으로 사법시험에 합격한 그는 바르고 양심적인 사람으로, 내가 신뢰하던 후배였다.

어느 날 그가 내 사무실로 찾아왔다. 무리한 부탁을 할 리 없는 그였지만, 자신은 실업주가 아니라는 의뢰인 얘기만 들었을 테니 판단을 잘 못할 수도 있겠다 싶었다. 겸연쩍은 표정으로 선처 여부를 타진하는 그에게 상황을 설명해주고 오히려 내가 부탁했다.

"이○○이 사는 길은 경찰 수사에 협조하는 것이고, 구체적으로는 돈 준 경찰관이나 검사 이름을 대는 것이다. 그러면 불구속할 수도 있다. 성매매와 뇌물만 넘기고 탈세 쪽으로는 수사를 확대하지 않을 수도 있다. 하지만 실업주라는 사실을 부인하며 협조하지 않으면 끝까지 간다."

후배는 난처한지 내게 이씨를 직접 만나볼 것을 권했다. 그러잖아도 어떤 사람인지 궁금하던 차였다. 북창동 '삐끼' 출신으로 알려진 이씨의 얼굴은 곱상한 편이었다. 나이도 많지 않아 채 40세가 안 됐다. 차림새와 언행이 뜻밖에도 순진해 보였다. 그러나 돈이면 뭐든 해결할 수 있다고 믿는 왜곡된 가치관을 드러냈다

그가 내게 상투적인 수법을 썼다.

"과장님, 제가 끝까지 도와드리겠습니다. 장차 정계에 입문해서 큰일을 하실 분이라는 소문을 들었습니다. 큰일을 하시려면 후원자가 필요하지 않겠습니까? 제가 평생 모시겠습니다."

어이없는 수작이었다. 11년 전인 1999년 성동서에서 검찰 파견 형사를 철수시킨 이후 조직 내에서나 언론계 일부에서는 나를 튀는 인물로 여기며 '아마 저런 기질이라면 장차 정치를 할 것'이라고 수군거렸다. 그런 얘기가 그의 귀에까지 들어간 것이다.

"가소로운 얘기하지 말라. 나를 돕는 방법은 하나다. 비리 경찰관 불어라. 그렇지 않으면 내가 경찰조직에 있는 한 어디에 있든 너를 끝까지 추적해 응징할 거다."

그는 끝내 입을 열지 않았다. 자신은 실업주가 아니라고 강변하면서. 수사팀은 계좌추적과 각종 문서자료 조사를 통해 이씨가 10여 개

성매매업소의 실업주라는 사실을 밝혀냈다.

한편으로 국세청과 공조해 세금 40여억 원을 포탈한 혐의도 잡았다. 명백한 증거 앞에 검찰도 법원도 협조하지 않을 수 없었다. 곧 그에 대한 구속영장이 발부됐다. 구속 사유는 성매매 알선과 탈세 혐의였다.

그는 구속된 후에도 자신과 잘 아는 경찰관이나 검사에 대해서는 입을 열지 않았다. 그래서 비호세력을 확인하는 수사는 더 진전되지 못했다. 뇌물죄를 밝히려면 공여자 진술이나 계좌 거래 내역을 확보해야 한다. 하지만 그가 진술을 거부한 데다 뇌물 제공 시 철저하게 현금을 사용한 탓에 증거를 잡기 힘들었다.

결국 통신기록을 확인해 그와 가깝다고 추정되는 경찰관들을 추릴 수밖에 없었다. 내부 징계를 위한 조사는 감찰팀 몫이었다. 그와 통화한 경찰관은 70명 가까이 됐다.

조 청장은 그 중 40명을 징계했다. 유난히 통화량이 많은 경찰관 6명에 대해서는 파면, 해임 등 중징계를 내렸다.

이런 강력한 조치는 조 청장의 업무 지침과 관련된 것이었다. 조 청장은 경찰관들에게 불법 영업을 하는 유흥업소 업주와는 통화도 하지 말라고 지시했다. 업무와 관련해 통화를 하게 되면 사전 또는 사후 신고를 하도록 했다. 신고하지 않은 경찰관은 무조건 징계한다는 방침이었다.

어찌 보면 무리한 지침이었다. '통신 자유'라는 기본권을 제한했기 때문이다. 지속가능하지 않은 방법이었다. 일선 형사들의 불만이 터져 나왔다. 특히 부패집단으로 낙인찍힌 강남서, 수서서, 서초서, 송파서 등 강남권 형사들의 반발이 컸다.

조 청장의 업무 능력과 개혁 의지를 높게 평가했던 나는 안타까운 심정이었다. 그러잖아도 조 청장은 지나친 '성과주의 드라이브'로 원성을 사던 터였다. 조 청장이 인사 개혁이나 수사권 조정 등 공이 많았음에도 내부 민심을 얻지 못하고 적을 많이 만든 데는 이런 사정이 있었다.

조 청장은 강남권 형사들을 전부 물갈이하려는 시도까지 했다. 내게 그 일을 맡기려 했다. 사실 그런 일은 형사과장 소관이 아니었다.

주변에서 나를 비판하는 목소리가 들렸다. "황운하가 조현오 심복 되더니 자기 일도 아닌데 나선다"고 했다. 그들의 얘기에 일리가 없지는 않았으나 내가 줏대 없이 상사에게 복종하는 사람은 아니기에 섭섭하기도 했다.

조 청장은 주변에서 뭐라 하든 자신이 옳다고 여기는 일은 밀어붙이는 스타일이었다. 역대 어느 청장보다 내부 부패 척결에 대한 의지가 강했다. 나는 그의 정의감과 열정을 존중했다. 다만 그것을 현장에 적용하는 방법론과 리더십에 대해서는 생각이 좀 달랐다.

이씨는 2010년 9월 금보석으로 석방됐다. 이후 재판에 출석하지 않아 지명수배됐다가 이듬해 7월 체포됐다. 그해 11월 말 1심 재판부는 그에게 징역 3년6개월과 벌금 30억 원을 선고했다. 내가 송파경찰서장에서 경찰청 수사기획관으로 자리를 옮길 무렵이었다.

2012년 3월 이른바 '이○○ 리스트' 사건이 터졌다. 경찰에서 조사받을 때는 비호세력에 대해 침묵하던 이씨가 검찰에 불려가 느닷없이 입을 연 것이다.

검사나 경찰 고위직은 없고 대부분 하위직 경찰관이었다. 경찰에 대한 이씨의 앙심과 경찰의 부패를 부각하려는 검찰의 이해관계가 맞아떨어진 게 아닌가 싶었다.

검찰은 요란하게 언론플레이를 했다. 언론도 검찰의 흘리기를 따라가며 경찰 때리기에 가세했다. 이씨 입에서 이름이 나온 경찰관들이 줄줄이 검찰로 불려가 구속됐다. 그 중에는 이씨 수사에 참여했던 경찰관도 있었다. 이씨의 거짓진술로 구속된 그는 법정에서 무죄를 선고받았다.

이씨가 이 사건에 연루된 경찰관에게 "타깃은 황운하이니 검찰에서 물어보는 대로 대답하라"며 나를 엮어 넣으려 했다는 증언도 나왔다. 이는 법정에 증인으로 나온 다른 경찰관의 진술로도 확인됐다.

2년 전 서울청 수사가 도마에 올랐다. 제 식구 감싸기로 부실수사를 한 것 아니냐는 비판이었다. 경찰 수사 당시의 자세한 사정을 모르면 그렇게 볼 여지도 있었다. 하지만 내막을 조금이라도 알면 누구라도 그렇게 함부로 말할 수 없을 터였다.

막강한 비호세력을 두고 불법 영업을 일삼던 '밤의 황제'를 구속해 법정에 세운 일 자체로 경찰 수사팀은 칭찬받아야 마땅하다. 비록 이씨가 입을 열지 않는 바람에 경찰 내부 협조자를 다 밝혀내지 못했지만, 대대적인 감찰과 징계 등 할 수 있는 조치는 다했다. 오히려 지나치다 싶을 정도로 가혹하게 처리한 면도 있었다.

조 청장은 언론의 비판적 보도에 분개하면서도 검찰 수사에 협조했다. 검찰 수사를 내부 비리 척결에 활용한 것이다. 검찰은 경찰로부터 감찰 자료와 통화기록 등을 제공받아 추가로 비리 경찰관들을 구속했다.

이씨는 항소심에서 집행유예 판결을 받아 줄소했다. 검찰이 자기를 보호해준다고 여겼는지 다시 활개치고 다닌다는 소문이 퍼졌다. 그러다 공갈죄로 재구속됐다. 다른 업주들을 윽박질러 돈을 뜯어낸 혐의였다. 이번에도 임경호 경감의 공이 컸다.

■ 불법 다단계 대학생 구출작전

　　송파서장 재임 중 가장 기억에 남는 사건은 이른바 거마대학생 다단계 사건이다. '거마'란 거여동과 마천동을 줄인 말이다. 즉 거여동과 마천동 일대에 거주하며 불법 다단계 영업에 빠졌던 대학생들을 구출한 사건이다.

　서울 지역 경찰서장은 여느 총경이라면 벌써 지냈을 자리지만, 상부와 불화를 겪은 나는 지방 한직을 도느라 서울로 올라올 틈이 없었다. 총경 막바지인 2011년 1월에야 비로소 내게도 그 자리가 돌아왔다. 서장 임기는 통상 1년이다. 단 한 차례만 할 수 있는 서울권 서장을 총경 말년에 맡았기에 감회가 남달랐다.

　어느 날 관내 불법 다단계 영업에 대한 정보 보고를 받았다. 특이하게도 대학생들이 조직적으로 가담한다는 내용이었다.

　그 즈음 언론이 관련 내용을 보도했다. 불법 다단계 영업에 뛰어든 대학생 피해자가 속출하는데 경찰이 손놓고 있다는 비판을 접하자, 대전 유천동 사건 때처럼 자존심도 상하고 화도 났다. 경찰 위상과 관련된 문제였다.

　대학생들이 다단계 영업에 뛰어든 목적은 대부분 등록금 마련이다. 다단계 영업 특성상 돈 버는 사람은 극소수에 지나지 않는다. 그런데도 대학생들은 그 희박한 확률에 사로잡혀 부나방처럼 다단계의 환상 속으로 뛰어들었던 것이다. 대부분 휴학생이고 일부는 졸업생이었다.

　송파 지역 다단계 조직은 이들에게 집단 거주지를 제공했다. 하숙

집을 통째로 빌리는 방식인데, 좁은 방에 남녀 대학생이 혼숙하기도 했다. 그 경우 성관계 문제가 발생하기도 했다.

불법 다단계 영업의 본질은 물건 장사가 아니라 사람 장사다. 새끼 치듯 끊임없이 회원을 가입시켜 그들의 매출 활동을 통해 이윤을 창출하는 구조다.

가입비를 내고 회원으로 등록한 사람은 주변 사람들에게 물건 구매를 권유한다. 물건을 팔면 수익금을 자신의 상위그룹 회원들과 나눠 갖는다. 같은 방식으로 자신도 누군가를 회원으로 끌어들이면 그가 올린 수익금 중 일부를 차지하게 된다.

이처럼 이론적으로는 회원이 늘어날수록 수익이 커지는 구조다. 문제는 방문판매 특성상 물건 팔기가 쉽지 않다는 것이다. 특별히 뛰어난 영업력을 갖추지 않은 한 지인(知人) 영업에 기댈 수밖에 없다. 그것도 여의치 않으면 일단 자신의 돈으로 구매해야 한다. 할당량이 있기 때문이다.

말하자면 자기 돈으로 물건 사고 그 수익금 일부를 인센티브 형식으로 받는 셈이다. 신규 회원을 끌어들이지 못하면 수익은커녕 빚만 짊어지게 된다. 판매수익금을 현금 대신 물품으로 지급받기도 한다. 다단계 영업에서 돈 버는 사람은 극소수 '상위 계급'밖에 없다는 얘기가 나오는 이유다.

회원으로 가입한 대학생들의 주거 형태는 하숙이지만 사실상 감금생활이나 다름없는 것으로 드러났다. 다단계 업체는 이들에게 교육비, 물품구입비를 받고 지속적으로 세뇌교육을 실시했다. 물건 판매가 아니라 회원 모집을 통해 수익을 얻을 수 있다는 논리였다.

대학생들은 다단계 업체가 알선한 대부업체로부터 돈을 빌려 할당된 물건을 구입했다. 등록금 마련하려고 뛰어들었다가 빚만 지게 된 것이다. 전형적인 불법 다단계 영업의 피해였다.

드물게 피해를 신고하는 학생도 있었지만, 대부분 주변에 말도 못 하고 끙끙거렸다. 다단계 조직으로부터 해코지 당할까봐 두려운데다 신고해봤자 실익도 없다고 봤기 때문이다. 일부 조직에는 조폭들이 관여하기도 했다.

불법 다단계 조직이 기승을 부리는 데는 좀처럼 법망에 걸리지 않는 점도 영향을 끼쳤다. 합법과 불법의 경계를 넘나들기에 법적 잣대를 들이대기에 모호한 구석도 있었다.

나는 유천동 성매매업소와 전쟁을 할 때처럼 여론전이 필요하다고 판단했다. 여론을 등에 업으면 수사하기가 편해진다. 검찰이나 법원도 경찰 수사에 협조하지 않을 수 없다. 구청도 마찬가지다.

한 군데 모인 유천동 성매매업소와 달리 다단계 조직은 주택가 여기저기에 산재했다. 따라서 단속이나 봉쇄가 아닌 수사와 설득이 필요했다. 업체의 탈법행위를 수사하는 한편 집단 거주하는 학생들을 찾아내거나 자수를 유도해 피해 진술을 받아내야 했다.

서장이 좋은 점은 기관장으로서 휘하 인력을 필요한 곳에 집중 투입할 수 있다는 점이다. 형사과장을 할 때는 수사인력밖에 동원하지 못해 더러 한계를 느꼈다.

이런 사건의 경우 수사 못지않게 유관기관과의 협조 업무도 중요하다. 수사는 수사대로 하고, 지원부서는 구청과 합동 캠페인을 전개하는 한편, 교육청, 소방서, 세무서 등 유관기관과 공조했다. 공정거래위원회도 수사에 동참했다. 언론과도 손을 잡았다. 중앙일보 탐사보도팀이 집중 보도하면서 여론 조성에 한몫했다.

수사는 성공적이었다. 불법 영업을 한 다단계 업체 관계자 250여 명을 입건하고 업체 대표 몇 명을 구속했다. 주로 방문판매법 위반 혐의였다. 해당 업체들에는 과징금을 부과했다.

수사는 잘된 편이지만, 관련 대학생들의 처지를 생각하면 마음이 아팠다. 결국 가난이 죄였다. 공부에 전념해야 할 학생들이 등록금을 마련한다고 불법 영업에 뛰어드는 현실이 제도적으로 개선되기를 바랄 뿐이다.

음모론에 빠진 디도스 공격 사건

디도스(DDoS·분산서비스거부) 공격 사건에 대한 경찰 수사는 내가 2011년 11월 말 경찰청 수사기획관으로 부임하기 전 한창 진행 중이었다. 경찰청 사이버테러대응센터가 수사를 맡았다.

은폐·축소 시비가 일었던 이 사건 수사는 경찰-검찰-특검으로 이어졌으나 결론은 달라지지 않았다. 야권과 언론은 경찰이 청와대 압력을 받아 사건 진상을 왜곡했다고 주장했다.

하지만 실체 없는 의혹 제기일 뿐이었다. 검찰과 특검 수사 내용 중 일부가 경찰 수사와 다르기는 했지만 큰 줄기가 바뀌지 않은 점만 봐도 알 수 있다. 수사 외압도 없었고, 이른바 윗선 개입도 없었다. 법원 판결도 이를 뒷받침했다.

그런 점에서 김대중 정부 때 정국을 뒤흔든 옷로비 사건과 비슷한 면이 있었다. 옷로비 사건의 출발점은 재벌회장 부인이 검찰 수사를 받는 남편의 구명을 위해 검찰총장 부인과 장관 부인, 대통령 영부인 등에게 고가(高價) 옷 구매를 대납하는 방식으로 로비를 했다는 의혹이었다.

하지만 경찰(경찰청 조사과·사직동팀)-검찰(서울지검 특수부)-국회 청문회-특별검사(특검)-대검(중앙수사부)에 이르는 릴레이 수사 끝에 얻은 결론은 로비 실체가 없다는 것이었다. 법원 판결도 비슷했다. 일부 관련자들의 국회 위증과 공무상비밀누설(공문서 유출) 등 곁가지 혐의에 대해서만 유죄 판결이 나왔다. 그나마 공무상비밀누설죄도 대법원에서 무죄로 확정됐다.

디도스 사건이 발생한 2011년 10월 26일은 서울시장 보궐선거일이었다. 중앙선거관리위원회(선관위) 홈페이지에 누군가 디도스 공격을 시도했다.

그 결과 오전 6시 15분~8시 32분까지 선관위 홈페이지 접속이 차단됐다. 선관위 홈페이지를 통해 투표장소를 확인하려던 사람들에게 이는 투표방해 행위로 비칠 만했다.

수사기획관으로서 맡은 첫 사건이라 나도 무척 신경을 썼다. 그간 진행된 수사 내용을 꼼꼼히 검토하고 수사 방향을 점검하고 지도했다. 우리가 내린 결론은 여당인 한나라당 최구식 의원의 비서 공모 씨의 단독 범행이었다. 자백도 받아냈다.

문제는 사건 전날 공씨가 술자리에서 어울린 사람들 중에 국회의장 비서, 한나라당 의원 비서 등 여권 인사가 여럿 포함됐다는 점이었다. 12월 9일 내가 '우발적 단독 범행'이라는 중간 수사 결과를 발표하자 언론과 야당에서는 경찰 수사에 의문을 제기했다. 여당 의원들과 청와대 인사 등 여권이 조직적으로 개입한 것을 축소했다는 의혹이었다.

공씨는 사건 전날 서울 역삼동 유흥주점에서 밤 10시부터 새벽 5시까지 평소 알고 지내던 박희태 국회의장 비서 김모 씨와 공성진 의원 전 비서 박모 씨 등 정치권 인사 2명을 포함한 5명과 술자리를 가졌다. 나머지 세 사람은 변호사, 의사, 사업가였다.

공씨는 이날 새벽 술자리에서 우발적으로 선관위와 박원순 서울시장 후보 홈페이지에 대한 디도스 공격을 결심하고, 박 의장 비서 김씨와 상의했다고 털어놓았다. 홈페이지를 다운시키면 투표율을 떨어뜨려 나경원 한나라당 서울시장 후보에게 유리할 것으로 판단했기 때문이다.

김씨가 말렸지만 공씨는 실행에 옮겼다. 필리핀에 잠시 나가 있던 자신의 후배 강모 씨에게 전화로 디도스 공격을 요청했다. 강씨는 IT 회사 K커뮤니케이션즈 대표였다. 실제로 디도스 공격을 감행한 사람은 국내에 있던 강씨의 회사 직원 세 사람이었다. 이들은 강씨의 지시를 받고 선관위와 박 시장 후보 홈페이지를 공격했다.

공씨와 강씨 두 사람은 이날 새벽 29차례나 통화했다. 그런데 통화 내역과 문자메시지 등을 조사한 바로는 공씨는 강씨가 필리핀에 나가 있는 사실조차 몰랐다. 한 달 만에 이뤄진 통화였기 때문이다.

강씨는 공씨가 언급한 '선관위'를 알아듣지 못해 포털 검색을 통해 확인할 정도로 정치에 관심 없는 사람이었다. 이런 점으로 미뤄 공씨의 우발적 범행이라고 판단했던 것이다.

경찰 수사에 대한 첫 비판은 청와대 행정관과 관련됐다. 국회의장 비서 김씨는 사건 전날 강남 유흥주점에서 술자리를 갖기 전 종로 한 정식집에서 저녁식사를 했다. 이 자리에는 공 의원 전 비서 박씨와 모 의원 비서 김모 씨, 청와대 행정관 박모 씨 등 3명이 동석했다. 1차 참석자 4명 중 국회의장 비서 김씨와 공 의원 전 비서 박씨 2명은 강남 룸살롱 자리에도 합류했다.

그런데 내가 수사 브리핑에서 청와대 행정관 박씨의 참석사실을 밝히지 않은 것은 사건과 관련 없는 인물이었기 때문이다. 1차 자리에는 범행을 주도한 공씨가 참석하지 않았다. 공씨의 단독 범행이라면 그가 빠진 1차 모임은 사건과 관련이 없다고 보는 게 상식이다. 그렇다면 굳이 이 모임 참석자들의 신분을 밝혀야 할 필요도 없는 것이다.

그런데 청와대 행정관 박씨를 제외한 세 사람 중 정치권 인사 두 사람은 공씨가 범행을 결심한 2차 술자리에 참석했기에 수사 초기 신분을 공개했다. 나머지 한 사람은 언론의 추적보도로 신분이 드러났다. 이 인사는 자신이 노출된 데 대해 경찰에 강하게 항의했다. 사건과 아무런 관련도 없는데, 소속이 드러나는 바람에 자신의 상사인 의원한테 누를 끼쳤다는 이유에서다.

박씨가 1차 자리에 참석했던 사실은 국회의장 비서 김씨의 뒤늦은 진술로 밝혀졌다. 범행과 관련 없기에 공개하지 않았는데, 이를 두고 언론이 "은폐 수사"라고 공격했다. 한마디로 청와대 직원이라고 봐줬다는 얘기였다.

사건 내용과 수사 과정을 제대로 파악했다면 하지 않았을 소리였다. 하지만 결과적으로 박씨 존재만 감춘 셈이 됐으니 언론이 오해할 만도 했다.

두 번째는 금전거래 부분이다. 중간 수사 결과를 발표한 지 5일 뒤인 12월 14일 주간지 한겨레21이 인터넷판을 통해 사건 관련자들 간 금전거래가 있었던 사실을 경찰이 은폐했다고 보도했다.

금전거래는 국회의장 비서 김씨와 최 의원 비서 공씨, 공씨의 지시를 받고 디도스 공격을 개시한 K커뮤니케이션즈 대표 강씨 3자 간 이뤄진 것이다. 이 중 일부 내용은 수사 과정에서 확인했지만 범행과 관계없는 일로 판단했기에 발표하지 않았을 뿐이다.

금전거래를 살펴보면, 먼저 디도스 공격 일주일쯤 전 김씨가 공씨에게 1000만 원을 보냈다. 범행 직후인 10월 말엔 공씨가 강씨에게 같은 금액을 송금했다. 이어 11월 11일 김씨 계좌에서 강씨 회사 법인계좌로 9000만 원이 흘러들어갔다. 금전거래 기록만으로는 김씨가 공씨를 통해 강씨에게 범행을 지시하고 그 대가로 돈을 건넨 것처럼 보인다.

김씨가 공씨에게 돈을 보낸 사실은 김씨의 진술로 수사 발표 전에 알고 있었다. 김씨 계좌를 임의 제출 형식으로 넘겨받아 확인도 했다.

그런데 공씨가 강씨에게 1000만 원을 보낸 사실은 나중에 알게 됐다. 두 사람에 대한 계좌 압수영장이 검찰로 사건을 송치한 이후 뒤늦게 발부된 탓이다.

강씨는 11월 중순 두 차례에 걸쳐 1억 원을 김씨에게 송금했다. 돈을 빌렸다가 갚는 모양새였다. 금액으로 보면 공씨가 김씨에게 빌린 1000만 원까지 포함해 한꺼번에 갚은 것으로 보였다.

김씨는 공씨에게 1000만 원을 사업자금 용도로 빌려주면서 월 25만 원의 이자를 받기로 했다. 강씨에게는 원금(9000만 원)의 30%를 이자로 받기로 약정한 것으로 드러났다. 강씨는 김씨에게 돈을 빌릴 만한 다른 사정이 있었다. 개인 간 대출 약정이었다.

언론의 비판적 보도가 이어지자 경찰 내부에서 수사팀을 원망하는 목소리가 나왔다. 수사 결과를 잘못 발표해 경찰에 타격을 입혔다는 불만이었다. 수사 내용을 잘 모르는 사람들이 비난여론에 흔들린 것이다.

당시 나는 하루 두 차례 기자들에게 티타임 형식으로 브리핑을 했다. 언론의 온갖 추측성 보도에 대응하느라 정신없이 바빴다.

한번은 조현오 경찰청장이 기자간담회에 참석했다. 조 청장은 기자들에게 공모 가능성을 내비치는 얘기를 했다. 이에 내가 보충설명을 곁들이려 하자 조 청장이 "가만히 있어 봐" 하고 제지하며 자신의 말을 이어갔다. 이를 두고 언론은 '항명' 따위의 자극적 표현을 쓰며 경찰청장과 수사기획관이 심각한 갈등을 빚고 있다는 투로 보도했다.

공모 부분에 대해 조 청장과 나 사이에 견해 차이가 있었던 건 맞다. 하지만 갈등설은 지나친 보도였다. 조 청장은 신뢰를 중시해 한 번 일을 맡기면 전적으로 밀어주는 편이었다. 비록 언론에서 지적한 부

> **한겨레** 2011-12-15
>
> **[사설] 한심한 '디도스 수사',
> 경찰 수뇌부 은폐 여부 밝혀야**
>
> 중앙선관위 누리집 디도스 공격 사건을 전후해 당사자들 사이에 돈이 오갔던 사실을 경찰 수뇌부가 발표하지 말라고 했다는 주장이 어제 야당 의원에 의해 제기됐다. 경찰은 이에 대해 명쾌하게 해명하기는 커녕 이 돈거래의 성격조차 분명히 하지 못한 채 온종일 오락가락했다…

분에 대해 조 청장이 우려를 나타낸 것은 사실이지만, 수사 진행에 대해서는 전적으로 내 판단을 믿어주고 존중해줬다.

관련자들 진술과 여러 정황에 비춰 금전거래가 범행과 관련됐다는 흔적을 찾을 수 없었다. 김씨가 공모했다는 증거도 분명하지 않았다. 일부에서 선관위 내부 직원의 공모 의혹도 제기했지만, 근거가 없었다. 부분적으로 이상한 점을 들어 전체를 의심하는 전형적인 음모론이었다.

다만 김씨가 공씨에게 보낸 1000만 원이 강씨에게 흘러들어간 사실이 확인된 뒤 다시 보도자료를 배포하면서 "범행 대가일 수도 있다"고 언급했다. 김씨와 공씨의 공모 가능성도 열어놓았다. 그렇지만 수사팀과 나는 여전히 공씨의 단독 범행에 무게를 뒀다.

수사기간이 짧았던 데다 이미 검찰로 사건을 넘긴 터라 경찰이 새로운 사실을 밝혀내는 데는 한계가 있었다. 검찰은 1000만 원을 범행 대가로 규정하고 공씨와 김씨를 공범으로 기소했다. 하지만 뒷날 김씨는 대법원에서 무죄 확정 판결을 받았다.

세 번째로 경찰을 곤혹스럽게 한 건 청와대 외압설. 이것도 한겨레21 보도로 촉발됐다. 청와대가 경찰에 압력을 행사해 청와대 행정관이 연루된 사실과 사건 관련자들의 금전거래 사실을 은폐했다는 내용이었다.

그 근거로 든 것이 김효재 청와대 정무수석비서관 및 최동해 치안비서관과 조현오 경찰청장 간 통화였다. 조 청장이 청와대와 조율한 후 경찰 수사팀 의견을 묵살하고 사건을 은폐·축소했다는 것이다. 야당인 민주당 원내대표는 "조현오 청장은 수사발표문을 수정해 사건을 축소한 장본인"이라며 즉각 사퇴를 촉구하기도 했다.

전혀 사실이 아니었다. 조 청장이 수사에 압력을 넣을 사람도 아니지만, 만약 그랬다면 내가 들이받았을 것이다. 조 청장은 단독 범행이라는 수사팀 결론에 의문을 제기하고 공동 범행 가능성을 언급한 바 있다. 이것은 사건을 축소한 게 아니라 오히려 확대한 것으로 볼 수 있다.

그렇다고 해당 보도의 근거가 전혀 없었던 건 아니다. 조 청장이 정무수석, 치안비서관과 통화한 것은 사실이기 때문이다. 하지만 통화 사실과 축소·은폐를 연결한 것은 그야말로 억측이었다. 아무런 논리적 근거도 객관적 증거도 없었다. 경찰 수사에 흠집을 내는 일방적 보도가 자꾸 나오는 게 이상했다. 검경 수사권 조정에 대한 정부의 최종 결정이 임박한 시점이었다.

조 청장은 이에 대해 언론 인터뷰에서 이렇게 반박했다.

"정무수석은 경찰청장과 당연히 통화할 수 있다. 경찰처럼 공개된 조직에서 청장이 수사팀에 뭐라 한마디라도 했다면 보안유지가 되겠나. 청장과 수석은 지휘복종 관계가 아니라 업무협조 관계다."

"수사팀에 물어보니 돈 문제는 사건 본질과 상관없다고 했다. 그래서 그 내용을 정무수석에게 그대로 전해줬다. 청와대 행정관 부분도 마찬가지였다. 수사팀에선 사건과 관련 없는 인물이니 신경 쓸 필요가 없다고 했다. 그 내용도 정무수석에게 전해줬다."

조 청장은 치안비서관과 통화한 데 대해서도 "업무 관계상 당연히 통화할 수는 있다"면서 "치안비서관이 청장에게 청와대 뜻을 전하며 협조를 요청하는 건 있을 수 없는 일"이라고 일축했다. 격에 맞지 않는다는 얘기였다.

청와대 외압설, 축소·은폐 의혹은 검찰 및 특검 수사를 통해서도 사실이 아닌 것으로 밝혀졌다. 하지만 진실이 밝혀진 뒤에도 일부 언론과 진보 진영에서는 디도스 수사에 대한 의혹 제기를 멈추지 않았다.

그들은 자신들이 그토록 부르짖어 성사된 특검 수사 결과도 불신했다. 한 번 의혹을 제기한 이상 자신들이 옳다는 걸 내세우려 진실과 상관없이 끝까지 물고 늘어지는 태도는 진영논리에 빠진 한국 언론의 쓸쓸한 단면이었다.

어느 날 친하게 지내는 판사가 내게 물었다. 이른바 진보판사였다.

"형! 솔직히 디도스 수사, (진실을) 숨긴 것 맞잖아?"

그저 헛웃음이 나왔다. 많은 사람이 자신이 믿고 싶은 것을 믿는다. 심리학에서 말하는 확증편향이 바로 그것이다. 선입관을 뒷받침하거나 신념과 일치하는 정보는 받아들이되 배치되는 정보는 무시한다. 즉 자신이 보고 싶은 것만 보고, 믿고 싶은 것만 믿는 것이다. 언론의 편파보도나 오보도 이런 심리에서 비롯된 경우가 많다.

▎ 정치공방으로 얼룩진 울산시장 측근 수사

..   2019년 4월 나는 정치적 격랑에 휩쓸렸다. 울산시장 관련 경찰 수사를 뒤엎은 검찰 수사 때문이다.

울산지방검찰청은 울산지방경찰청이 수사했던 김기현 전 울산시장 측근 비리 3건 중 2건에 대해 '혐의 없음' 결정을 내렸다. 3건 모두 내가 2017년 7월 울산경찰청장에 부임한 이후 본격 수사에 착수해 검찰에 송치했던 사건이다. 게다가 검찰은 김 전 시장의 동생을 수사한 경찰관을 수사기밀 누설 혐의로 구속했다.

야당인 자유한국당은 "경찰이 처음부터 정치적 의도를 갖고 무리한 수사를 했음이 드러났다"고 비난했다. 자유한국당 소속 김기현 전 시장은 2018년 6월 지방자치단체장 선거에서 낙선했다. 당시 자유한국당은 "경찰 수사로 시장선거를 도둑맞았다"고 반발한 바 있다. 물론 여당인 더불어민주당은 "정당한 수사였다"고 옹호했다.

언론도 거들었다. 보수언론은 자유한국당 주장을 반영해 '부메랑' '되치기' '표적수사 논란 재점화' 따위의 일방적 표현으로 경찰 수사의 문제점을 부각하려 애썼다. 하지만 상당수 언론은 이를 검경 수사권 다툼 차원에서의 힘겨루기로 해석하며, 구체적으로 고래고기 환부 사건을 갈등의 불씨로 지목했다.

고래고기 환부 사건은 경찰이 압수한 불법 고래고기를 검찰이 석연치 않은 이유로 유통업자들에게 돌려준 사건이다. 내가 울산청장 시절 의욕적으로 지휘했던 이 사건 수사에 대해 검찰은 비협조적 자세로 일관했다. 경찰이 신청한 '전관 변호사'에 대한 압수수색영장과 사전구속영장을 잇따라 반려했다.

담당 검사는 경찰이 보낸 질의서에 아무런 답변을 하지 않은 채 해외연수를 떠나 수사 방해 논란을 빚었다. 이 검사가 서면조사에 응한 것은 내가 대전경찰청장으로 발령 난 직후인 2018년 12월 하순이었다.

검찰이 울산시장 관련 사건 주요 피의자들을 무혐의로 처리하자 피의자 중 한 명인 전 울산시장 비서실장이 나를 직권남용 혐의로 고발했다. 지방선거를 앞두고 내가 여당 후보를 돕기 위해 기획수사를 벌였다는 주장이었다. 나는 하루아침에 '정치검사' 아닌 '정치경찰'로 몰렸다.

일부 언론은 내가 금방이라도 검찰 수사를 받을 것처럼 호들갑스레 보도했으나 그런 일은 일어나지 않았다. 당시 울산청 홍보과장이 피의사실 공표 혐의와 관련해 서면조사를 받는 선에서 그쳤다.

당시 울산시장 관련 수사는 크게 세 갈래로 진행됐다.

첫 번째는 김 시장 동생의 변호사법 위반 혐의였다. 내가 울산청장으로 부임하기 전 한 건설업자의 고발로 시작된 사건이었다. 두 번째는 김 시장 비서실장의 직권남용 혐의였다. 이는 경찰청 첩보에서 비롯됐다. 세 번째는 편법 후원금과 관련된 김 시장 측의 정치자금법 위반 혐의였다.

먼저, 김 시장 동생 사건부터 살펴보자. 아파트 건설업자인 고발인 A씨는 애초 김 시장 동생과 한편에서 일했다. 김 시장의 형과 동생은 2014~2015년 울산시 북구 H아파트 건설 수주 사업에 관여했는데, 서로 다른 업체의 컨설팅을 맡았다.

A씨는 김 시장 동생과 용역계약을 맺었다. 아파트 시행권을 따주

면 김 시장 동생에게 30억 원을 주겠다는 약속이었다. 하지만 이 계약은 한 달 만에 파기되고, 사업권은 형이 컨설팅을 맡은 경쟁업체에 돌아갔다.

그러자 A씨는 담당 공무원을 고발했다. 김 시장 형과 동생의 압력을 받아 경쟁업체에 유리하도록 일처리를 했다는 주장이었다. 이어 동생도 변호사법 위반 혐의로 고발했다.

소환조사에 응하지 않고 잠적했던 김 시장의 동생은 체포영장을 발부하자 경찰에 출석했다. 용역계약 자체로 변호사법 위반 소지가 있었다. 계약서가 물증이었다.

기소 의견으로 송치했으나 검찰은 무혐의 처분했다. 사실관계를 인정하기 어렵다는 이유에서였다. 경찰 단계에서 범죄사실 인정에 필요한 결정적 진술을 했던 참고인들이 검찰 단계에서 석연치 않은 이유로 진술을 번복한 것이 주된 사유였다. 검찰권을 남용한 것 아니냐는 의혹이 제기될 만했다.

사실 검찰의 힘은 처벌할 때보다 봐줄 때 더 돋보인다. 검찰은 자주 그런 요술방망이를 휘둘러왔다.

수사권과 기소권을 독점하면 이 같은 폐단을 막을 방법이 없다. 눈 밝은 국민은 안다. 검찰의 기소편의주의가 얼마나 많은 진실을 벼랑으로 밀어뜨렸는지를.

김 시장의 비서실장 박모 씨에 대한 수사도 검찰에서 뒤집혔다. 경찰이 포착한 박씨의 혐의는 아파트 건설현장에 특정 레미콘업체를 선정할 것을 강요한 것이었다.

수사 결과에 따르면 시공사 측은 실제로 해당 업체와 계약을 맺었다. 박씨는 "지역업체 활성화를 위한 조례에 따라 지역업체 자재 사용

> **한겨레** 2018-03-23
>
> **'김기현 측근 수사' 울산 경찰-한국당 전면전 내막은**
>
> 자유한국당, 경찰을 "사냥개" "표적수사" 등 연일 압박
> 경찰쪽 "제보 받고 수사 필요 판단…법원서 영장 발부"
> 야당·시민사회 "전형적 지역 권력…비리전면수사" 요구
>
> 울산경찰청의 김기현 울산시장 측근비리 수사에 대한 자유한국당의 '경찰때리기'가 도를 넘어서고 있습니다. 연말 기자회견과 항의 방문, 1인 시위 집회까지 하며, 진행 중인 사건 수사를 검찰에 넘기라고…

을 권장했을 뿐 납품을 강요한 적은 없다"고 혐의를 부인했다.

공교롭게도 시청에 있는 박씨 사무실을 압수수색한 날은 자유한국당이 울산시장 후보 공천을 확정한 날이었다. 현직 김 시장이 이날 후보로 재공천됐다. 이를 들어 자유한국당은 "유력한 야당 후보에게 흠집을 내려는 정치적 수사"라고 거세게 반발했다.

하지만 경찰은 압수수색영장이 언제 발부될지 알 도리가 없었기에 정치 일정에 맞추어 압수수색을 벌였다는 건 터무니없는 얘기였다. 실제로 자유한국당의 공천발표일이 그날인지 경찰은 알지도 못했고 관심을 가질 이유도 없었다. 만약 선거 일정을 감안해 수사 일정을 바꿨더라면 반대 논리로 정치적 수사라는 비난을 받았을지 모른다.

박씨도 김 시장 동생과 마찬가지로 법정에 서는 일은 피할 수 있었다. 직권남용 권리행사방해죄를 적용해 기소 의견으로 검찰에 넘겼으나, 증거 부족으로 무혐의 처분을 받았기 때문이다.

똑같은 증거를 두고 어쩌면 그렇게 다르게 해석할 수 있을까 하는

생각도 들었지만, 검찰이 불기소 처분을 한다면 경찰로서는 달리 대응할 방도가 없다.

김학의 전 법무부 차관 사건의 경우도 검찰이 불기소 처분을 했지만 훗날 사실관계가 밝혀지고 말았다. 울산시장 관련 사건도 언젠가 검찰 처분이 적절했는지를 가릴 기회가 있기를 바란다.

김 시장의 불법 후원금 관련 수사의 출발점은 제보였다. 울산시청 앞에서 누군가 자해 소동을 벌였는데, 알고 보니 2014년 지방선거 당시 김 시장 측에 후원금을 낸 사람이었다.

첩보에 따르면, 그는 민원 해결 대가로 정치자금을 건넸다. 그런데 선거가 끝난 후 이익 보는 게 없자 자해 소동을 일으켰다는 것이다.

수사를 하다 보니 당시 김 시장 측에 불법 정치자금이 흘러들어간 사실이 확인됐다. 일부 후원자들이 후원금 한도를 초과하는 정치자금을 가족이나 지인 명의로 수백만 원씩 쪼개 김 시장 캠프 회계 책임자에게 제공한 혐의였다.

경찰은 김 시장의 인척 한 명을 포함해 모두 6명을 정치자금법 위반 혐의로 검찰에 송치했다. 워낙 증거가 명백해서인지 검찰도 이에 대해서는 제동을 걸지 않고 모두 기소해 재판에 넘겼다.

또 다른 쟁점은 수사에 참여했던 경찰관 성모 씨의 불법 수사 여부였다. 성씨를 고소한 사람은 김 시장 비서실장의 형이었다. 성씨가 수년 전 파출소에 근무하던 시절 자신을 찾아와 시장 동생과 건설업자 A씨가 맺은 용역계약서를 내밀며 "시장 동생이 잘 돼야 동생(비서실장)도 좋으니 잘 말해 달라"고 협박했다는 주장이었다.

사실 성씨가 수년 전 파출소에 근무하면서 어떤 부적절한 행위를 했는지는 내가 알 턱이 없는 데다 따로 보고를 받지도 못했다. 청장으

2018년 6월 중증장애인들이 생활하는 아하브 마을을 방문, 식사를 제공하는 봉사활동을 벌였다. 아하브 마을은 그 뒤로도 몇 차례 더 방문했다.

로서 전체적인 수사 진행 상황만 보고 받지, 수사팀원들의 개별적인 과거 이력은 알 수도 없고 관여할 처지도 아니었기 때문이다.

어쨌든 수사 관련자로부터 불필요한 공격을 초래했다는 점에서 성씨 사건은 유감스러운 일이었다. 검찰이 사건의 본질을 들여다보기보다는 경찰 수사를 흠집내는 데 급급하다는 인상을 받았지만, 누구든 불법 행위가 있었던 게 사실이라면 사건 본질과 별개로 비판받을 수밖에 없기 때문이다.

검찰 의도가 무엇이었든 일부 언론과 자유한국당은 성씨 사건을 경찰 수사의 정당성을 흔드는 호재로 삼았다. 곁가지로 본질을 흐리는 전형적인 물타기 수법이었다.

이 사건의 본질은 경찰이 강력한 부패 척결 의지를 갖고 현직 시장 측근들의 토착비리 의혹에 대해 수사를 벌인 것이다. 또 하나의 쟁점은 검찰의 수사권 또는 기소권 남용이다.

물론 수사 결과에 대한 경찰 의견과 이를 받아 본 검찰의 의견이 꼭 일치하라는 법은 없다. 같은 증거물이라도 어떻게 판단하느냐에 따라 의견이 다를 수 있기 때문이다.

그 점을 감안하더라도 울산시장 측근 비리 관련 경찰 수사결과에 대한 검찰의 판단은 이해하기 어려웠다. 검찰의 불기소 처분이 곧 경찰의 무리한 수사를 뜻하는 건 아니다. 그럼에도 정치권 일부에서 무분별하게 경찰 수사를 비난한 것은 유감스러웠다.

가지 않은 길

3부

▌고집 세고 자존심 강한 아이

　　　　　　　　　가난했다. 초등학교 다닐 때 기성회비를 제때 못 내 독촉을 받았다. 아버지는 담임선생과 논쟁을 벌였다.
"형편이 어려우니 면제해 주시면 고맙겠습니다."
"극빈가정과 편부모 가정 외에는 면제가 안 됩니다."
집에 우산이 없어 비가 오면 꼬박 맞고 다녔다. 학교에 도착하면 딱 물에 젖은 생쥐 꼴이었다. 달랑 하나밖에 없는 비닐우산은 아버지 차지였다. 그 시절에는 다들 그렇게 가난했다. 우리 집은 그래도 밥을 굶지는 않았다. 열심히 사는 부모님 덕분이었다.
아버지는 한때 지역 신문사 직원으로 일했다. 신문사를 나온 뒤로는 평생 고정적인 직업을 갖지 않았다. 가장으로서 책임감이 강했던 아버지는 닥치는 대로 일했다. 가족의 생계를 위해 막노동도 마다하지 않았다. 자신의 형이 운영하는 과수원 일을 거들기도 했다.
어머니의 헌신도 잊을 수 없다. 형편이 어려워지면 보따리장사를 했다. 대전 시장에서 옷을 사서 서산, 안면도 등지로 가서 팔았다.
아버지의 고향은 황해도 은율군이다. 6.25 전쟁 때 구월산 유격대원으로 활약하다 국군과 함께 남하해 국방부로 편입했다.
충북 청주 출신 어머니는 명망 있는 양반 가문의 후예였다. 어머니가 어릴 때 가세가 급격히 기울어 형제자매가 뿔뿔이 흩어졌다고 한다.
내 고향은 대전이다. 월남한 아버지가 정착한 오정동에서 1962년에 태어났다. 3남1녀 중 막내였다. 대학 들어가기 전까지 죽 대전에서 살았다.
초등학교 입학 전 한글간판을 읽어내 동네에서 똑똑하다는 소리를

유년기 가족사진. 오른쪽부터 누나, 나, 아버지, 어머니, 쌍둥이 두 형. 6세 때인 1967년으로 추정.

들었다. 현암초등학교로 입학했다가 1학년 2학기 때 문화초등학교로 전학했다. 사정동에서 문화동까지 걸어서 다녔다. 한 시간 거리였다.

교실은 콩나물시루였다. 학생이 많아 오전반과 오후반으로 나눠 수업했다. 나는 오후반이었다.

등하굣길에 더러 불량배들과 맞닥뜨렸다. 돈을 달라고 했다. 주머니를 다 털어도 돈이 나올 리 없었다. 그러면 머리를 쥐어박거나 배를 쳤다.

지금으로 치면 학교폭력인데, 그 시절에는 다들 그렇게 맞고 살았다. 별로 심각하게 여기지도 않았다. 세상에는 나쁜 놈이 있게 마련이고, 커서 기회가 되면 복수하겠다고 맘먹는 정도였다.

3학년 때인가 집 가까운 곳에 산성초등학교가 설립돼 다시 전학했다. 집에서 걸어서 10분 거리였다. 이때부터는 안 맞고 다녔다.

나는 어릴 때 아버지에게 한자를 배웠다. 아버지는 그 세대 중 공부를 많이 한 편이었다. 어린 내게 <명심보감>과 <천자문>을 가르쳐 줬다. 그 덕분에 나는 한자 실력이 뛰어났다. 중학생이 됐을 때 학교에서 나보다 한자를 많이 아는 아이가 없을 정도였다.

4학년 때는 어깨너머로 장기를 배웠다. 재미를 붙인 나머지 누구든 붙잡고 장기 실력을 겨루고 싶었는데 아무도 상대가 되어 주지 않았다.

온종일 힘든 일을 마치고 지친 몸을 이끌고 집에 오신 아버지를 붙잡고 장기를 두자고 졸랐다. 아버지는 어린 내가 한자로 쓴 장기말을 척척 다루며 전략까지 구사하는 모습이 기특했는지 몇 판이든 상대해 줬는데, 번번이 내가 이겼다. 지금 생각하면 아버지는 장기판을 바라보기보다는 내 모습을 바라본 듯하다.

한자는 많이 알았으나 영어는 약했다. 초등학교 다닐 때 전혀 배운 적이 없기 때문이다. 그런데 중학교에 가 보니 입학 전 영어를 따로 배우고 들어온 아이가 많았다.

영어 점수에서 밀린 탓에 첫 월례고사 성적이 기대에 못 미쳤다. 내가 다닌 동산중학교는 한 학년 학생이 500명가량 됐다. 8개 반으로 편성됐는데, 한 반 학생 수가 60명 안팎이었다.

첫 시험에서 나는 반에서 5등을 했다. 전교 등수는 30등이 넘었다. 초등학생 때 1등을 도맡아 했기에 충격이 컸다.

담임선생은 5등 이내 학생들의 부모들에게 학교 방문을 권했다. 어머니는 살림살이가 어려웠음에도 기쁜 마음으로 금붕어가 든 어항을 사들고 학교를 찾았다.

이왕 학교에 올 바에야 아들이 1등 하면 어머니가 더 좋아하지 않을까 싶어 제일 약한 과목인 영어에 주력했다. 교과서를 통째로 암기했다. 덕분에 졸업할 무렵에는 전교 10위권으로 치고 올라갔다.

하지만 끝내 원하는 고등학교로 진학하는 데는 실패했다. 명문 대전고에 응시했다가 떨어진 것이다. 대전에서 공부 좀 하는 아이들은 다 대전고 문을 두드릴 때였다. 전교 9등 성적이었는데, 딱 커트라인에 걸렸다. 그 해 동산중에서 30명 이상이 대전고에 들어갔기에 더욱 자존심이 상했다.

1978년 대전 동산중학교 9회 졸업생 앨범 사진.

처음에는 재수를 생각했다. 당시 학원가에는 대전고 재수생이 많았다. 일부 학원은 우수 학생에게 학원비를 면제해줬다.

그런데 이듬해부터 고등학교 입시 방식이 시험제가 아닌 추첨제로 바뀐다는 소문이 돌았다. 그래서 재수를 포기하고 후기인 서대전고로 진학했다.

입학 후 한동안 적응이 안 돼 학교 다니는 게 싫고 공부에도 별 흥미를 못 느꼈다. 대전고 다니는 동급생들을 만나는 일도 꺼렸다. 그러나 방황은 오래가지 않았다. 오기가 발동한 것이다. 대전고 아이들을 실력으로 누르겠다는.

서대전고 한 학년 학생 수는 9개 반에 540명 정도였다. 공부에 집중하면서부터 전교 1등을 거의 놓치지 않았다. 충남 전체 학력평가에서도 10여 등을 차지할 만큼 꾸준히 좋은 성적을 유지했다. 그 덕에 3년 내내 학비를 내지 않고 다닐 수 있었다.

2, 3등 서열도 거의 바뀌지 않았다. 늘 하던 아이들이 차지했다. 2학년 때 나는 문과로, 두 학생은 이과로 갈라섰다. 그들은 나란히 서울대학교 공대에 진학했다. 그 중 한 사람은 현재 정보통신업계 최대 기업의 사장이고, 한명은 서울권 대학의 교수로 재직 중이다.

1학년 겨울방학 때 재단 이사장이 가정교사를 제안했다. 초등 5학년인 자신의 손자를 가르쳐달라고 한 것이다. 착하고 예의바른 아이였다. 그럼에도 혼낼 때는 혼을 내야 제대로 교육이 된다는 생각에 가끔 자로 손등을 때렸다.

어느 날 아이 어머니가 빙그레 웃으며 "꼭 때려야 하느냐"고 물었다. 상냥하고 배려하는 태도였다. 간섭하는 게 싫었지만, 모성애를 어찌하겠는가.

방학이 끝나면서 자연스럽게 과외도 끝났다. 내가 용돈을 받으며 과외교습을 하는 동안 다른 친구들은 돈을 들여 과외를 받으러 다녔다. 어머니는 이런 나를 무척 대견해했다. 마침 과외교사로 드나든 재단 이사장의 집이 있던 곳은 충청남도 도지사의 관사 바로 옆이었다. 어머니는 혼잣말처럼 자식에 대한 기대감을 드러냈다.

"우리 아들이 장차 도지사는 할 수 있을 거야."

나는 어릴 때부터 고집이 세고 자존심이 강한 편이었다. 부모나 교사 말을 대체로 잘 듣는 편이었지만, 한번 틀어지면 여간해서 돌아서지 않았다. 아버지 상에 놓인 반찬을 먹다 한소리 들으면 아예 식사를 거부했다. 자존심을 건드린 친구와는 좀처럼 화해하지 않았다.

고교 2학년 때는 교사한테 덤비다가 두들겨 맞은 적도 있다. 자존심 싸움이었다. 윤리시험에 단답형 주관식 문제가 출제됐는데, 내가 쓴 답은 윤리교사가 내놓은 정답과 달랐다.

나는 "이것도 답이 되지 않느냐"고 따졌다. 선생은 아니라고 했다. 하지만 나는 "내 생각엔 이것도 맞다"며 물러서지 않았다. 나중에는 "선생님이 틀린 것 같다"고 정면으로 도전했다. 윤리교사는 수업이 끝난 후 교무실로 나를 불러 매질을 했다.

두발 문제로 교사에게 대들다가 맞은 적도 있다. 이런 일이 있어도 집에 가서는 아무런 얘기를 하지 않았다. 부모에게 괜한 걱정 끼치기 싫어서였다. 고민거리가 있어도 주변 도움 받지 않고 혼자 해결하려 했다. 부모에게 털어놓지도, 담임선생과 상담하지도 않았다. 뭐든지 내 스스로 판단하고 결정했다. 힘들더라도, 그래야 마음이 편했다.

고등학교 2학년 때였다. 아침에 서둘러 학교를 오느라 깜빡하고 어머니가 싸준 도시락을 빠트렸다. 오전 수업 중 교실 창밖으로 어머니 모습이 보였다. 도시락을 갖고 온 것이었다. 도시락이 없으면 내가 알아서 해결하면 될 텐데….

어머니가 반갑지 않았다. 퉁명스런 말투로 도시락을 받으며 어머니에게 고맙다는 말 한마디 하지 않았다. 나의 뚱한 표정과는 달리 어머니의 안도하던 표정이 눈에 선하다.

내가 고집이 세고 자존심이 강한 건 아버지 성격을 물려받아서다. 아버지는 비록 가난하게 살망정 비굴함으로 세상과 타협하지 않았다. 남 밑에서 고분고분 일하지 못했다. 자신이 옳다고 여기면 절대 물러서지 않았다. 그런 탓에 변변한 직장을 구하지 못했다. 이념 문제로 누군가와 심하게 다투던 모습도 기억난다.

아버지는 2004년 79세로 작고했다. 내가 총경으로 승진한 해였다. 아버지가 살아계실 때 고향에서 경찰서장 하는 모습을 보여드리지 못한 것이 몹시 아쉬웠다. 어머니는 4년 뒤 78세로 세상을 하직했다. 어머니에게는 두 차례 경찰서장 하는 모습을 보여드릴 수 있었다.

어머니는 온화하고 현명했다. 동네 아주머니들 사이에서 갈등이나 충돌이 생기면 중재자 구실을 했다. 젊었을 때 나는 아버지와 어머니 성격을 반반씩 닮았다고 생각했다. 아버지의 강함과 어머니의 부드러움 말이다. 그런데 세월이 흐르면서 아버지 유전자가 두드러지는 게 아닌가 싶어 걱정되기도 한다.

▌ 기대와 실망이 엇갈린 경찰대

·· 고교 2학년 때 발생한 10.26 사건은 내 정치 의식에 엄청난 영향을 끼쳤다. '조국 근대화의 아버지'라는 박정희 전 대통령의 신화가 무너지는 걸 지켜보면서 '민주화'라는 시대 흐름에 눈뜨게 됐다. 도서관에서 <신동아>와 <월간조선> 등 시사잡지를 탐독하고, <민주주의의 자살>(끌로드 줄리앙) <민족경제론>(박현채)과 같은 이념도서를 파고들었다.

고교 3학년이 되면서 본격적으로 대학 진학 문제를 고민했다. 가장 먼저 고려해야 할 것이 집안 경제력이었다. 서울 명문대학에 가고 싶었지만 학비 내고 다닐 형편이 아니었다. 만약 진학한다면 과외 아르바이트로 학비를 벌겠다고 생각했다.

경찰대를 선택하게 된 데는 몇 가지 이유가 복합적으로 작용했다. 현실적인 이유로는 고교 3학년 때인 1980년 7월, 이른바 7.30 교육개혁 조치로 과외가 폐지된 점이 큰 영향을 끼쳤다. 학비 마련 수단이 사라진 셈이다.

본고사가 폐지된 점도 의욕을 꺾었다. 당시 나는 서울대 진학을 목표로 일본 도쿄대 본고사 기출문제를 구해 공부하던 터였다.

하향 지원해 서울 중상위권 대학에 가면 경제적 문제는 해결할 수 있었다. 4년 학비 면제에 생활비까지 지원받을 수 있었으니. 그런데 그렇게 하기에는 자존심이 상했다. 원래 목표로 삼았던 곳이 서울대 정치학과였기 때문이다.

한때 육군사관학교도 저울질했으나 아무래도 군인의 길은 아닌 듯

싶어 뜻을 접었다. 기질도 맞지 않는 데다, 오랜 세월 민주주의를 억압한 군부독재에 대한 저항감도 작용했다. 그해 일어난 광주의 비극과 전두환 장군의 집권은 군에 대한 부정적 인식을 더욱 굳혔다.

그 무렵 경찰대학교 입학 공고가 났다. 경찰사관학교를 표방한 경찰대는 그해 첫 신입생을 모집했다. 4년간 국비 장학생으로서 기숙사에서 숙식하며 엘리트 교육을 받는다고 했다. 가난하고 공부 잘하는 학생들에게는 엄청난 행운의 기회로 다가왔다. 거기에 군복무 대체라는 덤까지 있었다.

경찰대 응시를 결심하면서 내 마음에 운명처럼 다가와 꽂힌 개념이 '경찰 민주화'였다. 당시 경찰은 '정권의 시녀' 소리를 들으며 국민의 신뢰를 상실한 지 오래됐다. 간부가 돼 경찰 민주화에 이바지한다면, 일반 대학에 가서 민주화 투쟁 하는 것 못지않게 가치 있는 일이 되리라는 생각이 들었다.

경찰대 경쟁률은 200대 1이 넘었다. 입학 정원이 120명인데, 2만 4000여 명이 응시했다. 합격생은 전원 남학생이었다. 커트라인 점수는 서울대 중위권 학과와 비슷하고 고려대학교 법대보다는 높았다. 법학과와 행정학과 각각 60명씩 뽑았다. 나는 법학과를 선택했다.

서울대와 맞먹는 학력 수준과 1기라는 점에 강한 자부심을 가졌다. 하지만 자부심이 실망으로 바뀌는 데는 오래 걸리지 않았다. 가(假)입학 기간 훈련을 포함한 모든 교육과정이 사관학교 시스템을 모방한 것이었다. 매사 규율과 질서를 중시했다.

군대식 주입 교육은 내 체질에 맞지 않았다. 약간의 일탈도 허용하지 않는 엄격한 기숙사 생활도 적응하기 쉽지 않았다. 교내 전반적 분위기가 경직되고 억압적이었다.

교수 수준도 기대에 못 미쳤다. 정부는 경찰 조직의 낮은 위상을 고려해 경찰대 교수에게 높은 연봉을 책정하고 승용차까지 제공했다. 그럼에도 명망 있는 교수들은 거의 오지 않았다. 상대적으로 젊은 교수가 많이 임용됐다. 그들은 의욕이 넘쳤지만, 하버드대학교 로스쿨의 킹스필드 교수 같은 관록 있는 교수를 기대했던 학생들은 다소 실망했다.

자연히 학업에 대한 관심이 줄었다. 자유롭게 지적 탐구 활동을 하는 것이 아니라 경찰 간부라는 목표를 달성하는 데 필요한 의무교육을 받는 기분이었다. 학습 분위기는 가라앉고 경쟁의식도 없었다. 나만 그런 게 아니라 다들 비슷했다. 우수한 학생이 모여 하향 평준화되는 느낌이랄까.

졸업 후 진로가 확정된 점도 동기부여의 걸림돌로 작용했다. 퇴교를 당하지 않는 한 경찰 간부 임용이 보장되니 일반대 학생처럼 취업이나 자기 계발, 혹은 학문적 성취를 위해 열심히 공부할 필요를 느끼지 못한 것이다. 많은 학생이 무기력감에 빠졌다.

나 또한 성적에 별로 신경쓰지 않았다. 백지 답안을 제출한 적도 있다. 오기와 반항의 표시였다. 공동 꼴찌를 차지했다. 1, 2학년은 그렇게 방황하며 보냈다.

하지만 3학년이 되면서 각성했다. 경찰 민주화라는 목표를 달성하려면 실력부터 갖춰야 한다고 생각했다. 다들 열심히 하지 않는 분위기였기에 조금만 노력하면 우수한 성적을 올릴 수 있었다. 나는 1학기 기말고사에서 1등을 차지했다.

그 즈음 새로운 목표를 품게 됐다. 바로 경찰의 숙원인 수사권 독립이었다. 경찰 민주화가 내부적 목표라면 수사권 독립은 대외적 목표였다. 비로소 나의 길을 찾은 느낌이었다. '존재의 이유'를 발견한 이후 나의 경찰대 생활은 활기를 띠었다.

뜻맞는 동기생 대여섯 명이 모임을 만들었다. 이름은 홍지회(鴻志會). 경찰대 1기로서 역사적 소명의식을 갖고 경찰 발전에 이바지하자는 데 의기투합했다. 조직 내부의 불합리한 구조와 부패문화를 개선하는 방안, 경찰 상부 구조를 바꾸는 방안 등에 대해 고민하고 의견을 나눴다.

후배들도 끌어들여 4기까지 회원으로 받았다. 각 기수에서 똑똑하다는 소리 듣는 후배들이었다. 영내 단체생활을 하기 때문에 자주 모이지는 못했지만, 한번 모이면 열띤 토론을 벌이곤 했다.

홍지회는 1기생이 졸업한 뒤 흐지부지됐다. 누군가 사조직이라며 상부에 문제제기를 한 것이다. '경찰 하나회'라는 소리까지 들어가며 모임을 유지할 이유는 없었다.

3학년 때는 3기 입학생들의 가입학 기간에 훈육관(학생 지도관)을 맡기도 했다. 3월 입학 전 4주간 받는 가입학 훈련은 사관학교의 가입교 훈련을 본뜬 것이었다.

당연히 군사훈련 성격을 띨 수밖에 없었다. 땅에 머리 박기 등 가혹한 기합과 구타가 자행됐다. 그런 행태에 거부감을 가진 나는 '인간적 훈육관'을 자처하고, 훈련생들에게 가능하면 편안한 분위기를 느끼게 해주려 노력했다. 훗날 3기생들이 모인 자리에서 가입학 훈련 얘기가 나오면 다른 선배들과는 많이 다른 '돌연변이 선배'로 회자됐다고 한다.

규범에 얽매이기를 싫어하던 나는 3학년 겨울방학 때 기어이 사고를 쳤다. 정확히는 방학이 끝나는 날이었다. 1984년 1월 말이었다.

귀교하기 전 밖에서 동기생과 그의 여자친구, 이렇게 셋이 맥주를 마시고 담배도 피웠다. 휴가 끝나고 귀대하는 군인의 심정이랄까. 자유를 만끽하다 울타리 안으로 돌아가자니 착잡하고 객기가 발동했던 게 아닌가 싶다.

귀교 시간을 지키려 막 뛰어 들어가다 훈육관과 맞닥뜨렸다. 입에서 냄새가 풍겼던 모양이다. 훈육관이 물었다.

"술 담배 했느냐?"

"예."

"적발되면 퇴교라는 걸 알 텐데, 왜 순순히 인정하지?"

"거짓말하기 싫어서요."

당시 경찰대는 사관학교와 마찬가지로 금연과 금주를 학칙으로 정해놓았다. 어기면 퇴교를 각오해야 했다. 하지만 은밀히 술 담배를 하는 학생이 꽤 있었다. 어쩌다 걸려도 잡아떼면 적당히 봐주곤 했다.

내 잘못은 대놓고 인정한 것이다. 자칫 반항으로 비칠 수 있는 위험한 행동이었다. 하지만 나는 비굴하게 변명하고 싶지는 않았다. 될 대로 되라는 심정이었다. 퇴교당하면 새로운 진로를 찾아 나설 작정이었다.

징계위원회가 열렸다. 처음에는 강경한 분위기였다. 그보다 한달 반 전 교내에서 발생한 시위도 좋지 않은 영향을 끼쳤다.

겨울방학이 시작되기 직전인 1983년 12월, 2학년인 2기들이 학내 민주화를 요구하며 도서관 점거농성을 벌였다. 일반 대학생 시위도 강경 진압하던 때였던 만큼 경찰대 수뇌부는 단호하게 대처했다. 주동자 5명을 퇴교시켰다. 그때 나간 후배들은 나중에 판사, 교수 등 전문직으로 잘 풀렸다.

학교당국은 나를 시위의 배후 조종자로 의심하던 터였다. 그런 마당에 학칙을 어기고 징계위원회에 회부된 것이다. 규정대로라면 퇴교 조치해도 할 말이 없었다.

그때 나를 구제한 사람이 징계위원장을 맡은 전석린 교수부장이었다. 전 부장은 내 학업성적을 내세워 퇴교 결정에 제동을 걸었다. 3학년 1학기 때 1등 한 사실을 감안해 선처하자고 나선 것이다. 그래서 퇴교 대신 무기정학 처분을 받았다.

새 학기 개강을 한 달 앞둔 2월 초 집으로 돌아갔다. 아버지가 "방학 끝났는데 왜 다시 왔느냐"고 물었다. 징계 받은 얘기를 들려주자 "네 일은 네가 알아서 결정할 걸로 믿는다"라며 별로 걱정하지 않았다.

무기정학은 한 달 만에 해제됐다. 3월에 학교에 나가보니 동기들이 나를 부러워했다.

당시 경찰대는 겨울철에 특별훈련기간을 설정했다. 겨울방학이 끝난 후부터 새 학기가 시작하기 전까지 한 달 간 수업은 하지 않고 온종일 군사훈련만 실시했다. 결과적으로 나는 동기들이 군사훈련에 허덕거릴 때 집에서 편히 쉰 셈이다.

퇴교 위기에서 나를 구해준 전석린 교수부장은 경찰대에서 내게 가장 큰 영향을 끼친 분이다. 간부후보생 출신으로, 강직한 학자풍이었다. 교육에 대한 열정이 대단하고 전문 분야에 대한 지식도 깊었다. 전공은 공산주의로, 마르크스와 레닌 이론에 해박했다. 나는 전 교수의 영향으로 한때 레닌에 심취하기도 했다.

정치학 전공자인 백남치 교수도 실력 있고 멋있는 분이었다. 파이프 담배를 물고 다니며 자유주의자의 풍모를 보였다. 뒷날 민주당 국

1985년 4월 경찰대 졸업식에서 동기 백승엽(왼쪽, 현 가천대 교수)과 함께.

회의원을 지냈다.

정치에 관심이 많았던 나는 책도 그런 쪽으로 많이 읽었다. 히틀러의 <나의 투쟁> <처칠 자서전> <세계의 정치지도자들>(닉슨) 등을 재미있게 읽었던 기억이 난다.

정치학을 배우면서 사회주의 혁명에 대한 관심이 깊어졌다. 사상 자체보다는 구체제를 타파하는 혁명에 대한 관심이었다. 혁명에 필요한 전략전술과 방법론, 혁명의 목표와 결과에 대한 비교 등이 흥미로웠다.

레닌 혁명과 마오쩌둥 혁명을 비교하고, 히틀러의 나치즘도 연구했다. 다만 김일성주의에 대해서는 별 관심이 없었다. 졸업논문 주제도 혁명으로 잡았다. 논문 제목이 '중·소(中·蘇) 혁명의 비교연구'였다.

4학년 때는 현장실습을 했다. 일선 파출소에 1주일간 머물며 파출소장 업무를 지켜봤다. 여름방학 직전엔 서울 종로경찰서로 가서 며

칠간 형사과 일을 실습했다. 실습 과정을 통해 검찰과 경찰의 부당한 주종관계를 피부로 느끼고 졸업 후에는 수사권 독립을 위해 무슨 역할이든지 해야 한다는 강한 의무감을 갖게 됐다.

우리 팀 실습생은 모두 5명이었다. 당시 종로서 외근계장(경감)으로 실습생을 관리했던 사람이 이명규 전 부산경찰청장이다. 경찰에 대한 열정과 자부심이 강하고 실습생들에게 경찰의 멋진 면을 보여주려 정성을 기울이는 모습이 인상적이었다.

사비를 털어 세종문화회관 안에 있는 고급 음식점으로 데리고 가서 맛있는 음식을 사줬던 기억이 난다. 훗날 내가 직위해제를 당해 총경 승진이 물건너갈 처지에 놓였을 때 당시 경찰청 인사과장으로서 큰 도움을 주는 인연으로 이어졌다.

입학생 120명 중 110명만 졸업장을 받았다. 음주 폭행으로 한 명, 절도로 한 명 등 2명이 퇴교 당하고, 나머지는 자퇴했다. 나간 친구들은 변호사, 의사, 공직자 등으로 진출했다.

졸업 직후 경찰대총동문회를 결성했다. 졸업생이 처음 나왔기에 회원은 1기 동기생들밖에 없었다. 하지만 '시작은 미약하나 끝은 창대하리라'는 성경 구절처럼 총동문회는 해마다 새로운 후배들이 가입하면서 조직도 커지고 위상도 커졌다. 경찰 민주화와 수사권 독립 투쟁의 고비마다 중요한 역할을 담당했다.

▌낮에는 적, 밤에는 친구

··   1985년 4월 졸업과 동시에 경위로 임관했다. 곧바로 3개월간 군사훈련에 들어갔다. 군복무를 대체하는 훈련이었다.

첫 4주 동안에는 충남 논산에 있는 육군 신병훈련소에서 기초군사훈련을 받았다. 소속은 경찰간부중대. 경찰대 1기생만 따로 모아 3개 소대로 편성한 부대였다. 나머지 2개월은 경기도 부천에 있는 육군 17사단에서 보냈다. 거기서는 전술지휘과정을 가르치고 유격훈련 등을 실시했다. 나는 소대장을 맡아 소속 동기들을 이끌었다.

군사훈련을 마친 1985년 7월 일선에 배치됐다. 비로소 경찰 간부가 된 것이다. 임관 후 2년간은 의무적으로 기동대 또는 전경대에 근무해야 했다. 서울 노량진경찰서에 배속된 전경대가 첫 근무지였다. 관내 중앙대학교 학생들의 시위를 막는 게 주요 임무였다.

얄궂은 운명이었다. 당시 중앙대에는 고교 동기가 여럿 있었다. 군대 갔다 와서 복학한 친구들이었다. 친구들 사이에 한쪽은 돌을 던지고 한쪽은 최루탄을 쏘는 사태가 벌어진 것이다.

낮에는 적이요, 밤에는 동지였다. 나는 밤이 되면 중앙대 정문 앞 친구들이 모인 하숙방으로 가서 막걸리 대열에 합류했다. 시국을 논하는 한편 시위와 관련한 실전적인 얘기도 나눴다.

나는 친구들에게 "낮은 각도로 돌을 던지면 방패로 막기 힘들다"고 했다. 친구들은 내게 "최루탄을 직사하면 위험하다"고 했다. 비록 처지는 다르지만, 시대의 아픔에 공감하고 안위를 걱정해주는 마음은 한가지였다.

치안은 경찰의 기본 임무다. 나는 전경대에 속한 경찰관으로서 불법시위를 막고 질서를 유지해야 했다. 이는 나의 시국관과는 별개였다. '군부독재 타도'를 외치는 학생들의 시위는 충분히 이해하고 공감하지만, 시민에게 피해를 끼치고 평온한 일상이 무너지는 무법천지는 막아야 했다.

무엇보다도 피해야 할 일은 군의 개입이었다. 경찰이 시위를 제대로 막지 못하면 정권이 질서 회복을 내세워 군을 동원할 우려가 있었다. 그것이 계엄령이나 군사쿠데타로 이어지면 이 나라의 민주주의는 수십 년 뒤로 후퇴할 게 뻔했다. 그런 불행한 헌정 중단 사태를 막기 위해서라도 경찰은 본연 임무에 충실해야 했다.

▎6월 항쟁과 사과탄의 추억

　　1986년 여름에는 충남경찰국 기동대에 배치됐다. 아무래도 1987년 6월 민주항쟁 때 시위 막던 일이 가장 기억에 남는다.

　그해 6월은 한없이 뜨거웠다. 학생 시위에 많은 시민이 합류했다. 그야말로 범국민적 시위였다. 대통령 직선제를 골자로 하는 6.29 민주화선언이 나오기 직전까지 거의 한 달 내내 대규모 시위가 이어졌다.

　시위 참여 인원은 날이 갈수록 늘었다. 경찰은 점점 고립돼갔다. 기동대 소대장인 나는 밤낮으로 벌어지는 기습시위 탓에 길거리에서 밤을 지새우곤 했다.

　언젠가 시위가 없는 틈을 타서 도로 한복판에 드러누워 쉬던 참이었다. 길 가던 한 여성이 나를 알아보고 화들짝 놀랐다. 경찰대 다닐 때 서울에 있는 친구 집에 자주 놀러갔는데, 그때 가끔 봤던 그 친구의 여동생이었다. 당시 이화여자대학교 사회학과에 재학 중이던 그녀는 시국에 관해 나와 말이 통하는 사이였다.

　"오빠, 왜 길바닥에 누워 있어?"

　깔끔한 경찰대 학생복이 후줄근한 패잔병 차림으로 바뀌니 당황했던 모양이다. 그런 데서 아는 사람을 만나니 민망하긴 했다. 하지만 부끄럽지는 않았다. 비록 내게 주어진 임무가 질서를 유지하는 것이기에 시위를 막고는 있지만, '군부독재 타도'라는 시위대의 주장에 공감하고 민주화에 대한 열망은 그들 못지않았기 때문이다. 친구 여동생도 그런 내 마음을 잘 이해하고 있었기에 말은 하지 않아도 눈빛으로 통했다.

어느 날 대전 유성에 있는 충남대학교 학생들이 격렬한 시위를 벌였다. 그들이 도로에 나오지 못하도록 막는 게 기동대 임무였다.

그런데 워낙 학생 숫자가 많다 보니 정문이 뚫렸다. 학생과 시민이 어우러져 도로를 행진했다. 수만 명으로 추정되는 시위 인파가 충남대에서 대전역에 이르는 도로를 가득 메웠다. 바야흐로 구체제를 무너뜨리는 혁명의 해일이 밀려오고 있었다.

그날 중대장이 시위대에 의해 납치당하는 사건이 일어났다. 부상자가 속출하고 기동대 병력도 여기저기 흩어져 통제가 잘 안 되는 상황이었다. 경찰의 진압과 체포에 맞서 시위대가 경찰을 인질로 잡는 사태가 종종 벌어졌다.

중대장이 유고 상태라서 1소대장인 내가 직무대행을 맡았다. 충남도청 정문이 최종 저지선이었다. 모든 병력을 도청 정문 안쪽 마당에 배치했다. 정문 주변으로 시위대가 몰려오는 상황이었다.

일부 간부들이 작전상 후퇴를 주장했다. 경찰력으로 막는 게 힘드

충남경찰국 기동대 소대장이던 1987년 6월 소대원들과 함께.

니 일단 부대를 철수한 뒤 다른 장소에 재집결해 전열을 갖추자는 의견이었다. 그들은 시위대에 붙잡혀 봉변당하는 일을 염려했다.

나는 단호히 거부했다. 경찰관으로서 비겁한 행동이라고 여겼기 때문이다. 중대장 대신 부대를 이끄는 지휘관으로서 그런 책임감 없는 행동에 동조할 수는 없었다.

결국 정문 담장을 넘어오는 시위대와 육박전을 치르는 상황까지 치달았다. 시위대는 의무경찰관(의경)에게 욕을 하고 멱살을 잡았다. 폭력 사태를 막으려면 빠른 진압이 필요했다.

가스탄이 효과적 수단인데, 자칫 시위대를 흥분시켜 더 큰 참사가 벌어질지 모른다는 생각에 엄두를 못 냈다. 그러면서도 상부로부터 가스탄 발사 명령이 떨어지기를 기다렸다.

그때 시위대로부터 공격당한 한 의경이 엉겁결에 시위대를 향해 사과탄을 던졌다. '펑' 하고 사과탄이 터지자 부대원들이 일제히 다연발 가스탄을 발사했다. 발사 신호로 오인한 것이다.

기관총처럼 요란한 소리와 함께 밤하늘에 섬광이 번뜩였다. 겁먹은 시위 군중이 달아나기 시작했다. 얼마나 당황했는지 경찰서 안으로 도망가는 사람도 있었다. 길거리 여기저기에 신발들이 나뒹굴었다.

그렇게 내가 겪은 6월 항쟁은 사과탄과 함께 마무리됐다. 6.29 선언이 나오고 세상은 평온을 되찾았다. 기동대에도 평화가 찾아왔다. 시위에 시달렸던 의경들은 꿀맛 같은 휴식을 취했다. 시위대의 꿈과 기동대의 현실 사이에서 분열됐던 내 자아의 상처도 아물어갔다.

▌경찰중립화 선언

·· 6월 항쟁이 끝난 직후인 1987년 7월 나는 서울 종암경찰서 외근주임으로 발령을 받았다. 지난 2년간 근무한 기동대는 의무보직이었기에 첫 보직이나 다름없었다.

경찰서 산하 15개 파출소를 돌면서 근무상황을 점검하는 게 주된 업무였다. 순시용 전용차량과 운전병도 지원받았지만 그다지 비중 있는 자리가 아니었다. 그저 평범한 일상의 연속이었다.

한 가지 잊지 못할 일은 1988년 1월에 있었던 경찰중립화 선언이다. 제13대 대통령 선거에서 민주정의당 노태우 후보가 대통령에 당선된 직후였다. 선언문은 노 당선자가 이끌 새 정부에 경찰을 정치적으로 이용하지 말 것을 요구하는 내용이었다.

당시 나는 경찰대총동문회 부회장이었다. 동기 중 인품 좋기로 소문난 이승현의 러닝메이트로 출마해 나란히 회장, 부회장에 당선됐다.

경찰중립화 선언은 일종의 시국선언이었다. 이런 중요한 일은 아무래도 서울 중심으로 이뤄질 수밖에 없었다. 그런데 이승현은 충남 대천에서 근무해 활동이 제한됐다. 그래서 내게 회장 권한을 위임해 준비 작업을 총괄하도록 했다.

경찰대 졸업생은 3기까지 배출된 상태였다. 각 기수 회장단이 모여 성명서 작업을 추진하는 대표단을 구성했다. 기별 회장단은 동기들로부터 전권을 위임받았다. 대표단은 몇 차례 회의를 열어 성명서 문안, 시기, 방법 등을 논의했다. 나는 좌장으로서 회의를 주재했다.

졸업을 앞둔 4기가 재학생 대표로 동참했다. 4기 대표가 뒷날 폴네띠앙 창설을 주도한 이동환이었다. 온라인 커뮤니티인 폴네띠앙은 경찰 내에서 꾸준히 개혁적인 목소리를 내고 있다.

모임 장소는 서울 종로에 있는 대중 한식집이었다. 정보가 새나갔는지, 종로서 정보형사가 따라붙었다. 모임 지도부를 감시하고 미행하는 움직임이 포착됐다.

문안 작성은 인문학에 조예가 깊고 글솜씨가 뛰어난 이희준 동기가 주도했다. 인쇄는 등사기를 이용했다. 감시망을 피해 청량리경찰서(현 동대문경찰서) 소속 노재호 동기생의 하숙집에서 등사했다.

이제 신문에 내는 일이 남았다. 종합일간지 6곳을 선정하고, 대표단 6명이 각자 한 신문사씩 맡아 편집국에 직접 전달하기로 했다. 만약 신문에서 실어주지 않거나 비중 있게 다루지 않으면 성금으로 광고를 내기로 했다.

각계에서 민주화를 요구하는 목소리가 봇물처럼 터질 때였다. 신문들은 경찰중립화 선언문을 사회면 머리기사로 다뤘다. 특별히 동아일보는 1면에 배치했다. 그만하면 성공이었다.

당시 경찰의 최고 조직은 치안본부였다. 오늘날의 경찰청이다. 치안본부 아래 서울시경찰국(시경)이 있었다. 현 서울지방경찰청의 전신이다. 치안본부는 광화문에, 시경은 남대문시장 인근에 있었다.

정보기관인 안전기획부(현 국가정보원)에서도 주동자를 찾을 정도였으니 시경에서 찾지 않으면 이상한 일이었다. 곧 시경 감찰이 시작됐다. 나는 대표단 임원진 대여섯 명과 함께 시경으로 불려가 사건 경위에 대해 조사를 받았다.

언론에 보도된 일이라 강경한 조치를 했다가는 자칫 시끄러워질 수 있었다. 상부에서는 반성문을 받고 선처하는 모양새로 조사를 마무리하려 했다. 그런데 내가 제출하지 않고 버티는 바람에 일이 꼬였다.

조종석 시경국장이 나를 포함한 주동자 몇 명을 자기 방으로 불러놓고 말했다.

"내가 치안본부장이 되면 너희 요구를 반영해 경찰 중립화와 조직 민주화에 노력하겠다. 그러니 그때까지 경거망동하지 말라. 조직에서 단체행동은 용납할 수 없다. 이번 사건은 불문에 부치겠으나 이후 한 번 더 이런 일을 벌이면 모두 자르겠다."

결재서류에 끼운 돈봉투

1988년 2월 종암서 형사4반장으로 옮겨갔다. 종암서 형사과는 6개 반으로 편성됐다. 반마다 하루씩 돌아가며 당직을 섰다. 아침 9시부터 다음날 아침 9시까지였다.

정치적 민주화의 진전과 별개로 타성에 젖은 공무원 사회는 개혁의 무풍지대였다. 오랜 세월 고인 썩은 물이 하루아침에 빠질 리 없었다.

경찰 조직도 마찬가지였다. 곳곳에서 부패의 악취가 진동했다. 좋게 얘기하면 관행이고, 제대로 얘기하면 도덕 불감증이었다. 부패의 근원은 뭐니 뭐니 해도 뇌물과 상납이었다.

형사과의 문서 결재 라인은 형사반장-형사계장-수사과장이었다. 반장이 계장을 거친 다음 과장에게 직접 올리는 구조였다.

언젠가부터 과장이 내가 올리는 결재 서류를 퇴짜 놓았다. 빨간 사인펜으로 죽죽 긋고는 되돌려줬다. 컴퓨터가 없던 시절이었다. 형사들이 낮에 사건 처리하고 밤에 졸음을 참아가며 타자 쳐서 만든 서류였다.

형사들은 아침에 당직근무가 끝나는 대로 목욕탕으로 가고는 했다. 반장이 과장 결재를 받아오지 못하면 목욕탕도 못 가고 다시 서류를 작성해야 한다. 피곤하고 짜증나는 일이 아닐 수 없었다.

부반장으로 데스크를 맡은 선임 형사가 해결사로 나섰다. 그가 계장에게 뭔가를 얘기하자 계장이 형사들에게 뭔가를 지시했다. 이후 과장에게 올라가는 내 결재서류에 봉투가 끼워졌다.

나는 금액도 모른 채 과장에게 봉투를 곁들인 결재서류를 내밀었다. 알 필요도 없고 알고 싶지도 않았다. 나중에 들어보니 몇 만 원 수준이었다. 계장 몫은 따로 없었다. 그건 형사들이 알아서 하겠지 싶었다.

봉투가 들어가자 결재가 정상적으로 이뤄졌다. 그 다음부터는 죽 그런 식으로 진행됐다. 그것이 조직의 관행이었다. 형사들이 뒤늦게 내 결재서류에 봉투를 얹은 것은 경찰대 출신에 대한 부담 때문이었다. 아직 때가 묻지 않은 경찰대 출신 초급 간부를 '부패 현장'으로 끌어들이는 것이 꺼림칙했던 것이다.

어이가 없기는 했지만, 그다지 충격을 받지는 않았다. 조직을 갉아 먹는 구조적이고 거대한 부패에 비하면 그런 정도의 흠결은 약과라고 여겼다. 그리고 그런 문제로 형사들에게 부담스러운 존재가 되고 싶지도 않았다.

경찰서에는 매일같이 사고 신고가 접수된다. 고소·고발도 많다. 그렇다 보니 사건 처리와 관련된 민원도 많다. 가해자든 피해자든 민원인은 경찰관에게 돈을 건넨다. 자신한테 유리하거나 신속한 처리를 원해서다.

물론 모든 경찰관이 다 돈을 받았다는 얘기는 아니다. 하지만 그 시절 그런 풍토가 만연했던 건 사실이다. 주는 사람도 받는 사람도 자연스럽게 받아들였다. 뇌물이 아닌, 수고비쯤으로 여겼다.

형사들은 받은 돈의 일부나 전부를 반장에게 건냈다. 반장은 계장이나 과장에게 상납하는 돈을 떼고 나머지는 수사비나 회식비로 썼다. 수사비가 따로 나오지 않아 형사들이 사비를 보태 수사하던 시절이었다.

금액이 크든 작든 경찰관이 돈 받아 상납하는 것은 잘못된 일이다.

관행이라 해도 고쳐야 마땅하다. 좋은 게 좋다고 마냥 침묵하고 따를 수는 없다.

하지만 여러 사람의 이해관계가 걸린 조직의 오랜 문제를 나 혼자의 힘으로 하루아침에 해결할 수는 없는 노릇이었다. 고민을 많이 했지만 초급 간부인 내가 할 수 있는 일은 제한적이었다.

당시 수사과장이 유난히 부패하거나 타락한 사람도 아니었다. 소탈한 성격에 업무 능력도 뛰어나고 열정도 넘쳤다. 관내에서 발생한 미아리텍사스 화재 사건 때 오랜 수사 경험을 살려 노련하게 지휘하는 모습이 인상적이었다.

개혁에는 동력이 필요하다. 형사과를 바꾸려면 형사들과 친해지고 공감대를 넓히는 절차부터 밟아야 했다. 내가 과장에게 돈봉투를 갖다 주지 않으면 형사들이 스트레스를 받고 괴로움을 겪는 구조였.

내가 그 일을 거부한다 해도 바뀌는 건 없었다. 얻는 건 없고 조직 내 불화만 커질 게 분명했다. 상사와 부하들로부터 외면 받는 독불장군 식 개혁은 성공하기도 쉽지 않을뿐더러 조직에 도움도 되지 않는다.

조직의 문제점을 지적하고 개선하려면 주변의 지지를 얻고 발언권을 강화해야 했다. 더욱이 이 문제는 박봉과 격무에 시달리는 하위직 경찰관들의 처우와 관련된 것이었다.

그런 본질적인 문제에 대한 고민이나 대안 없이 양심선언이라도 하듯 혼자 나섰다가는 따돌림만 당할 수 있었다. 형사들 사이에서 같이 일하기 힘든 사람으로 낙인찍히면 업무에서 배제되고 겉돌게 될 수밖에 없었다.

그렇다고 무조건 동조하는 것은 내 양심이 허락하지 않았다. 그들의 관행을 용인하면서도 견제하는 모습을 보일 필요가 있었다. 다른 사람이야 어쨌든 나는 돈을 받지 않겠다고 다짐했다. 즉 조직 화합을 위해 상사에게 돈봉투를 전달은 하겠지만 내가 소신에 어긋나는 일을 한다는 것을 형사들에게 넌지시 알려주겠다는 생각이었다. 일종의 타협이자 소극적 저항이었다.

쉽지 않은 처신이었다. 형사들과 어울리면서도 적당히 선을 그어야 했기 때문이다. 그렇지 않아도 형사들과 나 사이에는 거리감이 있었다. 경찰 조직에서 한번도 겪어보지 않은 첫 경찰대 출신에 대한 경계심과 이질감이었다. 그들을 이해하려면 현장의 고충을 몸으로 겪어 봐야 했다. 정확히 알기도 전에, 제대로 배우기도 전에 섣부르게 문제를 제기하는 것은 경솔한 짓이었다.

수사권 독립과 더불어 내 경찰인생 2대 목표인 조직 민주화로 향하는 여정은 길고도 험난해 보였다. 나는 이제 막 출발점에서 발을 뗐을 뿐이다.

▎흉악범 고문과 정의(正義)

'돈봉투 결재' 사건을 겪은 이후 점점 더 깊숙이 형사들의 세계로 들어갔다. 합법과 불법이 뒤섞이고 정의를 위한 폭력이 용인되는 곳이었다. 관내에서 발생한 떼강도 사건을 통해 나는 '현장의 정의'에 눈뜨게 됐다.

그들은 단순 강도가 아니라 가정파괴범이었다. 가정집에 들어가 강도짓을 한 다음 신고하지 못하게 하려고 주부를 성폭행했다. 그것도 딸이 보는 앞에서.

지금도 그 사건을 떠올리면 치가 떨린다. 그런 흉악범을 두고 '죄는 미워하되 사람은 미워하지 말라'고 말하는 것은 사치스러운 말장난이 아닐까.

서너 명이 가담한 떼강도였는데, 그 중 한 명이 붙잡혔다. 형사 한 명이 내게 "이런 놈들, 우리가 작업하는 것 아시죠? 같이 가보실래요?" 하고 제안했다. 그러잖아도 궁금하던 차였다. 반가운 마음으로 따라갔다.

지하실이었다. 철봉과 역기가 있는 걸로 봐 직원 체력단련장으로 쓰는 공간 같았다. 형사들이 범인을 철봉에 대롱대롱 매달았다. 이른바 통닭구이 고문이었다. 얼굴에 수건을 씌우고 주전자로 물을 부었다.

형사들은 여죄를 추궁했다. 오늘날에는 물증을 근거로 한 과학수사가 기본이지만, 그때만 해도 진술에 많이 의존했다. 그런데 정상적인 방법으로는 자백을 받아내기가 힘들었다. 강력범의 경우 여죄를 캐는 일이 매우 중요하다. 잡히기 직전까지 범죄행각을 벌이는 경우가 많기 때문이다.

고문 효과는 금방 나타났다. 범인이 여죄를 토해내기 시작한 것이다. 범행 일시와 장소에 대한 진술이 매우 구체적이었다. 놀라운 기억력이었다. 아직 안 잡힌 공범들의 소재지도 털어놓았다.

고문은 형법상 독직폭행에 해당하는 범죄다. 그런데 당시 나는 고문수사를 지켜보면서 별 죄의식을 느끼지 못했다. 흉악범에 대한 여죄수사는 실질적 정의에 부합하는 일이고, 더 큰 정의를 위해서라면 가혹행위도 용인될 수 있는 것 아니냐는 생각이었다. 또한 이렇게 한 가정을 송두리째 파괴하는 흉악범의 여죄를 캐기 위한 고문은 불가피한 면이 있다고 생각했다.

이른바 고통의 형평성, 이익의 비교형량 면에서도 그랬다. 고문을 하더라도 여죄를 확인함으로써 또 다른 피해자의 한을 풀어주는 것은 정당한 일이라고 합리화했다. 피해자 못지않게 가해자의 인권과 수사절차의 합법성을 중시하는 오늘날 잣대로 보면 비난받을 일이겠지만, 당시엔 그것이 형사들의 보편적 정서였다.

공범 강도를 잡는 과정에 나도 한몫했다. 어느 날 공범을 특정 장소로 유인하는 데 성공했다. 그런데 미처 형사들이 다가가기 전 낌새를 채고 달아났다. 추격전이 벌어졌는데, 어찌하다 보니 나도 형사들과 함께 달리게 됐다.

형사들보다 훨씬 젊은 범인은 날쌔고 빨랐다. 영화 장면처럼 차들이 마구 달리는 도로 한복판을 범인과 형사들이 잇달아 가로지르는 위험한 상황이 펼쳐지기도 했다.

시간이 지나면서 나이 든 형사들이 뒤로 처지고 내가 앞서서 쫓는 모양새가 됐다. 다행히 범인이 넘어졌다. 발이 꼬인 것이다. 그 틈을 타서 내가 덮치고 뒤좇아 온 형사가 수갑을 채웠다. 흉악범의 두 손에 수갑을 채우는 순간 손맛이 짜릿했다.

검사의 빨간 사인펜

·· 형사들과 더불어 현장에서 범인을 잡는 경험을 하면서 점점 형사 업무의 매력에 빠져들었다. 무엇보다도 억울한 피해자의 한을 풀어줄 때 큰 보람을 느꼈다. 그것은 정의감의 충족이기도 했다.

한편으로는 검사 수사지휘의 문제점을 피부로 느꼈다. 경찰대에서는 이론으로 접근했던 수사권 독립의 필요성을 현장 경험을 통해 절감하게 된 것이다. 내가 겪은 바로는, 검사의 수사지휘는 허구였다.

대부분의 수사는 경찰이 담당하는 현실에서 현장에 같이 있지 않은 검사가 경찰의 모든 사건을 지휘한다는 것 자체가 어불성설이다. 오히려 명목적인 수사지휘 규정 탓에 경찰 수사가 제때 이뤄지지 못하는 경우가 많다.

당시나 지금이나 형사반장이 검사에게 직접 수사지휘를 받는 일은 거의 없다. 수사지휘 절차는 대체로 문서로 진행된다. '아래와 같이 수사지휘를 건의합니다'라는 문구가 적힌 수사지휘 양식에 맞춰 검찰에 문서를 보내면 검사가 의견을 적어 내려보내는 방식이다.

그렇다고 모든 사건에 대해 수사지휘를 받는 건 아니다. 그건 현실적으로 불가능한 일이다. 일상적 사건 처리에 대해서는 수사지휘를 받지 않아도 된다. 다만 수사과정의 주요 단계에서는 수사지휘를 받아야 한다는 규정이 있다.

수사 실무자 관점에서 볼 때 검사의 수사지휘는 대체로 불필요하거나 실효성이 없다. 실태를 잘 모르는 사람들은 경찰 수사 단계에서 인권보호나 적법절차 준수를 위해 검사의 수사지휘가 꼭 필요하다는 환상을 갖기 쉽지만 그건 이론적으로나 가능한 일이다. 현실에서는 검사가 그 많은 경찰수사를 일일이 지휘하는 것이 불가능하기 때문이다. 결국 검사가 개입하고 싶은 사건만 지휘하게 되는데, 그마저도 부당한 개입 수단으로 악용되는 것이 허다하다.

예컨대 상해 사건이 발생해 피해자가 전치 4주 진단을 받았다고 치자. 당사자 간 원만하게 합의가 이뤄져 피해자가 처벌을 원하지 않으면 굳이 구속영장을 신청할 필요가 없다. 그런데 이때도 경찰이 독자적으로 판단하지 말고 검사의 지휘를 받으라고 요구한다.

변사 사건도 마찬가지다. 비록 사인이 명확하지 않더라도 범죄와 관련 없는 죽음인 경우에는 하루라도 빨리 유족에게 시신을 넘겨 장례를 치르게 하는 게 좋다.

하지만 이때도 경찰이 결정하지 못하고 검사에게 보고하고 그 지휘에 따라야 한다. 그만큼 시간이 지체된다. 고도의 판단력이 필요하지도 않은 이런 일상적인 업무조차 독자적으로 처리하지 못한다는 것은 수사기관의 정체성을 의심하게 만든다.

대단히 자존심 상하는 일이 아닐 수 없다. 이런 방식의 일처리는 경찰에 대한 불신을 부추긴다. 경찰은 수준 낮은 집단이니 검찰이 일일이 지도하지 않으면 안 된다고 대놓고 떠드는 것이나 다름없다.

과연 검사의 판단이 더 정확하고 믿을 수 있나? 현실은 그렇지 않다. 오히려 검사가 내용도 모르면서 그릇된 판단을 할 개연성이 크다. 변사 사건의 경우 검사는 대체로 서류만 보고 판단한다. 현장에도 가보지 않는다. 어느 쪽이 더 정확하게 판단할 수 있을까?

공정성 문제도 그렇다. 상해로 4주 진단이 나왔는데 가해자와 피해자가 100만 원에 합의했다고 치자. 검찰 논리는 이렇다. 합의를 해도 경찰의 태도에 따라 가해자가 구속될 여지가 있다. 그럼 가해자는 불안하고 피해자도 마음이 편치 않다.

그래서 양쪽 다 경찰에 매달리게 된다. 구속되지 않게 해달라고. 양쪽 다 불이익을 당할까 두려워 경찰에 돈을 건넬 수도 있다. 돈 받은 경찰은 인심 쓰는 척하며 불구속 처리한다. 그러니 경찰이 독자적으로 처리하지 말고 검사 지휘를 받아야 한다는 것이다.

그렇다면 이런 의문이 제기된다. 검사의 일 처리는 늘 공정한가? 검사라고 돈 받고 부당하게 처리하지 말라는 법 있나? 경찰은 부당하고 검찰은 공정하다고 보는 합리적 근거가 있나?

여기에 변호사의 이권이 개입될 수도 있다. 특히 판검사 출신 전관 변호사와 검사의 커넥션은 사건에 대한 공정한 처리를 가로막는다. 현 형사소송법 체제에서는 검사 비리는 적발하기도 힘들고, 수사하기는 더욱 힘들다. 사실상 불가능하다고 봐야 한다.

수사지휘라는 명분으로 경찰이 수사하는 검사 관련 사건을 가로챈 게 한두 번인가? 이처럼 수사지휘는 명분도 약하고 정당성도 없는 것이다.

검사의 지휘를 받으면 경찰의 책임감이 약화되는 것도 문제점이다. 이는 경찰의 수사력 및 업무 능력 향상을 저해한다. 경찰과 검찰의 이중수사 또는 중복수사는 사건 처리를 늦춘다. 결국 그 피해는 국민에게 돌아간다. 변사 사건이 대표적인 예다.

근본 원인은 경찰 수사에 대한 검찰의 비합리적인 선입관이다. 경찰이 불구속 의견으로 사건을 송치하면 일단 의심부터 한다. 돈 받고 봐준 게 아니냐는.

공무집행방해는 일선 경찰관이 자주 겪는 일이다. 주로 술에 취해 경찰관에게 폭력을 휘두르는 사람들이 그 대상이다. 그런데 경미한 사건이라 판단돼 불구속을 건의하는 문서를 보내면 검사가 빨간 줄을 그어 내려보낸다. 피해자인 경찰관이 처벌을 원하지 않는데도 그런 식으로 지휘한다.

겉으로는 봐주지 말고 엄하게 처리하라는 뜻으로 읽힌다. 하지만 속뜻은 다르다. 봐주려면 검사가 봐주지, 감히 경찰이 봐주느냐는 힐난이다.

수사지휘 명분으로 관여하지 않아도 될 사건까지 개입해 이권을 챙기려 든다면, 참으로 파렴치한 짓이 아닐 수 없다. 나는 되지만 너는 안 된다는, 전형적인 '내로남불'이다. 빨간 사인펜은 검찰권력의 오만함을 상징한다.

검찰 개혁은 문재인 정부의 대선 공약 1호다. 무소불위 검찰권력의 위험성은 지진 신호처럼 곳곳에서 감지된다. 민주주의 기반에 금이 가고 갈라지는 소리가 들린다. 제대로 된 수사구조 개혁을 통해 민주주의와 법치주의를 위협하는 검찰의 비대화된 권력을 하루빨리 해체해야 한다.

방법은 간단하다. 검찰의 과도한 권한을 쪼개고 나누는 것이다. 수사지휘권을 폐지하고 수사권과 기소권을 분리함으로써 어느 기관도 국민 위에 군림할 수 없게 하고 국민에게 효율적인 수사 서비스를 제공하는 것이다. 그것은 견제와 균형이라는 민주주의 기본 원리에도 부합한다.

그런데 그 간단한 방법조차 쉽지 않다. 기득권을 내려놓지 않으려는 검찰의 거센 저항과 검사 출신 국회의원들의 낯 뜨거운 입법 방어막 때문이다. 바야흐로 선출된 권력의 강력한 개혁 의지와 국민의 함성으로 검찰을 제자리로 돌려놓을 시점이다.

경찰도 검찰 탓만 할 게 아니라 뼈를 깎는 자성으로 거듭나야 한다. 무엇보다도 무능과 불신, 부패 이미지를 씻어내는 게 시급하다.

현재 수사의 전문성, 공정성, 객관성, 책임성을 강화하는 방향으로 300개가 넘는 개혁과제를 추진하니 머지않아 국민의 신뢰를 회복하고 명실상부한 1차적 수사기관의 위상을 갖추게 될 것이라고 확신한다. 검경이 서로 다투는 것이 아니라 상호 존중을 바탕으로 기능적으로 협력하고 견제하는 것이야말로 수사구조 개혁의 궁극적 목표라 할 것이다.

▎ 승진 시험에 '수석 불합격'

　　　　　　　형사반장을 마치고 파출소장으로 옮겨갔다. 같은 종암서 소속 장위파출소(현 장위지구대)였다. 파출소장 일은 그다지 만족스럽지 않았다. 지역유지이자 기관장으로 대접받았지만, 몸에 안 맞는 옷을 입은 것처럼 불편했다.

　무엇보다도 이상과 현실의 차이에 따른 괴리감이 컸다. 틀에 박힌 업무도 그렇지만, 오로지 계급 중심인 권위주의적 조직문화도 적잖이 실망스러웠다. 내가 꿈꾸는 목표를 실현할 수 있을지 확신이 들지 않았다.

　10개월간 파출소장을 지낸 후 기동대로 돌아갔다. 서울2기동대 96중대 소대장이었다. 이때쯤 동기생 간 계급 차이가 나기 시작했다.

　경위로 2년 지나면 경감 승진 시험을 볼 수 있다. 경감으로 3년 근무하면 경정 승진 시험 자격이 생긴다. 경정 이후로는 시험 대신 심사로 승진한다. 일정 기간이 지나면 승진 심사 대상자가 된다. 예컨대 총경은 경정이 된 지 5년이 지나야 임용될 수 있다.

　졸업 후 동기생회에서 승진에 대한 논쟁이 벌어졌다. 나는 일정 시점에 이르기 전까지 무분별한 승진 경쟁을 자제하자고 주장했다. 경위로 제대로 일해보지도 않고 승진하는 건 경찰대 설립 취지에 어긋난다는 논리였다.

　승진 보류 기간은 순환보직 2년을 포함해 졸업 후 5년간으로 제시했다. 1985년에 졸업했으니 1989년까지였다. 그 기간에는 승진 시험을 보지 말자는 데 많은 동기가 뜻을 같이했다. 졸업 전 군사훈련을 받은 3개월까지 포함하면 1985년 1월이 기산점이었다.

하지만 이 제안은 전체 의결로 채택되지 못했다. 일종의 신사협정을 맺자는 것이었는데, 일부 동기생들이 이견을 제시했기 때문이다.

결국 각자도생으로 결론나긴 했지만 동기생 모두 조직 발전에 이바지하려는 충정이 있을 테니 무턱대고 빠른 승진은 자제할 것이라고 기대했다. 하지만 일부 동기생들은 순환보직 근무를 시작한 지 고작 6개월 만이자 졸업한 지 3년이 채 안 된 1988년 초 이미 승진 시험에 합격해 경감으로 올라갔다.

졸업 후 5년이 지난 1990년 초 나도 경감 승진 시험에 응시했다. 서울시경 소속 동기생 23명이 합격했는데, 나는 떨어졌다. 경찰의 미래에 대한 확신이 부족한 데다 연애 후유증으로 시험공부에 매진하지 않은 탓이었다. 나중에 담당자한테 간접적으로 들은 바로는 '수석 불합격'이라고 했다. 24등이었다는 것이다. 이듬해 다시 응시해 경감을 달았다. 그때쯤 동기생 3분의 1이 승진했다.

삼성 갈 뻔했던 사연

·· 경감으로 승진한 후 충남 홍성경찰서 경비과장에 보임됐다. 업무는 그다지 바쁘지 않았다. 한 가지 인상적인 일은 '검사와의 대화'가 아닌 '검사와의 회식'이다.

어느 날 대전지방검찰청 홍성지청 검사들과 회식을 하게 됐다. 양쪽 4~5명씩 인원을 맞췄다. 검찰 쪽에서는 지청장을 비롯한 검사 4명과 사무직 1명, 경찰 쪽에서는 서장과 과장급 간부들이 참석했다.

40대 초반인 홍성경찰서장은 행정고시 출신이었다. 홍성지청장은 승진을 거의 포기한 50대였다. 그런데 쉰이 넘은 경찰 간부들을 상대하는 젊은 검사들의 태도에 오만함이 묻어 있었다. 기관 간 서로 존중하는 분위기가 전혀 아니었다. 검찰과 경찰의 주종관계를 여실히 보여주는 광경이었다. 검사들은 건방졌고, 경찰 간부들은 비굴했다. 몹시 불쾌했던 기억이 남아 있다.

6개월간 홍성서에 근무한 후 다시 경비 업무로 돌아갔다. 대전기동대 1중대장에 임명된 것이다. 경비 분야는 기질과 적성에 맞지 않는다고 여겼기에 업무가 재미없었다. 짙은 무기력감에 빠졌다.

내가 설정한 경찰 조직발전 목표는 3단계로 구성됐다. 1단계는 수사권 독립, 2단계는 정치적 중립이었다. 마지막 단계는 기구의 독립, 즉 경찰 조직의 독립이었다.

그런데 어느 세월에 이런 일을 하나 싶을 정도로, 주어지는 보직과 업무가 목표 달성으로 가는 길과는 거리가 멀었다. 열정을 쏟고 싶은데 그럴만한 일을 만나지 못하니 괴로웠다. 일과 후 테니스나 족구로 무기력감을 달랬으나 허구한 날 그렇게 세월을 보낼 수는 없었다.

조직의 낮은 위상도 불만스러웠다. 어쩌다 경찰이 됐느냐는 주변 눈빛을 대할 때마다 자존심이 상했다. 왜 경찰이 됐는지를 열심히 설명해야 할 때마다 자괴감이 들었다. 경찰대 1기의 자부심을 드러내고 싶었으나, 경찰대의 존재를 모르는 사람도 많았다.

사회적 평판도 적잖이 신경쓰였다. 당시 내 나이는 결혼적령기에 해당하는 만 30세였다. 소개로 여자를 만났다가 퇴짜를 맞았다. 여자 집안에서 "어떻게 경찰을 사위로 맞느냐"는 얘기가 들려왔다.

조직에 대한 기대감은 점점 엷어졌다. 변화에 대한 열망은커녕 현상유지에 급급한 화석 같은 조직이었다. 얼마나 오랜 시간이 지나야 이 정체된 조직이 바뀔 수 있을지 도무지 감을 잡을 수 없었다.

조직을 바꾸려면 힘이 있어야 한다. 힘을 가지려면 제때 승진해서 요직에 앉아야 한다. 승진하려면 조직에 순응해야 한다. 상사에게 잘 보이고 대세에 따라야 한다. 불의를 보더라도 적당히 눈감아야 한다. 아무리 옳은 얘기라도 혼자 떠들면 소용이 없다. 부딪치면 배척당하는 게 조직의 생리다.

목표를 이루기 위해선 끊임없이 참고 때를 기다려야 한다. 그런데 내가 과연 그렇게 할 수 있을지, 또 그러는 사이에 초심을 유지할 수 있을지 자신이 없었다. 근본적인 회의감이 밀려들었다. 그때까지는 경찰의 길, 경찰인생만 생각해왔다. 다른 세계는 기웃거린 적이 없다. 그런데 무기력하고 갑갑했다. 뭔가 새로운 시도를 해보고 싶었다.

그 무렵 우연히 삼성전자 인사팀에 근무하는 친구인 고교 동기와 통화하다가 경찰대 2기 출신이 삼성에 입사해 잘나간다는 얘기를 들었다. 당시 삼성은 경찰대 출신을 우대해 입사 전까지 경찰 근무 경력을 그대로 인정해줬다. 그 2기생은 뒷날 삼성전자 고위 임원까지 올랐다.

삼성 정도의 기업이라면 열정을 불사르면서 한껏 능력을 발휘할 수도 있겠다는 생각이 들었다. 친구가 주선해 삼성과 접촉했다. 인사팀 부장이 서울에서 대전까지 내려왔다. 관리직 과장급 자리를 제안했다. 급여는 경찰 초급간부에 비할 바가 아니었다. 이명박 현대건설 회장이 샐러리맨 우상으로 각광받던 시절이었다.

당시 나는 돈에 대한 개념이 없어 들어오는 대로 써버리곤 했다. 미혼의 젊은 경찰 간부가 돈을 모은다는 건 내 상식에 맞지 않았다. 많지도 않은 봉급을 후배들 밥 사고 술사는 데 썼다. 저축할 겨를이 없었다.

삼성 측 제안을 받고 나서 가족, 친지, 친구 등 가까운 사람들과 상의했다. 대부분 말렸다. 기업에서 성취감은 맛볼지 모르지만 실망감도 클 것이라고 충고했다. 내 기질로는 공직이 어울린다고 했다. 공직에 대한 선호도가 높다는 사실을 새삼 느꼈다.

경찰대 동기와 후배들도 한목소리로 반대했다. "끝까지 가기로 해놓고 이러면 안 된다"고 붙잡았다. 그들의 애정 어린 충고는 경찰에서의 내 꿈과 목표를 다시 생각하게 했다. 미안하기도 하고 부끄럽기도 했다. 사적인 이익을 위해 대의를 저버리는 게 아닌가 싶었다.

결국 없던 일이 돼버렸다. 뒷날 누군가 내게 "아마도 그때 삼성으로 옮겨가 계속 다녔다면 경찰 연봉의 10배는 받았을 것"이라고 말했다.

그러나 당시 삼성행을 포기한 것에 대해 나는 조금도 후회하지 않는다. 아무리 생각해도 기업에서 경제적 가치를 추구하는 일보다는 대의명분과 공적인 가치에 헌신하는 일이 체질에 맞기 때문이다. 내게 주어진 운명 같은 길이다.

▎언론 인터뷰 파동

.. 　　　　1년간 기동대 근무를 마치고 1992년 대전 동부경찰서 형사계장으로 옮겨갔다. 서울 종암서 형사반장 이후 4년 만에 형사 업무로 돌아간 것이다. 동부서에는 강력사건이 많아 형사계장은 아무도 맡지 않으려 하는 보직이었다.

부임 인사 자리에서 형사과장이 걱정 어린 눈빛을 보냈다. 하지만 나는 적성에 맞는 자리라 여겼기에 꽤나 만족스러웠다.

섣부른 생각이었다. 상명하복이 철저한 관료조직에서 소신을 펴는 것은 스스로 무덤을 파는 짓이었다. 그해 대선을 앞두고 경찰 간부들이 연루된 슬롯머신 사건을 의욕적으로 파헤치다 청양경찰서로 쫓겨간 것이다.

인사 규정대로라면 지방에서 2년 근무하면 서울로 올라가야 했다. 문민정부가 출범한 1993년 경찰 인사는 늦춰졌다. 김영삼 대통령이 하나회 숙정 작업을 마무리한 후 경찰 고위직 인사를 단행했기 때문이다.

경감 인사는 4월 초에 났다. 서울1기동대 2중대장. 다시 경비 업무라 실망스러웠지만 서울로 올라오는 것으로 만족했다.

그런데 당시 기동대장(총경)의 지휘 방식이 영 마음에 들지 않았다. 한번은 부대 전체가 2박3일 특별외박을 받아 혼자 설악산으로 떠났다.

휴대전화가 없고 무선호출기(삐삐)로 연락하던 시절이었다. 정상인 대청봉에 오를 즈음 기동대장으로부터 연락이 왔다. 복귀하라는 명령이었다. 이유는 시위 진압 대비. 복귀를 서두르기는 했지만, 워낙 먼 거리여서 어느 정도 늦을 수밖에 없었다.

막상 가보니 특별한 상황이 아니었다. 특박 나간 부대원들이 조기

복귀해야 할 시급하고도 중대한 일이 발생한 것도 아니었다. 그저 위에 잘 보이기 위한 전시성 조치에 지나지 않았다. 과잉 대비에 따른 과잉 배치. 평소 내가 비판하던 경찰 경비 업무의 구조적 문제점을 고스란히 드러낸 사건이었다.

기동대장과 설전이 벌어졌다.

"왜 늦었나?"

"설악산 갔다 오느라 늦었습니다. 특박 나간 부대원들을 급하게 불러들일 일이 아닌 것 같네요."

"말대답하는 거야?"

"뭘 잘한 게 있다고 그러십니까?"

내가 목소리를 높이자 그가 당황한 듯했다. 내친 김에 나는 평소 불만을 쏟아냈다.

"총경 이상들이 조직을 망가뜨립니다. 조직의 개혁이나 발전은 아랑곳하지 않고 오로지 출세만 생각하는 그들은 부하직원에게 잔소리 할 자격이 없어요."

얼굴이 붉으락푸르락 달아오른 그가 내뱉듯이 말했다.

"별놈 다 보겠네. 나가 봐!"

'떠나면 그뿐'이라고 생각했다. 당시 내가 느낀 경찰의 문제점은 한두 가지가 아니었다. 부정부패 문제가 가장 심각하지만, 그 못지않게 시급히 고쳐야 할 것이 조직 구성원 개개인의 인격을 존중하지 않고 권위주의와 계급지상주의에 찌든 경직된 조직문화였다.

특히 내가 분개했던 것은 보고용 또는 전시용 근무 지시였다. 비상대기가 대표적인 경우였다. 명절이나 휴가 기간에 특별한 상황이 발생하지도 않았는데, 상부에 열심히 근무하는 모습을 보여주려고 직원

1993년 서울경찰청 기동대 제2중대장 시절 대통령 부대표창 수상 기념으로 부하대원들과 함께.

들을 긴급히 소집해 대기하게 하는 행태는 정말 참기 힘들었다.

과잉 충성에 따른 과잉 근무였다. 국민에게 경찰이 고생한다는 동정심을 유발할지는 모르지만, 정작 당사자인 일선 경찰관의 사기나 고충은 전혀 헤아리지 않는 몰지각한 처사였다.

특정한 날이나 특정 기간에 벌이는 일제검문검색도 문제가 많았다. 불법 행위자를 검거한다는 뜻은 좋으나 지나친 실적 경쟁으로 경찰관들에게 심리적 부담을 안기고 국민에게 불편을 끼치기 때문이다. 혹시 내가 관운이 좋아 경찰청장이 된다면 비상대기와 일제검문검색 관행부터 뜯어고치리라 다짐했다.

기동대장과 다툰 지 얼마 후 시경 기획계에 근무하는 이동환 경위가 언론 인터뷰 협조를 요청했다. 서울신문에서 경찰 개혁과 관련해 개혁성이 강한 청년 경찰관 얘기를 듣고 싶어하니 좀 만나달라는 부탁이었다.

경찰대 4기인 이동환은 강단 있고 기획력이 뛰어난 후배였다. 1988년 경찰대총동문회의 경찰중립화 선언 당시 재학생 대표로 참석한 바 있다.

서울신문 기자와 만난 자리에서 나는 경찰 조직 내부의 문제점을 조목조목 짚었다. 비민주적 관행과 부정부패를 지적하면서 업무 처리의 공정성과 투명성 제고를 강조했다. 아울러 수뇌부의 권위주의와 보신주의를 맹렬히 비판했다.

군대 못지않게 기강을 중시하는 경찰 조직에서 하급 간부의 공개 비판은 전례 없는 일이었다. 서울신문은 이 인터뷰 기사에 거의 한 면을 할애했다. 언론홍보를 담당하는 시경 간부가 난리를 쳤으나 이동환이 적극 변호한 덕분에 잘 넘어갈 수 있었다.

▎비리 혐의 직속상관에 경고

　　　　　　적성에 안 맞는 경비 업무에서 벗어나 다시 일선 경찰서 형사계장으로 돌아가고 싶었다. 사건 냄새가 그리웠다. 대전 동부서 형사계장을 하다 쫓겨난 한을 풀고 싶었는지도 모른다.

　소신대로 일하려면 좋은 서장을 만나야 했다. 그래서 인사를 앞두고 서울 시내 경찰서장들에 대한 평판을 살펴봤다. 이모 강남서장과 김모 영등포서장이 그나마 개혁적인 간부라는 평을 듣고 있었다.

　이 서장은 문모 의원의 인척이었다. 서울대 경제학과를 나온 김 서장은 행정고시 출신으로 경제기획원을 거쳤다. 그 중 김 서장을 선택했다. 이 서장에게는 사실 여부와 상관없이 조폭 친분설이 따라다니는 게 찜찜했기 때문이다.

　관할구역에 국회가 있는 영등포서 형사계장은 '백' 써서 가는 자리였다. 김 서장에게 편지를 보냈다. 영등포서 정보2계장을 하던 동기 채수창이 중간에 다리를 놓았다. 김 서장에게 나에 대해 좋게 얘기한 것이다. 청렴하고 강직한 친구라고.

　김 서장과 면담하는 자리에서 정의에 대한 내 소신을 피력했다. 그가 나를 어떻게 평가했는지는 알 수 없으나 시경 수사부장에게 편지를 보내 내 희망을 전달했다는 얘기를 전해 들었다.

　하지만 이 인사는 실현되지 못했다. 시경 수사부장이 김 서장에게 "무슨 개 풀 뜯어먹는 소리 하느냐"고 핀잔을 줬다는 얘기가 들려왔다.

　상부 비판 등으로 미운 털이 박혔는지 전혀 생각지도 않은 자리로 발령이 났다. 서울 북쪽 끝에 있는 은평경찰서 방범계장이었다. 신설

된 은평서는 당시 서울 시내 경찰서 중 선호도가 매우 낮은 곳이었다. 그 중에서도 방범계장은 인기 없는 자리였다.

형사계장을 못해 아쉬웠지만 새로운 업무에 적응하려 노력했다. 또 직원들과 잘 지내기로 마음먹고 회식도 자주 하고 등산도 자주 갔다. 틈틈이 승진 시험 공부도 했다.

방범도 경비와 마찬가지로 적성에 맞지 않았다. 다만 풍속업소 단속은 해볼 만했다. 불법 업소 실태를 파악하려 단란주점 등을 불시에 방문했다. 다른 목적이 있다고 오해한 몇몇 업주가 돈을 건네려다 혼나기도 했다. 내가 사무실에 없을 때 돈을 싸들고 찾아왔다가 문전박대당하고 돌아간 업주도 있다.

그런데 나의 저항적 기질은 여기서도 '사고'를 쳤다. 직속상관인 방범과장이 관내 파출소장들에게 돈을 받는다는 소문이 돌기에 어느 날 오후 파출소장 회의를 소집했다. 열대여섯 명이 모였던 것으로 기억난다. 업무 얘기는 안 하고 그 문제만 짧게 언급했다.

"앞으로 방범과장에게 돈 갖다 주지 말라. 걸리면 과장도 파출소장도 처벌받게 하겠다. 회의 끝."

방범과장 귀에 그 얘기가 안 들어가면 이상한 일이었다. 아니나 다를까, 과장이 다음날 아침회의 때 추궁했다.

"왜 마음대로 파출소장들을 소집했느냐?"

"업무 관계로 할 얘기가 있었습니다."

"무슨 얘기를 했느냐?"

"말할 수 없습니다."

과장이 소리를 지르기에 밖으로 나와버렸다. 불필요하게 시비에 휘말릴 필요가 없었다. 소문만 돌았지 물증이 있는 건 아니었기에 그 이상 언급하는 것은 부적절하다고 판단했다. 어차피 경고가 목적이었지 과장으로부터 '자백'을 받으려는 건 아니었기 때문이다.

일련의 사건을 겪으며 나는 주변에서 '이단아' 소리를 듣기 시작했다. 상사를 들이받고 내부 비리를 지적하는 사람에게 상 주는 조직은 없다. 오히려 승진과 보직에서 피해를 감수해야 한다.

하지만 나는 그 가시밭길을 꿋꿋이 걸어가기로 마음먹었다. 조직을 위한 길이기도 했지만, 나 자신을 위한 길이기도 했다.

1차적으로는 기질의 문제였다. 고등학생 때 교사와 시험문제 정답을 두고 다투고 두발 문제로 대들었다가 매를 자초할 때부터 예감한 아웃사이더의 길이었다. 진정한 아웃사이더는 끊임없이 부조리에 저항하고 반항한다.

2차적으로는 가치관의 문제였다. 나는 최소한 옳고 그름을 구분하는 삶을 살고 싶었다. 출세나 안위만을 생각해 대충 타협하거나 '조금만 비굴하면 살만한 세상'이라며 소신을 접고 불의에 눈감는 것은 내 자존심이 허락하지 않았다.

■ 서장 '고스톱 친구'를 구속하다

·· 1995년 초 경정으로 승진한 나는 인천 서부경찰서 경비과장으로 옮겨갔다. 그해 7월 교통과장이 갑자기 공석이 되는 바람에 내가 겸직했다. 김영삼 정부가 출범한 후 사회 전반의 청렴도가 높아지고 경찰 조직의 고질적인 부패문화도 많이 개선됐지만 교통경찰관의 부패가 근절되지는 않았을 때다.

나는 직원들에게 돈 받는 일에 대해 강력한 주의를 줬다. 돈 밝힌다고 소문 난 고참 경찰관이 교통외근계장으로 오는 걸 막기도 했다.

이듬해 서부서 형사과장을 맡게 됐다. 얼마나 고대했던 자리던가. 나는 물 만난 고기처럼 영혼이 펄떡거리는 걸 느꼈다.

먼저 토착세력 비리에 대한 수사를 진행했다. 김모 씨는 지역유지였다. 쓰레기 수거, 정화조 청소 등 이런저런 잡다한 사업을 하는 사람이었다. 조그만 지역 언론사도 운영했다. 언론사 대표 자격으로 경찰서 및 구청 고위 간부들과 자주 접촉하고 지역 국회의원과도 친분이 두터웠다. 서부서와 구청 간부들 중 김씨에게 밥과 술을 얻어먹지 않은 사람이 없을 정도였다.

무엇보다도 서장과 매우 가까웠다. 복집에 자주 같이 다니고 고스톱도 같이 쳤다. 고스톱 치는 자리에는 서부서 간부들도 같이 어울렸다. 김씨가 동석자들에게 미리 나눠 준 돈으로 놀았다.

금액만으로 보면 도박이라기보다는 심심풀이 오락이었다. 따봐야 몇 만 원인데, 그것도 돌려줬다. 서장이 권유해 나도 몇 번 동석했는데, 영 재미도 없고 자리도 불편했다.

어느 날 형사과 소속 우준환 반장이 김씨를 수사하겠다고 나섰다. 공무원들과의 친분을 바탕으로 각종 이권에 개입하고 브로커 짓을 한다는 혐의였다. 흔쾌히 승낙하고 서장에게 보고했다. 서장의 안색이 변했다.

김씨가 내게 면담을 요청했지만 거절했다. 다른 사람을 통해 '따로 면담할 일도 없고 만나더라도 수사에 협조하라는 말밖에 할 얘기가 없다'는 강경한 방침을 전달했다.

김씨는 서장의 바짓가랑이에 매달렸다. 경찰서를 제집 드나들 듯 하다 하루아침에 형사과에 불려가 피의자로 조사를 받게 되니 당황할 법도 했다.

서장이 나를 불렀다.

"형사과장 하는 일을 내가 말릴 수도 없고, 말린다고 들을 사람도 아니고…."

나이가 많은 서장은 권위의식이 별로 없고 심성이 여린 편이었다.

"나는 언젠가 이런 일이 터지리라고 예상했네. 김씨가 억울하다고 하는데, 나는 할 말이 없다."

소신껏 수사하되 적당한 선에서 마무리하면 좋겠다는 메시지로 읽었다. 결국 김씨는 구속됐다. 하지만 한 달 뒤 풀려났다. 돈과 인맥의 위력이었던 것으로 기억난다.

서부서 형사과장 시절에는 김포 토박이파 사건, 파주 용주골 사건 등 흥미로운 사건을 많이 수사했다. 영화 <인정사정 볼 것 없다> 제작에 협조한 일도 잊을 수 없다. 특히 김포 토박이파 사건 수사 중 유흥주점에서 술 마시던 청년들을 조폭으로 오인해 체포했던 사건을 떠올리면 웃음이 나오면서도 미안한 마음을 떨칠 수 없다.

경찰관의 검찰 파견에 대한 문제의식이 싹튼 것도 이때다. 김포 토박이파 사건을 수사할 때 형사가 모자랐다. 형사 3명이 검찰에 파견된 탓이었다. 원대복귀를 시도했지만 검찰과 충돌하는 것을 꺼린 서장이 반대했다. 검찰과 실랑이 끝에 향후 파견 인원을 줄이는 것으로 타협했다.

형사과에는 사건이 넘쳤다. 그런데 형사 수는 모자랐다. 인력 부족으로 허덕이는 상황에서 검찰에 세 명이나 가 있으니 형사과장으로서는 분통이 터질 일이었다.

경찰이 제 집안일도 넘치는데 남의 집안에 들어가 보조원 노릇을 해야 하는 현실이 답답하고 암담했다. 아무런 문제의식 없이 검찰의 횡포를 받아들이는 경찰 수뇌부에 대한 분노가 치밀었다. 때가 되면 반드시 바로잡으리라고 결심했다.

광화문타격대

　　　　　　　1997년 인천에서 서울로 들어왔다. 보직은 강서경찰서 경비과장. 별로 하는 일이 없어 일본 유학을 준비했다. 일본 경찰대에 3개월간 연수를 갔다 오니 인사가 새로 났다. 서울경찰청 2기동대 부대장. 주기적으로 맡게 되는 경비 업무였다.

　시위 막는 게 주 임무였다. 주 대상은 민주노총이 주축인 노동단체와 시민단체였다. 전에도 느낀 바지만, 나는 다시 한번 실의에 빠졌다. 아무리 좋게 생각하려 해도 시위 진압 업무에는 자부심을 가질 수 없었다.

　기동대 업무의 가장 큰 문제점은 과잉 배치와 과잉 대응이다. 무슨 상황만 생기면 사안의 경중을 가리지 않고 군사작전이라도 하듯 호들갑스럽게 병력을 이리저리 옮기는 데 넌더리가 났다. 도대체 누구를 위한 경비인지 알 수 없었다.

　내가 만약 서울청장이 된다면 경비 업무부터 바로잡겠다고 결심했다. 전시효과를 노린 과잉 배치와 과잉 대응은 반드시 없애야 할 나쁜 관행이었다.

　2기동대 본대는 송파경찰서 건너편인 오금동에 있었다. 3개 중대가 하나의 타격대 개념으로 편성돼 도심의 주요 거점에 분산 배치됐다. 내가 지휘하는 타격대는 세종문화회관 뒤편에 주둔할 때가 많았다. 주로 청와대를 겨냥한 기습시위를 차단하는 데 활용됐다.

　광화문타격대라고도 불린 우리 부대는 특별한 일이 없어도 온종일 대기하는 경우가 많았다. 보통 오전 7시에 나오는데 오후 8시 넘어야 해산 지시가 떨어졌다. 12시간 이상 죽치고 앉아 있으면서 도시락으로 두 끼를 때우는 게 근무였다.

나는 불합리한 지시는 가능하면 따르지 않으려 했다. 내키지 않은 일을 억지로 하는 것보다는 욕을 먹더라도 태업하거나 거부하는 편이 나았다. 때로 현장을 이탈해 인근 인왕산을 산책하기도 했다. 경찰 간부로서의 정체성이 흔들리고 자괴감에 빠졌다.

청와대에 대한 명백한 과잉 충성이었다. 광화문타격대는 돌발상황에 대비하는 임무를 띠었다. 하지만 청와대 앞쪽에는 서울청 소속 202경비단이 별도로 주둔했다. 특별한 범죄 정보가 없는데도 무작정 병력을 배치하는 것은 과잉 충성에 따른 과잉 배치라고밖에 볼 수 없었다.

기동대에는 희망자, 연소자 순으로 배치됐기에 상대적으로 젊은 경찰대 출신 간부가 많았다. 하지만 다 그런 건 아니었다. 예나 지금이나 선호도가 높은 부서는 기획, 정보, 감찰, 인사 업무를 보는 곳이다. 경찰대 졸업생 중에서도 이른바 잘나가는 친구들은 그런 부서들을 기웃거리고 들락거렸다.

반대로 경비와 방범 등은 기피하는 업무였다. 형사 부서도 그다지 선호하는 자리는 아니었다. 이른바 밀리는 자리였다. 나는 조금 별난 경우였다. 기회가 닿는 대로 형사 부서로 가려고 애썼으니 말이다. 그마저도 못갈 때는 경비와 방범을 전전했다.

▮ 첫 눈에 반한 여자

‥   1998년 1월 소원대로 다시 형사과장으로 돌아갔다. 근무지는 서울 중랑경찰서. 중랑서에서는 인천 서부서처럼 흥미로운 사건이 많지 않았다. 그렇지만 그보다 훨씬 중요하고 내 삶에 결정적 영향을 끼치는 사건이 기다리고 있었으니….

활시위를 당긴 사람은 나지만, 과녁을 준비한 사람은 경찰대 후배인 이동환이었다. 이동환은 내가 서울청 2기동대 부대장을 지낼 때 경비계장(경위)으로서 내 부관 노릇을 했다.

통이 크고 느긋한 성격의 나와 세심한 이동환의 성격은 궁합이 잘 맞았다. 야구로 치면 투수와 포수의 관계라고나 할까. 상부에서 요란스러운 지시가 떨어지면 나는 그에게 "알아서 하라"며 병력 지휘를 맡기곤 했다.

1999년 3월 1일 서울 성동경찰서 형사과장일 때 서울 상록회관에서 올린 결혼식.

이동환은 나보다 먼저 기동대를 마치고 노량진경찰서에 가 있었다. 그해 10월 그는 나를 노총각 대열에서 빼내기로 작정하고 일을 꾸몄다. 내가 부탁하지도 않았는데, 소개해줄 여성을 자기가 먼저 만났다. 어떤 여성인지 미리 살펴보고 나서 연결하겠다는 배려였다.

여성은 만날 상대가 이동환인 줄 알고 나왔다가 검증 받는 처지임을 알고 불쾌해했다고 한다. 어쨌거나 내 몸값은 올라갔다. 도대체 얼마나 대단한 남자이기에 후배가 미리 간을 본단 말인가?

이동환은 내게 "여자 집안이 부자인지 땅이 많은지 따위에는 애초 관심이 없을 것 같아 알아보려 하지도 않아 정보가 없지만 분명한 건 착하고 예쁜 여자"라고 했다. 무엇을 더 바라랴?

처음 만난 순간 반했다. 내가 마음속에 그린 여성 이미지와 정확히 맞아떨어졌기 때문이다.

약속장소인 호텔 커피숍에 나가 보니 어떤 여자가 눈에 띄었다. 속으로 '저 여자라면 좋겠다'고 생각했는데 호텔 프런트에 확인해보니 내가 만날 여자가 맞았다. 행운의 여신이 손짓하는 모습이 보였다.

나중에 들어보니, 그녀는 첫 만남에 대해 나와는 다른 느낌을 가졌던 듯싶다. 촌스럽게 생기고 그다지 호감이 가는 인상이 아니었다는 것이다. 아무려면 어떤가. 솔직하게 말해줘서 고마울 따름이었다.

대화를 하다 보니 다행스럽게도 공통점이 많았다. 먼저 고향이 같은 대전이었다. 오빠가 내 고교 2년 후배였다. 경찰대에 응시했다가 떨어져 동국대 법정대에 진학했는데, 그만두고 한의사 공부를 한다고 했다.

그녀는 "오빠 때문에 경찰대 졸업생에게 호감을 갖고 있다"고 수줍은 표정으로 털어놓았다. 나는 그 말을 '똑똑한 오빠가 떨어진 학교를 들어갔으니 얼마나 똑똑한 사람이냐'는 뜻으로 받아들였다.

우리는 몇 번 만나면서 곧 의기투합했다. 그동안 착하고 예쁘고 이해심 깊은 여자를 찾느라 결혼이 늦어졌는데, 딱 들어맞았다. 나는 37세, 그녀는 31세. 결혼을 서둘러도 이상할 게 없었다. 아니, 서두르는 게 정상이었다.

얼마 지나지 않아 양가 상견례를 했다. 장모는 사실 탐탁지 않아 했다. 경찰이라는 직업도 마음에 들지 않은 데다 상견례 때 내 표정이 딱딱해서 무서운 느낌을 받았다는 것이다. 하긴 경찰서 형사과장 이미지가 부드럽게 비칠 리는 없었을 것이다. 자상한 사위를 원했기에 다소 실망했던 모양이다.

결혼한 지 5년 만인 2004년에 태어난 딸 백일을 맞아.

결혼 날짜는 이듬해 3월 1일로 잡았다. 3.1절을 택한 데는 각별한 의미가 있었다. 바로 경찰 수사권 독립에 대한 염원을 담은 것이다.

서울 고덕동 공무원아파트에 신혼살림을 차렸다. 아내는 결혼한 후에도 직장에 다니다 뒤늦게 아이가 생기는 바람에 휴직했다. 2004년 출산 후 1년간 육아휴직을 쓰고 나서 사직했다. 건강 체질이 아닌 아내는 심한 산후통을 앓았다. 임신성고혈압 증세였다.

아내는 나중에 두고두고 퇴사를 후회했다. 그만두지 않았다면 고위직 연봉을 받았을 거라면서. 나는 딸 하나만 낳은 것을 두고두고 후회했다. 아내 몸이 좋지 않아 어쩔 수 없기는 했지만.

▎군 출신 서장과 충돌

·· '성동서 거사'를 일으킨 것은 결혼한 지 석 달이 지난 1999년 6월이었다. 성동경찰서 형사과장이던 나는 검찰에 파견된 경찰관들에게 원대복귀 명령을 내려 파란을 일으켰다. 이 사건을 계기로 경찰청은 전국 경찰관들의 파견 실태를 파악하는 한편 관련 규정을 손질해 검찰이 편법으로 경찰 인력을 부리는 관행에 제동을 걸었다.

거사가 성공한 데는 서장의 도움이 컸다. 만약 서장이 겁을 먹고 틀어버렸다면 일을 추진하는 데 상당히 애먹었을 것이다.

그런데 한 달 뒤 정기인사 때 서장이 바뀌었다. 후임 서장은 여러 모로 실망스러웠다. 군 출신인 그는 권위주의적 리더십을 가진 사람이었다. 오로지 승진을 위해 윗사람에게 충성하고 부하직원을 달달 볶아댔다. 경찰 내 기반이 약하다 보니 더욱 위에 충성하는 모습을 보이려는 듯싶었다.

업무도 잘 모르면서 지나치게 챙겼다. 직원들이 힘들어한 것은 당연했다. 일과 후에도 강도 사건이나 변사 사건이 발생하면 무조건 자신에게 연락하게 했다. 심지어 자고 있으면 깨우라고까지 했다.

수사 가치가 있는 사건과 그렇지 않은 사건이 있다. 특이점이 없는 일반 사건은 서장이 다음날 보고를 받아도 아무런 문제가 없다.

이런 일에도 서장이 한밤중에 나와 보고를 받는 건 일하는 척하는 것이다. 오히려 실무자들이 일하는 데 방해가 될 뿐이다. 상사가 나타나면 따라다니면서 설명하고 보고해야 하기 때문이다.

이러면 다음날 정상적으로 업무를 보기 힘들다. 실제로 서장 자신도 전날 밤에 나온 경우 다음날 아침회의가 끝난 뒤 내실에 들어가 휴식을 취했다. "밤새 일했더니 피곤하다"면서.

서장은 내게도 밤에 나오길 원했다. 나는 따르지 않았다. 오전에는 챙겨야 할 일이 많았다. 형사들에게 보고받고 지시해야지, 수사기록 검토해야지, 적용할 법률과 판례 찾아봐야지…. 이런저런 일로 바쁘기 마련이었다. 그런데 중요하지도 않은 일로 밤에 나와 근무하면 다음날 업무 처리에 지장을 받을 수밖에 없었다.

어느 날 밤 강력반장이 전화를 걸어왔다. 변사 사건이 발생했는데 서장이 나와서 나를 찾는다고 했다. 못 나간다고 했다.

다음날 오전 회의 때 서장이 물었다.

"황 과장, 어젯밤에 왜 안 나왔지?"

"그런 사건은 야간 당직반장이 처리하면 됩니다. 저는 주간에 처리해야 할 일이 많습니다. 그런 일상적 사건 때문에 밤근무를 하면 낮에 집중적으로 일을 하기가 곤란합니다."

"서장이 나오라면 나와야지. 서장이 나오는데 형사과장이 안 나와?"

"서장님이 나갈 일도 아닙니다. 앞으로도 저는 안 나갈 겁니다."

"그런 식이라면 같이 일 못한다."

"저도 마찬가지입니다."

서장이 "당신, 나가!" 하고 소리를 질렀다. 나는 "인사 요청하라"고 맞받았다. 다른 간부들이 나를 서장실 밖으로 데리고 나왔다.

서장은 곧바로 서울청장에게 보고했다. 서울청 인사를 담당하는 경무부장으로부터 연락이 왔다.

"서장에게 대들었다면서? 웬만하면 화해하고 잘 지내라. 안 그러면 평생 인사카드에 꼬리표 붙는다."

경무부장의 중재로 무마가 되는 듯싶었으나 서울청장의 지시로 내가 옮기는 걸로 정리됐다. 둘 중 하나를 바꿔야 하는데, 서장은 부임한 지 한 달밖에 안 됐기 때문이다. 마포경찰서 형사과장과 맞바꾸는 인사가 났다.

결혼한 지 넉 달째. 예기치 못한 인사에 아내가 불안해했다. 그러잖아도 성동서 사건으로 '검찰이 황운하를 손보려 한다'는 흉흉한 소문에 시달리던 터였다. 아마도 이때쯤 남편의 경찰인생이 순탄치 않으리라는 것을 예감한 듯싶다. 경찰 간부가 그다지 안정적인 직업이 아니라는 것도.

▌승진 보장 자리를 거부하다

..   마포서 형사과장을 하면서 반장들과 스스럼없이 지내려 노력했다. 하루 중 한 끼는 함께 식사했는데, 반장들이 돌아가면서 밥 사는 게 관행이었다. 처음에는 거부감을 가졌으나 점차 자연스럽게 받아들였다. 반장들이 나보다 근속연수도 길고 급여도 많았기 때문이다.

어느 날 서울청 홍보담당관(공보과장)이 전화를 걸어왔다. 서울청 공보계장으로 올 생각이 없느냐고 물었다. 당시 인사 관행으로는 경정이 일선 경찰서에서만 근무해서는 총경 승진 가능성이 낮았다. 서울청이나 본청(경찰청) 계장을 거쳐야 했다. 특히 서울청 공보계장은 무조건 승진이 보장되는 자리였다.

나를 그 자리에 추천한 사람은 동기 P였다. 그는 서울청 공보계장 자리에서 총경으로 승진하면서 본청 공보과장으로 곧바로 옮겨갔다. 서울청장을 거쳐 그해 11월 경찰청장에 오른 이무영 경찰청장이 그를 발탁한 것이었다. 서울청 공보과장은 "P 과장이 밀어주는 거니 꼭 오라"고 했다. 동기인 P가 무척 고맙고 또 전화해 준 공보과장도 고마웠지만, 나는 거절했다.

공보계장의 주요 업무가 기자 관리다. 기자 관리는 곧 기사 관리다. 경찰을 홍보하는 보도보다 비판하는 보도를 더 챙겨야 한다. 특히 수뇌부를 공격하는 보도는 무조건 막아야 한다. 그러려면 평소 기자들에게 밥 사고 술사면서 돈독한 관계를 유지해야 한다. 그래야 승진에도 유리했다.

나는 아무리 승진이 보장되는 자리라 해도 그런 일은 하기 싫었다. 내가 갈 길이 아니라고 여겼다. 내게 그 자리를 권한 서울청 공보과장은 이해할 수 없다는 반응을 보였다. 남들은 줄 대서라도 가고 싶어하는 자리였기 때문이다.

결국 나 대신 다른 동기가 그 자리를 차지했다. 그는 그해 연말 총경으로 승진했다. 나는 계속 마포서 형사과장에 머물렀다.

김강자 종암경찰서장으로부터도 영입 제안을 받았다. 종암서 생활안전과장으로 와서 함께 미아리 집창촌의 성매매를 뿌리 뽑자고 했다. 1년 뒤 무조건 승진시켜주겠다는 약속도 곁들였다.

고마운 제안이었지만 나는 형사과장을 더 하고 싶었기에 거절했다. 대신 얼마 전까지 한솥밥을 먹은 성동서 경무과장을 추천했다. 종암서로 간 그는 1년 뒤 총경으로 승진했다. 내가 총경 계급장을 단 것은 그로부터 3년 후였다.

김 서장은 집창촌을 집중 단속해 큰 성과를 올렸다. 그의 활약상은 언론에도 요란하게 소개됐다. 하지만 나중에는 성매매 근절이 힘들다는 현실을 인정하고 미성년자 성매매만 단속하는 쪽으로 선회했다. 뒷날 성매매특별법이 위헌이라고 주장해 여성단체들의 반발을 사기도 했다.

▌ 서울지검 피의자 사망사건의 뿌리

..   마포서 형사과장 생활은 재미있고 보람 있었다. 특히 형사들과 호흡이 잘 맞았다. 그들을 통해 강력사건의 세계를 깊이 들여다볼 수 있었다.

원래 조폭이나 마약 같은 강력사건은 경찰의 고유 영역이다. 그런데 언제부터인가 검찰이 강력사건을 특수수사 영역으로 끌어들여 주요 실적으로 내세우기 시작했다. 강력사건에 잔뼈가 굵은 형사들을 파견 받아 검찰 수사관으로 활용했다.

용의자에 대한 경찰의 폭력이나 고문은 쉽게 드러난다. 경찰서 문턱이 낮아 일반인 눈에 띄기 쉬운 데다 검찰이라는 감시기관이 있기 때문이다. 그런데 검찰은 그렇지 않다. 일반인 접근이 어려운 높다란 성곽 속에서 벌어지는 권력행위는 은밀하기만 하다.

사실 경찰은 위계질서와 상명하복을 중시하기는 해도, 그다지 결속력이 강한 집단이 아니다. 입직 경로가 사법시험 혹은 로스쿨로 일원화된 검찰과 달리 순경 공채, 간부후보생, 경찰대 등 다양하기 때문이다. 동질성이 약할 수밖에 없고 업무도 각양각색이다.

이런저런 감시망 탓에 제약도 크고, 직원이 많다 보니 보안에도 취약하다. 검찰에 비해 총수의 급이 낮다 보니 조직 전체의 위상도 낮다. 이는 언론이 함부로 대하는 것만 봐도 알 수 있다.

반면 검찰은 총장을 구심점으로 일사불란하게 움직이는 조직이다. 워낙 막강한 권한을 갖고 있다 보니 어느 기관도 검찰을 견제하지 못하고 무서워한다.

행정부 일원인 법무부의 외청임에도 사법부처럼 별도의 조직인 것처럼 행동한다. 상급기관인 법무부를 장악하고, 때로는 자신들이 대한민국의 중심세력인 양 착각에 빠져 대통령 통치권에 도전하는 듯한 행동도 서슴지 않는다. 검사 출신 의원들을 통해 검찰의 힘을 빼려는 법 개정을 필사적으로 막는다.

선진국에서는 수사권과 기소권이 분리됐다. 어느 한 기관이 독점하지 못한다. 견제와 균형이라는 민주주의 기본 원리가 작동하는 것이다. 그런데 우리나라 검찰은 수사권과 수사지휘권, 영장청구권, 기소권 등 수사에서 기소에 이르는 모든 과정의 권한을 독점해왔다.

수사권과 기소권을 한 손에 움켜쥐었다는 것은 생사여탈권을 가졌다는 얘기와 다름없다. 수사대상자는 물론 누구에게든 공포의 대상이 아닐 수 없다.

객관적인 시각에서 기소와 공소 유지에 전념해야 할 검사가 수사까지 맡는 것은 위험하기 짝이 없다. 기소를 전제로 수사를 하게 되기 때문이다. 무리한 수사는 종종 무리한 기소로 이어진다. 중간에 걸러주는 장치가 없기 때문이다. 그 과정에 종종 사고가 발생한다.

검찰의 부당한 수사로 인해 피해를 보거나, 심지어 검찰 조사실에서 맞거나 고문을 당한 경우에도 하소연할 데가 없다. 경찰에서 당하면 항의하거나 고소를 해도 검찰에서 당한 일에 대해선 입을 닫아야 했다. 더 큰 화를 입을까 두렵기 때문이다. 게다가 검찰이 부인해 버리면 언론도 더 문제삼지 않고 다른 어느 국가기관도 진상조사에 나서지 않는다.

사정이 이렇다 보니 검사나 검찰 수사관이 수사 과정에서 행사한 폭력은 좀처럼 밖으로 드러나지 않는다. 우리나라에서 검찰 조사를 받다 자살한 사람이 최근 10년간 100명이 넘은 이유도 그런 맥락으로 볼 수 있다.

2002년 10월 서울지방검찰청 강력부에서 발생한 피의자 사망 사건은 그런 위험하고도 기형적인 수사구조가 빚은 참극이었다. 공교롭게도 이 사건의 뿌리는 내가 마포서에 있을 때 수사했던 조폭 사망 사건이다.

한 폭력배가 집단폭행에 의해 숨졌다는 의혹이 제기됐는데, 증거가 없었다. 그래서 수사를 중단할 수밖에 없었다. 그런데 나중에 경기도 고양, 의정부 등지에서 이 사건에서 파생된 사건이 발생했다.

그것이 서울지검 강력부 수사로 이어지고 피의자 폭행치사라는 비극을 낳았다. 살인사건의 공범 혐의로 체포된 조모 씨가 검찰 수사관들의 폭행과 고문 등 가혹행위에 의해 숨진 것이다.

당시 법무부 장관과 검찰총장이 사건에 대한 지휘책임을 지고 사퇴했다. 재판에 넘겨진 홍 검사와 수사관 3명은 징역형을 선고 받고 복역했다. 기소권을 가진 검사의 합법적 수사권이 얼마나 위험한 국가폭력으로 변질될 수 있는지를 일깨워준 사건이라 하겠다.

대우차 사태와 홍위병 논란

　　마포경찰서에서는 1년 6개월간 근무했다. 2001년 1월 용산경찰서 형사과장으로 옮겨갔다.

　그해 4월 대우자동차 노동조합 시위에 대한 과잉 진압 사건이 발생했다. 대우차 부평공장 인근 도로에서 해고된 조합원들과 경찰 병력 간 충돌이 벌어져 조합원 수십 명이 다친 사건이다.

　당시 공장 앞에서는 회사로 진입하려는 조합원들과 이들의 출입을 막아선 회사 측 직원들이 대치했다. 조합원들은 법원에 출입방해금지 가처분을 신청해 승인을 받았다. 따라서 이들의 진입 자체는 불법이 아니었다. 변호사도 함께한 상태였다.

　그런데 법원 결정이 현장에서는 제대로 반영되지 않았다. 출입 저지 임무를 띤 전경 대원들이 조합원들을 막아서면서 폭력사태가 빚어졌다. 양측의 공방전 속에 옷이 벗겨진 채 땅에 쓰러진 일부 조합원들이 경찰의 곤봉에 맞는 장면이 TV에 보도되면서 과잉 진압 논란이 일었다.

　여론이 악화되자 이무영 경찰청장은 관할 경찰서장과 인천지방경찰청장을 직위해제했다. 이어 진압을 담당했던 기동대 병력 전원을 다른 부대로 전보 조치했다. 사실상 부대 해체였다.

　사태가 복잡해진 것은 경찰청장 퇴진 여론이 조성되면서다. 야당의 강한 요구에 여권은 부담스러워했다. 집권 4년째로 접어든 김대중 정부의 레임덕이 시작되던 무렵이다. 그해 2월부터 진행된 언론사 세무조사로 정권과 불편한 관계이던 보수 언론도 청장 경질론을

> **한국경제**   2001-04-20 이상열 기자
>
> ## 이무영 경찰청장 경질 검토 대해
> ## 경찰대학 출신간부들 강력 반발
>
> 대우자동차 노조원에 대한 경찰의 폭력진압 사태와 관련, 여권에서 이무영 경찰청장 경질을 검토하는 것에 대해 경찰대학 출신 간부들이 강력히 반발하고 있다.
> 경찰대 총동문회는 19일 발표한 "대우차 사태에 대한 우리의 입장"이란 성명서에서 "과도한 물리력 행사에 대한 국민의 질타를 겸허히…

부채질했다.

한편 경찰 일부에서는 다른 이유로 수뇌부를 비판했다. 여론과 정치권을 의식해 과도한 징계 조치를 했다는 불만이었다. 진상조사 결과가 나오기 전에 부대를 해체한 것에 대해서도 지나치다는 비판이 제기됐다.

정부는 정국 수습 차원에서 경찰청장 경질을 저울질했다. 이는 경찰의 중립성을 심각하게 훼손하는 일이었다.

당시 경찰대총동문회장이던 나는 이를 '정치권과 언론의 경찰 흔들기'로 규정했다. 지방청장에게까지 책임을 물었으면 경찰로서는 할 만큼 한 것 아닌가. 비록 불미스러운 일이 벌어져 유감이지만, 시위 진압 부대의 공권력 행사를 두고 경찰청장 퇴진까지 요구하는 것은 정치공세로 볼 수밖에 없었다.

나는 의견 수렴 과정을 거쳐 총동문회 명의로 성명서를 발표했다. 제목은 '대우차 사태에 대한 우리의 입장'이었다. 요지는 이랬다.

> **중앙일보**
>
> ## 경찰수뇌 防彈用 성명인가
>
> 경찰대 동문회가 부평 대우차 노조원 폭력 진압 사태와 관련한 성명을 내는 과정에 이무영 경찰청장의 비서실장이 개입한 것으로 드러나 충격을 주고 있다. 비서실장이 吉某 경강은 성명 발표 사흘 전에 경찰대…

"과도한 물리력 행사에 대한 국민의 질타를 겸허히 받아들여야 하겠지만, 최근 지나친 경찰 흔들기로 사기가 극도로 떨어지고 있다."

"대우차 사태를 정략적으로 이용하려는 어떠한 움직임도 단호히 거부한다."

성명서는 경찰 안팎에서 파장을 일으켰다. 지지도 있었지만 반대도 있었다. 야권과 일부 언론에서는 성명서 끝부분에 적힌 '경찰청장 중심으로'라는 표현을 트집 잡아 '홍위병'이라고 비난했다.

'경찰 대 비경찰대'의 대립구도를 설정하고 내부 갈등을 부추기는 언론보도도 나왔다. 이 청장 주변에 경찰대 출신이 포진한 탓이라고도 했다. 과장되고 악의적인 보도였다.

모 중앙일간지는 기사와 사설로 며칠간 경찰 수뇌부와 경찰대총동문회를 싸잡아 공격했다. 이무영 청장의 비서실장 길모 경정이 동문회와 접촉했다는 사실을 문제삼아 마치 경찰대총동문회가 청장의 지시를 받고 성명서를 발표한 것처럼 주장했다.

물론 이는 사실이 아니었다. 성명서 작업은 어디까지나 동문회의 자발적 결정이었다. '경찰의 공권력 행사를 정치적인 목적에서 비난하면 안 된다'는 데 뜻을 같이한 경찰대 출신들이 정치적 중립성 확보에 대한 의지를 표현한 것일 뿐이었다.

보도방향을 정해놓고 '홍위병'이니 '방탄용 성명서'이니 하는 자극적 표현으로 여론을 몰아가는 언론에 너무 화가 나고 자존심이 상했다. 하지만 예나 지금이나 언론의 속성이 그렇지 않은가. 그러려니 하고 참을 수밖에 없었다.

경찰청 공보과장과 함께 문제의 일간지를 찾아갔다. 그는 막상 신문사에 가서는 목소리를 낮췄다. 그래서 내가 강력히 항의하며 정정보도를 요구했다. 일부 요구사항을 지면에 반영하는 것으로 타협했다. 평소 친분이 있던 기자가 "회사 방침"이라며 "편집방향이 정해져 어쩔 수 없었다"고 미안해했다.

▌검찰 고위간부의 인사 개입

·· '성동서 거사' 이후 경찰관의 검찰 파견 관행이 많이 개선됐다. 경찰 인력을 마음대로 부리던 검찰은 공문을 통한 사전 협의 절차를 준수했다.

그런데 기관 간 갈등과 별개로, 일선 형사들은 검찰 파견에 그다지 거부감이 없거나 심지어 선호하기까지 했다. 검찰이 파견 경찰관의 승진 인사를 챙겨주는 게 관행이었기 때문이다. 검찰이 밀어주다 보니 특별승진도 심심찮게 이뤄졌다.

용산경찰서 형사과장 시절, 말로만 듣던 검찰의 경찰 인사 개입을 직접 겪었다. 어느 날 서장이 모 형사의 특진을 상신하라고 지시했다. 검찰에 파견된 형사였다.

공정하지도 않고 형평성에도 어긋났다. 나는 부당하다며 반대했다. 그러자 서장은 상부의 뜻이라고 압박했다. 알고 보니 해당 검찰청의 검사장(지검장)이 직접 챙기는 인사였다. 그 지검장이 경찰청장과 고향 선후배 관계였다.

서울 관내 경찰관 특진 인사는 서울청 소관이었다. 내가 끝까지 반대하자 서울청 형사과장 김용화 총경이 연락해왔다.

난처했다. 인사와 관련해 신세를 진 사람이었기 때문이다. 내가 인천 서부경찰서 경비과장을 하다 형사과장으로 옮길 때 당시 인천경찰청 형사과장이던 그의 도움을 받았던 것이다.

김 과장이 "꼭 반대해야 하느냐"고 묻기에 "죄송하다"고만 했다. 내가 뜻을 꺾지 않자 그는 더 말을 안 했다. 서장은 "나도 위에서 시키니까 어쩔 수 없이 하는 것"이라며 화를 냈다. 하지만 주무과장인 내가 끝까지 반대하자 더 밀어붙이지 못했다.

결국 절차대로 하기로 했다. 승진 심사위원회가 열린 것이다. 용산서 과장들을 심사위원으로 구성했다. 심사 장소는 형사과장실.

과장이 소속 직원의 승진에 반대해 공식 심사를 하는 건 이례적인 일이었다. 누구든 자기 부서 직원을 승진시키고 싶어하는 것이 인지상정이요, 관례였기 때문이다.

투표를 했다. '가(可)'와 '부(否)'가 나란히 적힌 쪽지에 서명하는 방식이었다. 나는 '부'에, 나머지 위원들은 '가'에 서명했다. 옆 부서 상사들은 밀어주고 직속 상사는 밀어내는 희한한 광경이 벌어진 것이다.

의결사항이 서울청으로 올라갔다. 심사위원 중 나를 제외하고는 모두 찬성했기에 당연히 승진이 될 것으로 내다봤다. 그런데 뜻밖의 결과가 나왔다. 서울청 형사과장이 나한테 전화해 '승진 보류'를 알려줬다. 주무과장인 형사과장의 반대를 무릅쓰고 승진시켰다가 무슨 탈이 날지 모른다는 게 보류 사유였다.

합리적이면서도 소신을 중시하는 김용화 총경이 아마도 내 의견을 지지해 준 결과가 아닐까 싶었다. 승진을 강행할 경우 어떻게 대처해야 할지 고민하던 나로서는 다행스러운 일이었다. 나 때문에 승진하지 못한 형사에게는 미안한 일이었지만.

직위해제

　　2003년 4월 서울 강남경찰서 형사과장으로 옮겼다. 중랑서-성동서-마포서-용산서-강남서에 이르기까지 서울 지역 경찰서 형사과장만 5번째였다.

특이한 기록이 아닐 수 없었다. 5년 동안 남들이 선호하는 서울청이나 경찰청 보직을 한번도 기웃거리지 않은 건 그야말로 형사과장 일이 좋았기 때문이다. 승진이나 출세만 좇는 길을 걷지 않겠다는 내 자존심의 표현이기도 했다.

같은 형사과장이라도 강남서 형사과장은 급이 다르다. 일선서 보직 중에서는 승진 1순위로 꼽힌다. 자력으로는 도저히 갈 수 없는 자리였다. 나를 아끼던 박종환 용산서장의 배려 덕분에 가능했다. 최고참 경정이라는 명분도 있었다.

그런데 강남서장의 반대라는 변수가 발생했다. 상사에게 고분고분하지 않고 검찰과 자주 충돌을 일으키는 나에 대해 부담을 느낀 강남서장이 서울청장에게 "제발 황운하만은 받지 않게 해달라"고 호소한 것이다. 그러자 서울청에서 내게 강남서 대신 서초서를 제안했다. 서초서는 강남서 다음으로 선호도가 높은 곳이었다.

하지만 나는 서초행을 거부했다. 바로 근처에 '검찰의 심장'이라 할 만한 서울지방검찰청과 대검찰청이 자리 잡고 있었기 때문이다. 가까이 있는 만큼 서초서는 이런저런 이유로 검찰에 협조해야 할 일이 많았다. 형사과장 업무는 말할 것도 없었다. 수사권 독립 투쟁에 앞장선 처지에서 영 내키지 않았다. 결국 원안대로 강남서 형사과장을 맡게 됐다.

강남서에 가보니 과연 사건이 많았다. 그만큼 출입기자도 많고 취재 경쟁도 치열했다. 부임 직후 중앙일보가 '법조 브로커' 오다리 사건을 단독 보도했다. 오다리 사건은 내가 직접 근무지인 용산서에서 수사했던 사건이다. 이후 다른 언론사 기자들은 나를 집중 취재 대상으로 삼았다. 나는 괜한 오해를 받지 않기 위해 수사 보안에 더 신경을 썼다.

언론사 간 과잉 경쟁은 끝내 화를 빚었다. 2003년 6월 나는 직위해제를 당했다. 부임한 지 두 달이 채 안 됐을 때다.

그런데 직위해제 사유가 명확하지 않았다. 처음에는 전직 강남서 형사의 범행에 대한 감독책임이었다가 나중에는 수사기밀 유출에 대한 문책으로 바뀌었다. 어느 것 하나 이치에 맞지 않았다.

사건의 발단은 MBC의 6인조 연쇄납치강도 사건에 대한 단독 보도였다. 타사 기자들은, 언론계 은어로 물을 먹은 셈이었다. 유난히 SBS가 예민한 반응을 보였다. 다음날 SBS 기자들이 서장실을 찾아와 격렬히 항의했다. 형사과에서 MBC에만 수사 정보를 흘려줬다는 이유에서였다.

SBS 측 태도는 매우 거칠었다. 내게 "누가 단독을 줬느냐"고 추궁하듯 물었다. 나는 "내가 왜 그런 걸 설명해줘야 하느냐"고 받아쳤다. '단독'을 했든 물을 먹었든, 그건 기자들끼리의 문제였다.

설사 특정 언론이 경찰에서 빼낸 정보를 바탕으로 단독 보도를 한 것이 사실이라 해도 경찰이 책임질 일은 아니다. 경찰로서는 그것이 공익에 부합하는지, 수사 진행에 도움을 주는지가 중요하지, 언론사 간 단독이나 속보 경쟁은 소관이 아닌 것이다.

MBC가 단독 보도를 하게 된 과정은 이렇다. 6월 17일 오후 MBC 기자가 내 방에 찾아와 6인조 연쇄납치강도 사건에 대해 물어봤다. 막 범인 검거를 앞둔 상태였기에 "기다려 달라"는 말로 돌려보냈다.

얼마 후 기자단 간사인 경향신문 기자가 찾아와 "MBC가 오늘 밤에 보도한다는데 범인 잡을 거면 다른 기자들에게도 알려 달라"고 풀(pool·공동취재)을 요구했다. 나는 형사계장을 통해 "범인을 잡아야 알려줄 수 있다"며 기자들에게 엠바고(embargo·일정 시점까지 보도 금지)를 요청했다.

그런데 MBC가 거부했다. 자체 취재한 내용이 많다는 이유에서였다. 이어 연합뉴스 기자가 찾아와 풀을 요구했다. 나는 같은 이유로 거절했다.

그러자 기자들은 서장실로 몰려갔다. 서장의 지시로 MBC 9시 뉴스가 끝난 뒤 풀을 하기로 정리했다. 뉴스를 보니 생각보다 깊이 취재한 듯싶었다. 내부 누군가에게 정보를 얻지 않고서는 알 수 없는 내용도 있었다.

뉴스가 끝난 뒤 기자들에게 사건 전모를 설명해줬다. 한 시간쯤 뒤 범인 한 명이 잡혔다. 기자들은 MBC 뉴스에 안 나온 범인 검거 소식을 보도하는 것으로 위안을 삼았으나 불만스러운 기색을 감추지 않았다. 특히 MBC의 경쟁 매체라 할 수 있는 다른 방송사 기자들이 그랬다.

다음날 '보복성 만회'에 나선 SBS는 강남서 취재 인력을 늘렸다. 그날 저녁 강남서 관련 뉴스만 4꼭지를 내보냈다. 하나같이 비판적인 내용이었다. 그 중 결정타가 바로 전직 강남서 형사의 범행 은폐였다.

이날 오후 송파경찰서는 두 달 전 관내에서 발생한 증권브로커 납치 사건 전모를 발표했다. 피의자들 중에 전직 강남서 형사 한모 씨가 있었다. 송파서는 보도자료에 한씨의 직업을 무직으로 표기했다. 그런데 하필 SBS가 그의 정체를 밝혀낸 것이다. 범행 당시 강남서 형사과 소속이었다는 사실을.

SBS 보도의 파장은 컸다. 다음날 거의 모든 신문이 이 소식을 전하며 '경찰이 현직 경찰관의 범행을 은폐했다'고 비난했다.

경찰청은 진상을 알아보기도 전에 문책 인사부터 단행했다. 남형수 서장을 비롯해 형사과장인 나, 김종대 형사계장, 한씨의 직속상관이던 박종무 마약반장 4명을 한꺼번에 직위해제했다. 소속 형사가 범행을 저지른 것에 대한 감독 책임이었다.

한씨의 얼굴도 못 봤던 나로서는 황당한 일이었다. 한씨가 송파서 관내에서 증권브로커 납치 사건에 가담한 것이 내가 형사과장으로 부임하기 하루 전인 4월 20일이었다. 그보다 5일 전에는 양천경찰서 관내에서 납치 사건을 저질렀다. 공범들은 과거 그에게 조사받은 적이 있는 전과자들이었다.

SBS는 "경찰은 사건 직후 한씨로부터 사표를 받았다"고 보도했다. 이는 사실이 아니었다. 내가 강남서로 첫 출근을 했을 때 이미 한씨는 자발적으로 사표를 제출한 상태였기 때문이다.

나는 그가 사표 낸 사실을 부임한 다음날 박종무 마약반장의 보고를 받고 알게 됐다. 빚 때문에 그만둔다는 얘기를 듣고 직접 만나보려 했으나 박 반장이 만류했다. 사직 의사를 굳혀 만나기를 피한다고 했다. 그래서 사표를 수리했다.

강남서에서 한씨가 범행에 연루된 사실을 알게 된 것은 5월 초 양천경찰서를 통해서였다. 양천서는 관내에서 발생한 납치 사건의 피해자를 조사하다가 공범 중 전직 경찰관이 있다는 사실을 발견하고 강남서로 연락했다. 확인해보니 사표를 낸 한씨가 맞았다.

양천서는 검찰에 사건을 이송하면서 경찰청에 한씨가 전직 경찰관이라는 사실을 보고했다. 이와 별도로 강남서장도 상부에 보고했다. 양천서가 따로 보도자료를 내지 않아 이 사건은 알려지지 않았다. 한씨는 5월 8일 검거돼 구치소에 갇혔다.

한씨는 범행 직후 스스로 옷을 벗었기에 검거 당시에는 무직이었다. 그러므로 '현직 경찰관의 범행을 은폐했다'는 SBS 보도는 사실과 달랐다. 굳이 표기한다면 '전직 경찰관'이 적절했다고나 할까.

한씨의 존재가 알려진 것은 송파서 보도자료를 통해서였다. 양천서 관할 구역에서 발생한 납치 사건으로 구속된 한씨가 송파서 관내 납치 사건에도 연루된 사실이 드러난 것이다.

따라서 강남서에 은폐 책임을 묻는 건 앞뒤가 맞지 않았다. 그가 재직 중 범행을 저지른 것을 알지 못한 데다 검거 사실을 알았을 때 상부에 보고했기 때문이다. 더욱이 나는 그가 사표를 제출한 이후 부임했기에 관리 책임을 질 처지도 아니었다.

주변에서 이런 문제를 지적하자 서울청은 문책 사유를 구분해 설명했다. 이근표 서울청장은 "서장과 마약반장은 감독 책임을 물은 것이고, 과장과 계장은 수사 중인 사안을 특정 언론에 발설한 데다 조직 장악력도 약해 교체했다"고 발표했다. 나에 대한 직위해제가 MBC와 SBS의 보도 경쟁과 관련된 것임을 인정한 셈이다.

서장과 마약반장에 대한 문책도 뒷말이 많았다. 직무와 관련된 범죄가 아닌, 일탈에 따른 개인적 범죄에 대해 감독 책임을 물어 직위해제까지 한 것은 지나치다는 지적이었다. 그것도 이미 두 달 전 옷을 벗고 나간 마당에 말이다.

일찌감치 한씨 관련 사건을 보고받은 경찰청은 SBS 보도로 한씨의 범행 사실이 알려지기 전까지는 전혀 문제삼지 않았다. 이에 대해 은폐 의혹이 일자 경찰청 형사과장은 "한씨가 현직이 아닌 전직 경찰관이기에 굳이 공개할 이유가 없었다"라고 해명했다.

그렇다면 경찰청은 왜 이렇게 앞뒤가 안 맞는 단호한 조치를 했을까.

SBS 보도가 나오기 전날 최기문 경찰청장은 경찰 간부들과 함께 청와대에 들어가 대통령에게 '강력범죄소탕 100일 작전계획'을 보고하고 격려를 받았다. 그 직후 경찰을 망신스럽게 하는 사건이 터지니 본보기로 강남서를 강도 높게 문책했다는 분석이 유력했다.

공무원법에 따르면 직위해제 사유는 다음과 같다. 첫째, 직무수행 능력이 부족하거나 근무성적이 극히 불량한 경우. 둘째, 징계위원회에 회부된 경우. 셋째, 형사사건으로 기소된 경우. 직위해제를 당한 강남서 간부들은 위 세 가지 사유 중 어느 것에도 해당되지 않았다.

서울청 공보과장은 이에 대한 언론의 질문에 "수사지휘 능력이 부족하고 수사 보안을 유지하지 못한 책임을 물었다"고 답변했다. 또한 "형사들을 장악하지 못해 수사 정보가 언론에 유출됐다. 경찰관(한씨) 관련 사건에 대해서는 발생 책임을 물었다"는 설명도 덧붙였다.

나는 부임 직후 터진 연예기획사 대표 피살 사건과 여대생 납치 사건을 성공적으로 수사했다는 평을 들었다. 부임 전 발생한 6인조 연쇄 납치강도 사건도 잘 해결했다.

수사 보안이나 조직 장악력을 문제삼은 것도 이해하기 힘들었다. 6인조 강도 사건을 단독 보도한 MBC 기자는 "형사과장과 형사계장한테서는 아무 것도 확인한 게 없다"고 밝혔다.

> **한겨레** 2003-08-22 김영인기자
>
> ## 전 강남서 형사과장 직위해제 취소 결정
>
> 지난 6월 서울 강남 일대 부녀자 납치·성폭행 사건과 강남경찰서 경찰관의 납치범 연루사건 뒤 직위해제됐던 전 강남서 형사과장 황운하(40) 경정이 22일 행정자치부 소청심사위원회로부터 직위해제 처분취소 결정을 받았다. 황 경정은 지난 7월초 소청 심사를 제기했고, 소청심사위원회는 22일 "황 경정에 대한 직위해제 처분은 법률적용이 잘못된 것이므로 취소하라"고 결정했다.

그 기자의 말대로 정보를 제공한 적도 없지만, 설사 기자의 취재에 협조해줬다고 해도 그것이 직위해제 사유가 될 수 있을까. 특정 언론이 단독 보도를 하는 데 도움을 줬다는 이유로. 그것 때문에 범인을 놓친 것도 아닌데 말이다.

직위해제는 징계는 아니지만 중징계와 같은 효과를 갖기에 법적으로 엄격히 제한한다. 직위해제를 당하면 최대 3개월간 업무를 못하고 대기해야 한다. 3개월 후 임용권자는 직권면직을 통해 공무원 신분을 박탈할 수도 있다. 복직되더라도 명예훼손에 따른 정신적 손실은 보상받을 길이 없다.

집에서 쉬고 있을 때 경찰 후배들은 물론 평소 친분이 있던 언론사 기자들이 찾아와 위로한답시고 밥과 술을 샀다. 몇몇 후배가 돈을 거둬 여행상품권을 사오기도 했다. 그걸로 아내와 제주도 여행을 다녀왔다.

가까운 기자들은 앞으로의 일, 즉 총경 승진이 불가능해진 게 아닌가 하며 걱정해줬다. 경찰 주변에서는 "황운하는 이제 끝났다. 역시 조직에서 소신을 앞세워 튀는 행동을 하면 결과가 좋지 않다. 개인만 희생당할 뿐이다"라는 우려 섞인 비아냥도 들려왔다.

나는 그해에 거의 마지막 승진 기회를 앞둔 상태였다. 경찰청 인사계장이 "직위해제를 당하면 그해 승진이 안 된다"고 알려줬다. 그래서 소청심사위원회에 제소했다.

소청심사위원회는 나에 대한 직위해제가 무효라고 결정했다. 경찰과 언론의 불합리한 관계, 과잉 보도 경쟁의 문제점, 언론에 약한 수뇌부의 태도, 직위해제의 오·남용 등 여러 가지로 생각할 거리를 던져준 사건이었다.

고마운 사람들

소청을 통해 복직한 나는 그해 8월 강동경찰서 생활안전과장에 보임됐다. 승진과는 거리가 먼 자리였다. 일선서 생활안전과장이 총경으로 승진하기는 대단히 어려웠다.

비록 무효가 되기는 했지만, 직위해제 전력도 승진에 불리했다. 연말 승진 심사까지 얼마 남지 않은 시점이었다. 생활안전과장으로서 아무리 좋은 평가를 받더라도 한계가 있었다. 복직과 승진은 별개였다. 주변에서 "황운하는 이제 진짜 끝났다"는 소리가 자주 들려왔다.

부임 후 얼마 지나지 않아 서울청 생활안전부장(경무관)에게 인사하러 갔다. 내가 마포서에 있을 때 서울청 공보과장을 하면서 나를 서울청으로 끌어들이려 했던 사람이었다. 그가 말했다.

"그러게 그때 (서울청) 공보계장으로 들어오라니까. 이게 무슨 꼴인가?"

이어진 그의 말이 큰 위안이 됐다.

"당신 같은 사람 보기 힘들다. 조직에서 꼭 필요한 존재다. 용기 잃지 말라."

일선서 생활안전과장이 승진하는 데는 관할 지방청 생활안전부장의 추천이 중요했다. 일반적으로 지방청 생활안전계장을 1순위로 올리는 게 관행이었다. 하지만 그해 연말 서울청 생활안전부장은 나를 첫 번째 승진 후보로 추천했다.

마포서 형사과장 시절 나를 서울청 공보계장에 추천해준 동기 P가 이때도 나를 위해 애를 많이 썼다. 위로도 많이 해주고 승진과 관련된 충고도 해줬다. 한번은 경찰청장과 함께 있는 자리라면서 불러내기도 했다. 나가지는 않았지만 나를 생각해주는 마음이 두고두고 고마웠다.

직위해제 사건 여파는 그해 가을 국회 국정감사에까지 미쳤다. 동아일보 기자 출신 박종희 의원이 경찰청 국정감사에서 내 사건을 거론한 것이다.

박 의원은 월간 신동아의 관련 기사를 언급하면서 "왜 비겁하게 언론 압력에 굴복해 잘못도 없는 황운하 경정을 직위해제했느냐"고 최기문 경찰청장에게 따졌다. 이어진 보충질의에 최 청장은 제대로 답변하지 못하고 쩔쩔맸다.

신동아 기사는 내 직위해제 사건을 깊이 파고들면서 언론과 경찰의 불합리한 관계를 조명해 경찰 안팎에서 좋은 반응을 얻었다. 제목은 '무분별한 언론, 비겁한 수뇌부-강남서 형사과장 직위해제로 본 경찰과 언론의 관계'였다.

국정감사가 끝난 뒤 이명규 경찰청 인사과장이 나를 벼른다는 얘기가 들려왔다. "황운하, 죽여버리겠다"고. 국회의원을 동원해 국감장에서 경찰청장을 망신시켰다는 이유에서였다.

나는 나대로 화가 났다. 부당하게 직위해제당한 것만 해도 억울한데, 협박을 해대니 어이가 없었다. 사실 나는 박종희 의원을 알지도 못했다. 모르는 사람에게 내가 구명을 호소할 이유가 없었다.

반면 이명규 인사과장과는 구면이었다. 1984년 경찰대 4학년이던 내가 종로서에서 현장실습할 때 외근계장으로서 실습생을 관리했던 사람이다.

그에게 전화로 항의할까 하다가 경찰청에 근무하는 동기가 "차분하게 해명하는 게 좋겠다"고 해서 화를 가라앉히고 편지를 보냈다. 요지는 이랬다.

"알지도 못하는 국회의원을 동원해 경찰청장을 공격한다는 모함을 받기 싫다. 올해 승진이 안 되면 옷 벗고 나가겠다. 정당하게 심사받게 해 달라."

얼마 후 이 과장이 전화를 걸어와 만나자고 했다. 11월 하순 토요일 오후 3시쯤이었다. 장소는 모 호텔 내 작은 술집(pub). 생맥주를 마셨다.

술을 좋아하는 그는 성격이 화끈했다. 몇 시간 같이 술 마시더니 "당신 같은 사람이 꼭 승진해야 한다. 내가 도와주겠다"고 말했다. 술자리가 밤까지 이어졌다. 나중에는 그의 집으로 가서 한 잔 더 했다.

그가 내게 어떤 문서를 건넸다. 20년 전 내가 작성했던 자기소개서였다.

"자네가 종로서에서 현장실습할 때 받은 자소서인데 20년 동안 간직하다가 지금 돌려주는 것이니 초심을 잊지 말게나."

자기소개서에는 3대 목표를 달성하는 것이 내가 경찰로 존재하는 이유라고 적혀 있었다. 수사권 독립, 정치적 중립, 기구의 독립….

뒷날 최기문 전 청장한테 들어보니, 이명규 인사과장이 내 승진에 도움을 준 것은 사실이었다. 경찰종합학교 총무과장으로 있을 때 학교장인 김석기 치안감과 함께 최 전 청장을 만난 적이 있다. 그는 퇴임 후 한화그룹 고문을 맡고 있었다. 그 자리에서 최 전 청장이 말했다.

"그때 나는 솔직히 당신 승진시키고 싶지 않았다. 좋은 평가도 있었지만 너무 튄다는 부정적 평가도 많았다. 그런데 인사과장이 적극 밀었다. 황운하가 이번에 안 되면 옷 벗고 나가야 하는데, 조직에는 그런 사람이 꼭 있어야 한다는 게 일선 여론이라면서."

2004년 1월 나는 총경으로 승진했다. 그야말로 기사회생이었다. 늦깎이 승진이라 더 기뻤다.

■ 총경 교육과 골프

..   총경 첫 보직은 서울청 수사지도관이었다. 그해는 경사가 겹쳤다. 1월에 승진을 하고, 7월에는 딸이 태어난 것이다. 결혼한 지 5년 만이었다.

아내가 출산 전 조산기가 있어서 병원에 몇 달간 입원했다. 내 딴에는 잘한다고 했는데도 뒷날 원망을 들어 조금 억울했다. 밤새 같이 있어 주지도 않고 어깨도 성의 있게 주무르지 않았다는 이유에서였다.

아이가 태어난 후 경찰대로 가서 총경 교육을 받았다. 6개월 과정 합숙교육이었다. 두 명이 한 방을 썼다.

경찰대 1기의 경우 그때까지 4분의 1이 총경으로 승진했다. 합숙교육 동기는 다양했다. 후배들도 심심찮게 눈에 띄었는데, 심지어 5기도 있었다. 행정고시에 합격한 경우였다.

경기도 용인에 있는 경찰대에는 유일한 경찰 골프장이 있다. 나는 거기서 총경 교육을 받는 동안 골프를 배웠다. 경찰대 골프장은 일반인도 경찰관과 동행하면 이용할 수 있었다.

내가 골프를 배운 것은 먼저 그 자체로 운동이 되기 때문이다. 경찰대 골프장은 9홀짜리다. 민간인 골프장과 달리 경기보조원(캐디) 없이 직접 카트를 끌고 다녀야 한다. 언덕길, 산길을 포함한 경찰대 골프장을 두 바퀴(18홀) 돌고 나면 땀이 흥건히 밴다.

두 번째로, 경찰 간부의 품위를 생각해서다. 검찰과 비교해 경찰을 낮춰 보는 세간의 인식에 대한 반감이랄까. 그래서 즐기지는 않았지만 열심히 연습했다. 어디 가서 무시당하지 않을 실력을 갖춰야겠다는 생각으로. 그때 기본기를 제대로 익힌 덕분에 지금도 갑작스럽게 골프 일정이 생겨도 별걱정 없이 라운딩에 나설 수 있다.

사실 골프보다는 등산을 즐긴다. 주말에 시간이 나는 대로 산으로 달려갔다. 주로 직원들이나 마음 맞는 후배들과 함께였다. 그런데 계급이 올라가고 주요 보직을 맡을수록 시간 내기가 힘들어졌다. 주말에 업무와 관련해 만나야 할 사람도 많고 챙겨야 할 행사도 많았기 때문이다.

일요일에는 특별한 일이 없는 한 교회 예배에 참석한다. 나 자신을 위한 종교생활이기도 하지만 독실한 신자인 아내를 기쁘게 하는 길이기도 하다. 서울 강동구에서 대형 교회에 다닐 때는 성가대에 몸담기도 했다. 지방에 근무할 때도 가능하면 일요일 예배에 빠지지 않으려 노력했다.

■ 경찰청장 퇴진 요구와 징계 파동

　　수사구조개혁팀장을 맡은 2005년에는 많은 사건이 있었다. 수사권 독립을 위해 여한 없이 싸웠다. 성과도 있었지만 좌절도 겪었다. 경찰의 한계이자 정권의 한계였다. 선봉대장 노릇을 하던 나는 청와대로부터 강경론자로 찍혀 몇 차례 관련 업무에서 배제될 뻔한 위기를 겪기도 했다.

　노무현 정부는 대선 공약인 검경수사권 조정을 실현하려 애썼지만, 검찰과 기득권 세력의 강력한 반발로 절반의 성공과 절반의 실패를 맛봤다. 경찰도 강력하게 수사권 독립을 밀어붙인 허준영 청장이 낙마하고 나서 추동력을 잃었다.

　역사는 전진과 후퇴를 거듭하면서 발전하는 법. 2보 전진을 위한 1보 후퇴라고 할까. 좌절과 시련, 반개혁의 역류 속에서도 수사구조 개혁은 시대적 과제로 떠오르고, 국민 여론도 우호적으로 바뀌어갔다.

　2006년 3월 대전 서부경찰서장으로 부임했다가 6개월 만에 경찰종합학교로 쫓겨났다. 직책은 총무과장. 대전지방검찰청의 피의자 인치 요구를 거부한 것이 발단이었다. 검찰과 맞서는 것에 부담을 느낀 경찰 수뇌부가 나를 인사 조치한 것이다.

　내가 좌천당하자 경찰 내부에서 수뇌부를 성토하는 여론이 들끓었다. 수뇌부가 검찰 압박에 굴복해 부당한 인사를 했다는 비판이었다. 누군가 이 사건을 잊지 말자는 뜻에서 '황운하 데이(day)'를 제정하기도 했다. 인터넷 포털 다음 아고라에서는 이택순 청장의 퇴진을 요구하는 서명운동이 전개됐다.

> **국민일보** 2007-08-28
>
> ### 수뇌부 "황 총경 징계-일선에선 "李청장 퇴진" 경찰 집단 하극상?
>
> 이택순 경찰청장이 한화 회장 보복폭행 사건 은폐 수사과정에서 자신을 비판했던 황운하 총경에 대해 중징계 의결을 요구한 것과 관련, 경찰 조직이 뿌리째 흔들리고 있다.
> 경찰 수뇌부는 황 총경에 대한 징계 방침을 철회할 수 없다며 강경 자세를 견지하고 있으나 일선 경찰들은 이 청장 퇴진운동도 불사한다는…

어느 날 이 청장이 만나자고 했다. 경찰대 2기 박종준 경무관이 메신저였다. 당시 경찰종합학교는 인천 부평에 있었다. 저녁식사를 하자고 해서 서울로 올라갔다.

모 호텔 식당에서 만나 셋이서 술을 한 잔 했다. 이 청장이 사정하듯이 말했다.

"퇴진 서명운동을 중단시켜 달라. 앞으로 수사권 문제에 적극 나서겠다. 12월 정기인사를 마무리 짓고 나서 소신껏 해볼 테니 믿어 달라."

서명운동은 내가 지시한 일이 아니었다. 어쨌든 경찰청장이 그렇게 저자세로 나오니 거부하기도 난처해 협조를 약속했다.

그 즈음 주변에서 내게 해외주재관을 제안했다. 나쁘지 않다고 생각했다. 일단 어학시험을 통과해야 했다. 토익 공부를 시작했다.

어느 날 경찰대 5기인 표창원 경찰대 교수가 종합학교에 강의하러 왔다가 내 방에 들렀다. 해외주재관 얘기를 듣더니 "가지 말라"고 말렸다.

"자칫 도피하는 모습으로 비칠 수 있습니다. 황 선배는 여기 있는 것만으로 존재감이 빛납니다."

그의 말을 듣고 의지가 약해졌다. 내 행동에 확신이 들지 않았다. 그래서 공부도 하는 둥 마는 둥했다. 기왕 준비한 것이기에 시험은 봤다. 결과는 낙방. 찜찜했는데 잘됐다 싶었다. 가지 말라는 하늘의 계시로 여겼다.

이택순 청장은 해가 바뀌어도 달라지지 않았다. 수사권 문제에 대한 태도만 봐도 그랬다. 전형적인 보신주의자로 비쳤다.

그러던 차에 김승연 한화그룹 회장의 보복폭행 사건이 터졌다. 김 회장이 자신의 둘째 아들을 때린 유흥주점 종업원들에게 경호원들을 동원해 보복한 사건이다. 그 과정에 조폭 개입설이 흘러나오기도 했다.

사건이 발생한 것은 2007년 3월. 경찰은 한 달간 쉬쉬하며 제대로 수사하지 않았다. 애초 사건을 인지하고 수사에 나선 것은 서울청 광역수사대였다. 하지만 석연찮은 이유로 사건이 남대문경찰서로 이첩됐다. 그 과정에 한화 고문인 최기문 전 청장의 로비가 작용했다는 소문이 돌았다.

외압 의혹이 제기되고 축소·은폐 수사에 대한 비난여론이 들끓자 이택순 청장은 '승부수'를 던졌다. 검찰에 서울청장 등 지휘라인 간부들에 대한 수사를 요청한 것이다.

이건 승부수가 아니라 패착이었다. 객관성 확보라는 명분을 내세웠지만, 지휘 능력의 한계를 드러냈을 뿐이다. 수사권 문제로 검찰과 맞서는 상황에서 해서는 안 될 일이었다.

더욱이 자신도 이 사건과 관련해 한화 측 고위 인사와 통화한 사실이 드러나 거짓말 논란에 휩싸이며 외압의 한 축으로 의심받은 터였다. 부도덕한 무소신 리더십의 밑바닥을 드러낸 것이다. 어떻게 경찰 총수가 자신만 살겠다고 부하들을 검찰에 넘긴단 말인가.

크게 분개한 나는 경찰 내부게시판에 이 청장 퇴진을 주장하는 글을 올렸다. 지난해 가을 퇴진 운동이 벌어졌을 때 나한테 한 약속을 믿었기에 실망감이 더했다. 내 주장을 계기로 퇴진 여론이 거세졌다.

이 청장은 전국 지휘관 회의를 소집했다. 참석자는 지방경찰청장과 경찰청 국장급 이상 고위 간부들이었다. 이 자리에서 박종환 충북지방경찰청장과 윤시영 경북지방경찰청장, 그리고 조현오 경찰청 경비국장이 이 청장에게 책임 있는 자세를 요구했다. 대놓고 말하지는 않았지만 퇴진 여론에 동조한 셈이다.

이 청장은 내 주장에 대해 "조직 발전을 위한 충언으로 생각한다"면서도 퇴진은 거부했다. 청와대도 그에게 힘을 실어줬다. 경찰 조직의 기강을 내세워 임기 보장을 공개적으로 언급한 것이다. 청와대 일부에서는 수사권 독립 강경론자인 나를 부담스럽게 여기는 분위기가 있었다.

잠시 몸을 낮췄던 이 청장은 사태가 어느 정도 진정되자 나에 대한 감찰을 지시했다. 나중에 당시 감찰팀 관계자에게 들으니 해임을 전제로 한 감찰이었다고 한다.

2007년 8월 경찰청에서 나를 중징계한다는 방침이 알려지자 전·현직 경찰관들 사이에서 반발 여론이 확산됐다. 청장 사퇴론도 다시 불붙었다. 나는 "징계하면 법적으로 대응하겠다"고 결연한 의지를 밝혔다.

현직의 경우 온라인 커뮤니티 폴네띠앙을 중심으로 징계 반대 운동을 펼쳤다. 개혁 성향 경찰관 모임인 폴네띠앙은 징계위원회를 하루 앞둔 8월 28일 내 소송비를 모금하기도 했다. 이들은 "황 총경에 대한 징계를 강행할 경우 손해배상, 구상권 청구 등 가능한 모든 법적 절차를 밟겠다"고 천명했다.

전·현직 경찰관 모임 무궁화클럽도 나섰다. 이 단체는 기자회견을 열고 경찰 수뇌부에 징계 방침을 철회할 것을 요구했다. 경찰대 총동문회도 "황 총경을 중징계하면 청장 퇴진 운동을 불사하겠다"고 가세했다.

사태가 시끄러워지자 여당인 열린우리당 내에서도 우려하는 목소리가 나왔다. 청와대는 여전히 조직 기강을 언급하며 우회적으로 이 청장 편을 들었다. 수사구조 개혁에 적극적인 홍미영 의원이 청와대와 경찰청을 상대로 중재에 나섰다. 홍 의원은 "황운하를 해임하면 경찰 조직이 들고 일어설 것"이라고 경고했다.

나를 해임할 생각까지 했던 이택순 청장은 결국 여론에 굴복했다. 중징계 대신 감봉 3개월이라는 경징계를 내린 것이다. 조직 위신을 실추했다는 게 징계 사유였다.

내가 징계를 받아들이자 반발 여론도 잦아들었다. 감봉을 당하자 좋은 점도 있었다. 모임이 있어 식당에 가면 "감봉 먹은 사람이 무슨 회비냐"고 돈을 받지 않았다. 영화관에서 만나면 대신 영화표를 끊어 줬다.

감봉 조치로 본봉의 3분의 1이 날아갔다. 수당도 깎였다. 아내는 이골이 난 듯 생각보다 놀라지 않았다.

남편의 경찰인생이 예사롭지 않다는 건 이미 신혼 초에 실감한 터였다. 당시 성동서 형사과장인 남편은 경찰관의 불법 파견을 바로잡겠다며 겁도 없이 검찰에 덤벼들었다. 검찰이 보복한다는 소문에 가슴을 졸여야 했다. 잘 넘어가나 싶더니 후임 서장과 충돌한 후 갑자기 전보 조치됐다.

남들이 다 가고 싶어한다는 강남서 형사과장을 맡은 지 두 달도 안 돼 직위해제 당할 때는 더 기가 막혔다. 직장에서 청계산으로 야유회를 간 날이었다. 동료들이 라디오 뉴스를 듣고 놀란 기색으로 알려줬다.

"큰일 났다. 강남서 서장과 형사과장이 직위해제 당했단다. 너 남편 어떻게 되는 거니?"

이후에도 남편의 행보는 출세와는 반대 방향이었다. 좌천이 취미인 듯했다. 사정 모르는 사람들은 "철밥통과 결혼했으니 얼마나 안정적이냐"고 부러워했다. 하지만 남편이 하는 행동을 보면 직업공무원의 최대 장점이라는 '안정'과는 영 거리가 멀었다. 살얼음판을 걷듯 아슬아슬하고 위태로웠다.

대전에서 검찰과 맞서다 좌천당하더니 이번에는 감히 조직 수장인 경찰청장에게 옷 벗으라고 했다가 자기가 옷 벗을 뻔했다. 급여 깎이는 걸로 그친 게 다행이다. 제 정신이 아닌 게다. 그나마 많은 경찰관이 지지해준다니 남편이 나쁜 일을 하는 것 같지는 않다. 그걸로 위안을 삼아야지 어떡하겠는가. 타고난 기질 탓으로 돌릴 수밖에….

▎거듭된 인사 불이익

..   2008년 3월 이명박 정부 첫 경찰 고위직 인사가 단행됐다. 어청수 씨가 이명박 정부 첫 경찰청장에 올랐다. 내 직속상관이던 김석기 경찰종합학교장은 치안정감으로 승진해 경찰청 차장에 임명됐다. 김승연 한화 회장의 보복폭행 사건 당시 이택순 청장을 비판했던 조현오 경찰청 경비국장은 부산청장으로 내려갔다.

박종환 충북청장이 경찰종합학교장으로 옮겨왔다. 그러잖아도 노무현 정부 핵심 인사와의 각별한 친분 탓에 좌천 인사가 예상된 터였다. 용산서장 할 때부터 나를 챙겨주던 분이라 반가웠지만 서로 '물먹은 자리'에서 재회하는 것이 어색하기도 했다.

이제 경무관급 이하 인사가 순차적으로 날 판국이었다. 나는 지난 2년간 지방 근무를 했기에 서울 근무를 희망했다. 총경 된 지 4년이 지났다. 인사 관행에 따르더라도 서울권 경찰서장을 맡을 차례였다.

그런데 인사과에 근무하는 동기가 우울한 소식을 귀띔해줬다. 어청수 청장이 나를 서울에 두는 걸 부담스러워한다는 얘기였다.

"서울 지역 서장으로 보내기도 그렇고, 지방청 참모로 쓰기도 그렇다네. 그렇다고 눈에 띄는 한직으로 보내면 뒷말이 나올 테고. 하여간 너 인사 문제로 골치 아프다."

그는 내게 대전행을 권했다. 정치 준비하라면서.

"너 같은 친구는 정치해야 해. 이제껏 너처럼 시끄러운 경찰이 있었느냐. 고향에서 서장 지낸 다음에 국회의원 출마해라. 너는 더 큰 일을 해야 할 사람이야."

억울한 마음이 들었지만, 동기의 충고를 받아들일 수밖에 없었다. 그렇게 해서 대전 중부서장으로 발령났다. 2년 전 이미 대전 서부서장을 지낸 터였다. 지방 도시에서 두 번이나 서장을 하게 되다니…. 특이한 인사가 아닐 수 없었다.

절치부심(切齒腐心)이라는 말을 이럴 때 쓰는 걸까. 소신의 대가인 인사 불이익에 익숙해질 만도 하건만 속이 쓰리고 화가 나는 건 어쩔 수 없었다. 가족에게도 미안했다. 하지만 어둠이 물러가면 빛이 찾아오는 법. 나는 권토중래(捲土重來)를 꿈꾸며 대전행 기차에 올랐다.

사람 운명은 한 치 앞을 알 수 없다더니, 그곳에서 나는 뜻하지 않게 찬사와 격려를 받게 됐다. 누구도 손을 못 대던 유천동 성매매 집결지를 해체했기 때문이다. 비록 내가 좋아하는 수사 업무는 아니지만, 경찰 입문 이래 그만큼 보람찬 일이 있었던가 싶을 정도로 만족스러운 성과를 거뒀다.

성매매업소의 생명력은 강하다. 아무리 밟아도 되살아나는 잡풀처럼 말이다. 머리가 잘려도 몸통이 꿈틀거리는 뱀처럼 끈질기고 징그럽다. 어디서나 그렇지만 경찰 단속만으로는 한계가 있다.

그런 점에서 나는 운이 좋은 편이었다. 무엇보다도 시민사회의 호응과 지지가 큰 힘이 됐다. 나는 이를 강력한 명분으로 삼아 구청과 소방서, 세무서 등 유관기관의 지원을 이끌어내는 한편 껄끄러운 관계인 검찰과 법원도 우군으로 돌려세울 수 있었다. 그 결과 주변의 예상을 뒤엎고 두 달 만에 모든 성매매 업소를 문 닫게 하는 데 성공했다.

언론도 우호적이었다. 지역언론은 물론 중앙언론까지 비중 있게 다뤘다. 내가 가장 보람을 느낀 일은 사실상 감금된 상태에서 성매매에 종사하던 가출 소녀들을 집으로 돌려보낸 것이다. 일에 대한 보람 앞에 인사 불만은 한동안 잊혀졌다.

2009년 3월 강희락 해양경찰청장이 경찰청장에 취임했다. 나는 내심 서울 발령을 기대했다. 대전 중부서장을 하면서 성과도 낸 데다 지방 근무 5년이면 대가를 치를 만큼 치른 것 아니냐고 생각했다.

지방 근무 후에는 서울로 복귀하는 게 정상적인 인사 유형이었다. 더욱이 나는 5년이나 가족과 떨어져 지방에서 독신생활을 했다. 배려를 해달라는 것도 아니고 그저 상식적인 인사를 기대한 것뿐이다.

그런데 운명의 여신은 내게 시련을 거두지 않았다. 아직 더 단련이 필요하다고 판단한 모양이었다. 대전청 생활안전과장이 새 보직이었다.

대놓고 물먹이는 인사였다. 어쩌면 나가라는 신호를 보내는 건지도 몰랐다. 온 몸에 힘이 쫙 빠졌다. 매에는 견딜 장사 없다고, 아무리 인사에 초연한 척해도 지속적으로 불이익을 받으면 심리적 타격을 받을 수밖에 없다. 그 충격과 고통은 당해보지 않으면 모른다.

그것은 일종의 정신적 고문이다. 자부심이 사라지고 자신감이 없어진다. 그 빈자리를 회의감이 파고든다. 조직에서 버림받은 존재가 아닌가 싶은.

조직 민주화와 수사권 독립의 꿈이 머나먼 별처럼 아스라이 어른거렸다. 나는 한동안 불면의 나날을 보냈다.

그런데 내 인사로 나 못지않게 충격을 받은 사람들이 있었으니, 세상 이치란 참 오묘하다. 바로 유천동 성매매업소 업주들이었다. 서장 바뀌기만을 기다리던 그들은 지방 근무를 오래한 사람을 서울로 불러올리지 않는 경찰청의 비상식적 인사에 분개했다. 중부서에서 빼낸 것까지는 좋은데, 하필 대전청 생활안전과장이라니.

내게는 좋지 않은 일이지만, 지역사회에는 나쁘지 않은 일이었다.

군사작전 하듯이 성매매 집결지를 봉쇄했던 전 서장이 감독기관에서 두 눈을 시퍼렇게 뜨고 있으니 업주들은 영업을 재개할 엄두를 못 냈다. 유천동은 그야말로 잡풀도 나기 어려울 정도로 황폐해졌다.

나는 생활안전과장에 부임한 후 '클린(clean) 대전'을 구호로 내세웠다. 유천동에서 유성으로 단속 구역을 넓혔다.

대전의 대표적 유흥지로 소문 난 유성에는 불법·퇴폐업소가 즐비했다. 그 중에서도 '알프스'라는 안마시술소가 인기였다. 성매수를 하려는 남성이 전국 각지에서 몰려왔다. 나는 본보기로 알프스를 집중 단속해 끝내 문을 닫게 만들었다.

불법 성매매뿐 아니라 약자인 여성, 아동, 장애인을 돕는 일에 적극 나섰다. 여성폭력방지협의회로부터 감사패를 받기도 했다. 이들 말로는 경찰관이 이 상을 받은 것은 처음이라고 했다.

내 처지를 아는 사람들은 정치를 권유했다. 경찰에서 계속 물먹으니 국회의원이나 시장 선거에 나가 큰 뜻을 펼치는 게 낫지 않겠느냐는 의견이었다. 굳이 서울로 올라갈 생각하지 말고 고향에서 경찰인생을 마무리하는 게 좋지 않겠느냐고 했다.

그들의 말에 일리가 없지 않았다. 한동안 고민도 했다. 그렇지만 이대로 옷을 벗기에는 아쉬움이 컸다. 부당한 인사에 굴복해 경찰인생의 목표와 꿈을 반납할 수는 없었기 때문이다. 그것을 함께 이루자고 약속한 동기와 후배들이 나를 바라보고 있었기 때문이다.

▌ 조현오 서울청장의 스카우트

　　　　　　　살다보면 행운과 구원의 손길이 예기치 않은 곳에서 다가올 때가 있다. 2010년 1월 조현오 서울청장의 전화를 받을 때 그런 기분이었다. 알고는 있었지만, 특별한 친분이 없는 사이였다.

조 청장은 특유의 굵직한 저음으로 느릿느릿 말했다.

"황 과장, 나 좀 도와줘. 내가 좀 제대로 해보려 하니, 서울청으로 와서 형사과장 좀 맡아줘."

서울청 형사과장은 '백' 써서 가는 자리였다. 서울 지역 서장 중 경무관 승진이 임박한 사람이 맡는 보직이었다.

지금은 한 해에 열댓 명씩 경무관이 나오지만, 그때만 해도 고작 네댓 명이 승진했다. 서울청 형사과장과 정보2과장, 본청 경무과장 등은 승진 1순위로 꼽히는 자리였다. 그 중에서도 서울청 형사과장이 으뜸이었다. 그런 요직을 나한테 선뜻 제안한 조현오는 어떤 사람인가.

사실 조 청장의 가치관이나 업무 스타일 중 어떤 점은 나와 맞지 않았다. 나는 그가 부산청장 시절 도입해 바람을 일으켰다는 성과주의에 크게 동의하지는 않았다. 조직의 개혁에 도움이 될지는 몰라도 부작용이 만만찮다고 여겼기 때문이다.

게다가 그는 서울청장으로 오기 직전 경기청장을 지낼 때 쌍용자동차 노조의 파업을 강경 진압해 논란에 휩싸였다. 그 공을 인정받아 서울청장으로 영전했다는 소문이 돌았을 정도다. 진압작전 당시 그는 이명박 대통령에게 직접 보고한 것으로 알려졌다.

나는 나중에 그의 참모로 일하면서 그의 투철한 직업정신과 책임감을 존중하게 됐다. 비록 직선적 성격과 말실수로 곤욕을 치르고 지나친 엄벌주의와 성과주의로 비판도 받았지만, 리더십과 업무 성과 면에서는 그만한 지휘관이 없다는 게 내 평가다. 역대 청장 중 그만큼 열정과 소신을 갖고 열심히 일한 사람을 꼽으라면 허준영 전 청장 정도일 것이다.

하지만 그때만 해도 나는 조 청장에게 전적으로 호감을 갖고 있지는 않았다. 정의감이 강하고 강직한 사람이라고는 생각했지만, 수많은 노동자와 그 가족에게 평생의 한을 안겨준 쌍용차 사태를 자신의 치적으로 내세우는 건 올바르지 않다고 봤다.

정당한 공권력 집행이라도 그 방법이 난폭하면 국민에게 비난을 받기 마련이다. 적어도 노동자들에게 경찰이 사용자 편이라는 인상을 주지는 말아야 한다. 그 점에서 당시 경기청의 진압 방식은 논란의 소지가 있었다.

대규모 구조조정에 맞서 파업을 벌인 노동자들은 약자였다. 내가 당시 현장 지휘관이 아니어서 함부로 말할 건 아니지만, 생존을 걸고 싸우는 그들을 꼭 군사작전 하듯이 강경하게 진압해야만 했는지, 다른 해결방법은 없었는지 아쉬울 따름이다.

조 청장에 대한 호불호를 떠나 그가 나를 불러준 것은 무척 고마운 일이었다. 하지만 나는 즉답을 하지 않았다. 내가 진짜 가고 싶었던 자리는 서울청 수사과장이나 광역수사대장이었기 때문이다. 수사를 하고 싶었다. 두 부서는 형사과에 비해 수사 인력도 많았다.

형사과는 강력·폭력·마약 사건을 전담하는 곳이다. 반면 수사과는 고소·고발에 따른 지능범죄, 경제범죄 등 다양한 사건을 다룬다. 인지 수사를 하는 광수대에서는 권력형 비리를 수사할 수 있다. 특히 광수대장은 경찰 수사력을 대외적으로 과시하기에 딱 좋은 자리였다.

조 청장에게 그런 뜻을 전달했다. 그는 내 의견을 존중해줬다. 상황을 알아보고 다시 연락하겠다고 했다. 다시 전화를 걸어와 하는 말이, 수사과와 광수대는 예민한 사건을 많이 다루기 때문에 곤란하다고 했다. 청와대와 부딪칠 일이 생길 것 같아 나를 그 자리에 보내는 것은 부담스럽다는 게 청와대 및 경찰 수뇌부의 시각이었다,

결국 나는 서울청 형사과장에 임명됐다. 조현오라는 특별한 인물과의 특별한 인연이 맺어지는 순간이었다.

▎송파서 '슈퍼스타K'

　　서울청 형사과장 시절 가장 보람 있었던 일은 유흥업계 거물 이모 씨를 구속한 것이다. '룸살롱 황제'라고도 불린 이씨는 각계 유력인사들과 친분을 쌓고 유사시 그들을 로비 인맥으로 활용했다.

　긴급체포 현장에서 검사에게 전화를 걸 정도로 경찰을 우습게 본 그를 구속할 수 있었던 것은 무엇보다도 조 청장의 강력한 의지가 있었기 때문이다. 이 바닥에서 잔뼈가 굵은 민완형사 임경호 폭력반장의 공도 빼놓을 수 없다.

　2010년 8월 경찰청장으로 승진한 조 청장은 그해 12월 나를 경무관 승진 대상자에 포함시켰다. 하지만 전·현직 검찰 간부가 포진한 청와대 민정라인에서 내 승진에 제동을 걸었다.

　내가 2011년 1월 송파서장으로 옮긴 것은 조 청장과 청와대 간 타협의 산물이었다. 서울권 서장을 거치지 않았다는 게 민정에서 내세운 승진 반대 이유였기 때문이다. 조 청장은 내게 1년 후 경무관 승진을 약속했다.

　송파서장 재임 중 가장 기억에 남는 일은 그해 10월 경찰의 달을 맞아 일주일간 문화행사를 연 것이다. 전 직원 및 가족이 참여하는 체육대회와 '슈퍼스타K'를 본뜬 장기자랑이 좋은 반응을 얻었다. 체육대회 종목은 줄다리기와 이어달리기, 큰 공 굴리기 등이었다. 장기자랑의 경우 시민들이 심사위원을 맡았다.

　계장급 이상 간부들이 음악에 맞춰 춤을 춘 것도 인기를 끌었다.

불우이웃 돕기 성금을 모으는 밴드 공연도 펼쳐졌다. 송파서 직원으로만 구성된 일종의 직장인밴드였다. 모든 행사 기획과 진행은 아이디어가 좋은 이지은 경무계장이 주도했다.

내가 대전 서부서장과 중부서장 등 지휘관을 지내면서 가장 역점을 둔 업무방침이 경직된 조직문화를 바꾸고 탈(脫)권위적 분위기를 조성하는 것이었다. 그러기 위해서는 상하 간 소통이 중요했다. 생일 맞은 직원에게 일일이 친필 편지를 건넨 것도 소통 수단이었다.

직원 체육대회를 제대로 하는 것도 그런 차원이었다. 대부분 경찰서에서는 체육대회를 기피했다. 하더라도 형식적이었다. 잘해야 본전이라는 생각 때문이었다. 직원들이 술 먹고 사고라도 치면 서장이 책임져야 했으니.

언론에서 시비를 거는 것도 신경 쓰인다. 민원 처리 인력을 남기고 진행하는데도, 경찰이 민원을 내팽개치고 한가하게 체육대회나 한다고 비난하기 때문이다.

내게는 일관된 목표가 있었다. 직원들이 조직에 대한 자부심을 갖게 하는 것이었다. 그러려면 먼저 상사에 대한 신뢰를 바탕으로 소통이 이뤄져야 했다. 같이 땀을 흘리며 한 몸이 되는 체육대회는 그런 점에서 매우 유용한 수단이었다.

2005년 수사구조개혁팀장을 할 때도 상하 간 위계질서보다는 동지적 유대감을 중시했다. 수직적 문화가 아닌 수평적 문화를 지향했다. 틈나는 대로 직원들과 함께 식사하면서 진솔한 얘기를 나누고 농담을 즐겼다. 야자타임을 갖기도 했다. 그런 자리를 통해 직원들을 더 잘 알게 되고 인간적 신뢰감을 쌓을 수 있었다.

특수수사를 총괄하다

　　조현오 청장은 2011년 11월 말 나를 경무관으로 승진시켜 경찰청 수사기획관에 임명했다. 말하기 좋아하는 사람들은 '위인설관(爲人設官)'이라고 했다. 나와 조 청장의 특별한 관계를 염두에 둔 뒷담화였다.

　신설된 수사기획관 임무는 크게 두 가지였다. 첫째는 경찰 수사의 중·장기 발전 방향을 정립하는 것이었다. 둘째는 경찰청이 관할하는 특수수사를 감독하고 지휘하는 임무였다. 과거 검찰에서 대검 중수부 수사기획관이 하던 일과 비슷한 면이 있었다.

　그런데 오자마자 지휘하게 된 디도스 공격 사건이 논란에 휩싸이면서 자연스레 두 번째 업무에 더 비중을 두게 됐다. 조 청장의 의중도 그랬다. 검찰과 수사권을 놓고 대립하는 상황에서 수사기획관을 통해 경찰 수사력을 극대화하려는 생각이었다. 나를 서울청 형사과장에 임명할 때도 그런 의도가 있었다.

　수사기획관은 직제로는 참모 기능이지만, 경찰청의 주요 수사 전반을 챙겼다. 그 임무와 권한이 막강했다. 편제상 수사국장이 직속상관이지만, 주요 사안은 청장에게 직접 보고했다.

　나는 경찰청 직속 수사팀인 특수수사과, 지능범죄수사대(지수대), 사이버수사대와 범죄정보과(범정과)의 수사 진행 상황을 점검하고 지도했다. 범정과에서 올라온 첩보나 정보의 속성과 가치를 판단해 각 수사팀에 배당하는 것도 주요 업무였다. 또한 지방경찰청에서 진행하는 수사라 하더라도 주요 사건이라고 판단하는 경우에는 보고를 받고 간접 지휘를 했다.

수사기획관으로서 처음 맡은 디도스 공격 사건은 사이버수사대가 수사했다. 야권과 일부 언론이 수사결과에 대해 축소·은폐 및 외압 의혹을 제기했지만, 수사 과정을 잘 몰라서 하는 소리였다.

전혀 사실이 아니었다. 뒷날 법정에서도 근거가 없는 것으로 드러났다. 오히려 법원은 검찰 및 특검의 결론보다 경찰 수사결과에 더 부합하는 판결을 내놓았다.

2012년에는 윤모 세무서장의 뇌물 의혹 사건, 김광준 검사의 뇌물 비리 사건 등으로 검찰과 대립각을 세웠다.

현직 검사의 형인 윤 서장 사건은 서울청 광수대가 수사했다. 그런데 검찰이 무려 6차례나 압수수색영장을 거부한 탓에 정상적으로 수사를 진행하기 힘들었다. 그 사이 윤 서장은 해외로 달아났다. 해가 바뀌어서야 귀국한 그는 2015년 검찰로부터 무혐의 처분을 받았다.

경찰에 깊은 좌절감을 안긴 이 사건은 뒷날 문재인 정부에서 다시 세간의 관심을 끌었다. 2019년 7월 윤석열 검찰총장 후보자를 검증하는 국회 청문회장에서였다. 당시 경찰 수사 과정에서 일부 검사들의 부적절한 개입이나 위법한 행위가 없었는지, 외압이 작용한 것은 아닌지 등이 쟁점이었다.

경찰청 지수대에서 수사한 김광준 검사의 뇌물 비리는 다단계 사기꾼 조희팔 씨를 수사하는 과정에서 포착됐다. 널리 알려진 대로 이 사건에 대한 경찰 수사는 검찰의 가로채기로 유종의 미를 거두지 못했다.

김 검사는 경찰의 소환조사가 임박하자 검찰에 '자수'했다. 대검 감찰부가 그를 조사했다. 당시 경찰 수사팀은 김 검사의 차명계좌 추적과 관련자들에 대한 조사를 통해 뇌물 규모를 거의 파악한 상태였다.
'제 식구 감싸기'니 '수사 가로채기'니 하는 비난여론이 일자 한상대 검찰총장은 감찰을 수사로 전환했다. 이어 급히 구성된 특임검사팀이 경찰로부터 수사 자료를 넘겨받아 자체 수사에 나섰다. 검찰이 밝혀낸 김 검사의 뇌물 내역은 경찰 수사 내용에서 크게 벗어나지 않았다.

경찰대 동기생 구속

·· 이제 수사기획관을 하면서 가장 마음 아팠던 일을 고백할까 싶다. 나와 친했던 동기생 Q에 대한 얘기다.

조 청장은 역대 어느 청장보다 내부 비리에 대한 척결 의지가 강했다. 워낙 서슬이 퍼렇다 보니 다들 긴장하는 분위기였다. 조 청장의 말이 아니더라도 내부의 구조적 부패를 청산하는 것은 내가 초급 간부 시절부터 염원하던 일이었다. 지위고하를 따지지 않고 비리가 있으면 입건하라고 지시했다.

어느 날 범죄정보과장이 내 방에 와서 조심스럽게 물어봤다.

"기획관님 동기도 해당됩니까?"

"가져와 보세요."

해당 정보에 대한 기록을 살펴봤다. 범정과의 첩보망에 걸려든 내 동기는 Q였다. 뇌물수수 의혹이었다.

동기 중 승진이 빠른 편이던 그는 내게 몹시 고마운 사람이었다. 내가 어려움에 처할 때마다 위로하고 챙겨줬다. 더러 내 보직과 승진을 위해 윗사람에게 부탁하는 일도 서슴지 않았다.

그에게 수사 대상에 올랐다는 얘기를 해줘야 할지 말지 고민스러웠다. 인간적인 면에서는 알려주는 게 도리에 맞았다. 하지만 공적으로는 원칙과 규정에 어긋날뿐더러 내 소신을 허무는 일이었다. 고민 끝에 얘기해주지 않기로 했다.

곧 특수수사과의 수사가 시작됐다. 해외근무 중이던 그가 조사를 받으러 귀국했다. 예상한 일이지만 그가 전화를 걸어왔다. 나는 일부러 받지 않았다. 그러다 어쩔 수 없이 한 번은 만나게 됐다.

어색한 만남이었다. 그도 나도 별 말이 없었다. 서로 눈을 쳐다보기도 민망했다. 이윽고 그가 한숨을 내쉬며 말했다.

"나, 어떻게 해야 하냐?"

괴로웠다. 마음으로는 어떻게든 구해주고 싶은데 방법이 없었다. 내부 비리 척결을 강조하는 당시 분위기에서 수사기획관의 동기라고 적당히 봐주거나 덮는 건 불가능했다.

개혁을 하려면 위에서 모범을 보여야 한다. 솔선수범과 자기희생의 모습을 보이지 않으면 밑에서 따라오지 않는다. 대부분의 내부 개혁이 실패하거나 굴절되는 건 남에게는 가혹하고 자신에게는 관대한 상부의 이중성과 부도덕성 때문이다.

경찰에서 봐주면 검찰로 넘어갈 분위기였다. 그거야말로 막아야 할 일이었다. 도와주지 못할 거면 따뜻한 위로의 말이라도 건넸어야 하는데, 내 입에서는 짧고 냉정한 말이 튀어나갔다.

"원칙대로 해야지 별 수 있겠냐?"

"알겠다."

그를 동정하는 몇몇 동기가 내게 전화해 구명을 부탁했다. "동기한테 그럴 수 있느냐" "잘못한 게 없다는데 너무하는 것 아니냐"고 힐난하기도 했다. 나는 아무 말도 하지 않았다.

Q는 민간 사업자로부터 뇌물을 받은 혐의로 구속돼 재판에서 실형을 선고받았다. 포괄적 뇌물수수죄였다. 이후 그를 만나지 못했다. 언젠가 만나게 되면 따뜻하게 안아주고 싶다.

▌성접대 동영상 수사의 배후조종자?

·· 2012년 11월 나는 수사연수원장에 임명됐다. 수사연수원은 일종의 전문 수사교육기관이다. 강력범죄, 지능범죄, 보이스피싱, 사이버범죄 등이 주요 과목이다. 교수진을 선정하고 연수원 시설을 관리하는 것이 원장의 주요 업무다.

그해 12월 대선에서 박근혜 새누리당 후보가 대통령에 당선됐다. 정부 출범 직후인 이듬해 3월 김학의 법무부 차관이 별장 성접대 동영상과 관련해 낙마하는 사건이 발생했다.

이어 김기용 경찰청장이 경질됐다. 2012년 5월 조현오 청장의 후임으로 임명됐으니 1년도 안 돼 물러난 것이다. 김 청장의 경질에 대해 동영상과 관련한 경찰 수사에 대한 문책이라는 설이 유력했다. 수사라인에 있던 주요 간부들도 좌천됐기 때문이다.

이 수사는 내가 경찰청 수사기획관에서 수사연수원장으로 옮긴 후 범정과 첩보에서 비롯됐다. 워낙 예민한 내용이라 범정과 정보팀장이 특별수사팀장을 맡아 은밀하게 내사를 벌였다.

박근혜 정부가 출범하고 나서 이 사건이 언론 보도로 알려지고 김 차관이 사퇴한 후 청와대 고위관계자가 나를 벼른다는 얘기가 들려왔다. 나를 경찰 수사의 배후조종자로 여긴 것이다. 청와대가 하지 말라고 한 수사를 내가 뒤에서 밀어붙였다는 것이다.

사실과 거리가 먼 얘기다. 내가 수사기획관일 때 범정과도 지휘했으니 오해할 수는 있다. 하지만 나는 수사기획관을 떠난 이후 경찰 수사에 관여한 적이 없다. 관여할 수도 없고 관여해서도 안 되는 위치였다.

다만 친분이 있는 수사 관계자로부터 "검찰 고위직 인사가 관련된 사건이 있는데, 수사하기가 여의치 않다"는 얘기를 듣고 "어렵더라도 잘 돌파하라"고 격려한 적은 있다. 그것이 전부다. 김학의 씨는 당시 대전고검장이었다.

이후 수사가 어떻게 진행됐는지는 전혀 모른다. 알려고 하지도 않았다. 문제의 동영상을 보지도 못했다.

청와대 고위관계자가 나를 비롯해 경찰대 1기 출신 간부 전체를 손보겠다고 말했다는 얘기도 들렸다. 이치에도 맞지 않고 현실성도 없는 얘기였다. 쓴웃음이 나올 뿐이었다.

예상은 했지만, 인사 불이익이 이어졌다. 2014년 1월 수사연수원장에서 대전청 2부장으로 옮겨갔다. 명백한 좌천이었다.

대전청에는 1부장과 2부장이 있는데, 1부장이 선임이다. 1부는 경무, 정보, 보안 업무를, 2부는 민생치안을 담당한다. 지방청 1부장은 통상 경무관 1년차가 가는 자리다. 나는 인사가 날 당시 경무관 3년차에 접어든 상태였다. 이후 1부장을 겸직했다.

경찰청 고위 간부에게 물어봤다. 도대체 누구의 지시냐고. 자기도 모른다고 했다. 누구의 뜻인지는 모르지만, 나를 경찰청이나 서울청, 경기청 등 수도권에 두면 안 된다는 인사 지침이 있었다고 했다.

박근혜 정부 출범 초기 군인과 검사의 세상이 열렸다고 할 만큼 군과 검찰 출신이 득세했다. 그간 검찰을 공개 비판하고 검사 관련 수사를 주도한 것에 대한 보복이라는 의심이 들었다.

대전청 2부장을 끝으로 옷 벗을 생각을 했다. 나가면 정치를 할 생각이었다. 생계수단을 찾기보다는 내 목소리를 내겠다고 결심했다. 내 목소리를 온전히 낼 수 있는 공간은 정치밖에 없다는 생각이 들었다.

■ 경찰대 출신 청장에 대한 공개 비판

·· 2014년 12월 또다시 인사철이 돌아왔다. 그보다 6개월 전 경찰대 2기 후배인 강신명 씨가 경찰청장에 부임한 상황이었다. 내심 서울청 수사부장을 기대했으나 서울청 생활안전부장으로 발령났다.

승진을 기대할 만했다. 서울청 부장은 웬만하면 승진하는 자리였기 때문이다. 나는 존재감 없이 주어진 일에 충실했다. 가능하면 내 목소리를 내지 않았다. 업무 성격상 딱히 상부와 부딪칠 일도 없었다.

하지만 1년 뒤 인사는 실망스러웠다. 치안감 승진에서 탈락하고, 한직으로 밀려난 것이다. 새 보직은 경찰대 교수부장. 그 나름 의미가 있는 자리지만, 승진과는 거리가 멀었다.

당시 나는 경무관이 된 지 4년이 지났다. 어느 조직이나 비슷하겠지만, 계급이 올라갈수록 승진 문턱이 높을 수밖에 없다. 계급정년의 압박도 심해진다. 경무관 계급정년은 6년. 관행적으로 4년 이내에 승진하지 못하면 힘들다.

집권 초부터 나를 경계했던 박근혜 정부가 나를 승진시킬 리 만무했다. 발령 직후 명예퇴직 신청서를 받아놓고 사직을 저울질했다.

그 즈음 모 정당에서 국회의원 출마를 제안했다. 2016년 4.13 총선이 몇 달 앞으로 다가온 시점이었다. 출마하려면 3개월 전인 1월 12일 전에 사표를 내야 했다. 앞으로 승진 가능성이 없다고 판단했기에 심각하게 고민했다.

지방 모 대학에서 교수 자리를 제안하기도 했다. 전임교수, 겸임교

수 둘 다 가능하다고 했다. 봉급을 비교해보니 경찰에서 받는 것과 비슷했다.

가까운 사람들과 상의했다. 의견이 반반으로 갈렸으나 반대 쪽 논리가 나를 주저앉혔다. 그들은 현 시점에서 사표 제출은 승진 탈락에 대한 불만으로 비칠 수 있어 모양이 좋지 않다고 했다. 부당한 인사라는 것은 객관적으로 입증하기 힘들기에 내부에서 공감을 얻기가 쉽지 않을 거라고도 했다.

이들은 명분 있는 퇴진을 주장했다. 계급정년까지 2년이 남아 있으니 그 안에 명분 있게 나갈 준비를 하는 게 좋겠다는 조언이었다. 나를 걱정해주는 마음이 고마워 그들의 의견을 따르기로 했다.

경찰대 교수부장을 하면서 페이스북을 시작했다. 나에게 페이스북은 내 생각을 세상에 알리는 1인 미디어였다.

그해 6월 동아일보에 강신명 청장에 대한 현장경찰관 100명의 여론조사 결과가 보도됐다. 매우 부정적인 평가였다. 나는 페이스북에 이 기사를 링크하고 내 의견을 덧붙였다. 기자들이 이를 기사화하는 바람에 시끄러워졌다. 요지는 다음과 같았다.

"경찰대학 출신 경찰 총수가 나오면 이전과는 뭔가 다를 것이라는 기대를 갖고 있던 많은 전·현직 경찰 또는 시민에게 그는 적지 않은 실망과 좌절을 안겨줬다. 이번 조사결과에서도 그가 잘한 것이라고는 '임기 완료'뿐이고, 잘못한 것은 경찰대 출신으로는 가장 치명적이랄 수 있는 '지나친 정권 눈치'였다."

"경찰대학 교수부장으로서 학생들에게 경대 졸업생인 첫 번째 청장을 자랑스럽게 소개할 수 없다는 것은 가슴 아픈 일이다. 이제부터라도 '저분처럼(경대출신이냐 아니냐는 전혀 관계없음) 존경받는 경찰청장이 되기 위해 열심히 공부하고 연마하라'고 말할 수 있는 경찰 총수가 탄생하길 소망한다."

이에 대해 경찰청은 나에 대한 감찰을 검토하겠다는 방침을 밝혔다. 복무규율 위반 여부를 살펴보겠다는 것이었는데, 실제 감찰로 이어지지는 않았다.

강 청장은 문재인 정부가 들어선 후 구속됐다. 박근혜 정부 때 정보경찰을 동원해 선거에 부당하게 개입한 혐의다. 사실 여부를 떠나 전직 경찰청장이 그런 혐의로 법정에 서는 것은 안타까운 일이다.

2016년 경찰대학 교수부장을 지낼 때 딸과 함께 교정 정의탑 앞에서.

그간 경찰청장을 포함해 경찰 고위직을 지낸 사람이 옷을 벗은 후 검찰에 구속된 적이 한두 번이 아니다. 검찰은 무슨 사냥감처럼 이들을 추적하고 잡아들였다. 탈탈 털어서 이른바 별건수사로 구속하는 경우도 많았다. 그럴 때마다 경찰 위신이 땅에 떨어졌다. 경찰에 대한 국민의 신뢰가 내려앉았다.

전직 경찰 고위직 인사에 대한 검찰 수사가 다 잘못됐다는 얘기가 아니다. 실제로 비리를 저질러 수사 대상에 오른 사람도 많다. 다만 정치적 목적에 따른 표적수사의 희생양도 더러 있었다는 점을 지적하는 것이다. 특히 재임 중 검찰에 맞서거나 수사권 독립에 적극적이었던 사람에 대한 수사일수록 그런 의심을 받았다.

물론 강 전 청장에 대한 수사는 이와는 성격이 다르다. 문재인 정부의 개혁 과제인 '적폐 청산'이라는 틀에서 진행된 면이 있기 때문이다. 그럼에도 강 전 청장이, 정치적 표적수사의 희생양이 아니기를, 검찰이 습관적으로 펼치는 '경찰 망신주기'라는 그물에 걸린 희생양이 아니기를 바란다.

▎극적인 승진과 정치적 격랑

·· 경찰대 교수부장 시절 교육과정을 바꾸려 시도했다. 무엇보다도 사관학교 식 훈련 등 군사문화 잔재를 없애는 게 필요했다. 학생의 자율성을 침해하는 교육은 지양하고 창의력을 키우는 교육을 지향했다. 군사문화의 기반은 철저한 상명하복이다. 이는 권력에 굴종적인 가치관을 심어줄 뿐이었다.

인문학 교육이 약한 점도 문제였다. 올바른 인성과 균형 잡힌 가치관을 형성하는 데는 인문학만한 공부가 없었다. 나는 학장에게 인문학 교육을 강화하고 군사문화 잔재를 청산하는 쪽으로 교육과정을 획기적으로 바꾸자고 건의했다. 학장은 좋다고 했으나 학생지도부 쪽의 반대 의견이 만만찮아 절반의 성공과 절반의 실패로 만족해야 했다.

2019년 7월 조국 사태로 촉발된 검찰 개혁 집회. 서울 서초동 검찰청 일대를 가득 메운 시위대는 '정치검찰 물러나라'는 구호를 외쳤다.

2016년 가을 대한민국은 거대한 촛불의 함성으로 뒤덮였다. 최순실 국정농단 사태에 분노한 국민이 거리로 쏟아져 나온 것이다. 촛불시민의 구호는 '국정농단 규탄'에서 '박근혜 퇴진'으로 바뀌었다.

'박영수 특검'이 발족한 데 이어 국회는 대통령 탄핵소추안을 가결했다. 박근혜 정부의 실세들이 줄줄이 구속되고 대통령 업무가 중지됐다. 그야말로 앙시앙 레짐(구체제)의 붕괴였다.

혁명의 기운으로 뜨거웠던 그해 겨울, 나는 경찰청 수사구조개혁단장을 맡았다. 조직 민주화와 더불어 내 경찰인생의 목표인 수사구조 개혁에 마지막으로 헌신할 기회라 여기고 여한 없이 일했다.

2017년 7월 나는 마침내 치안감으로 승진했다. 계급정년 5개월을 앞둔 극적인 승진이었다. 울산경찰청장으로 부임해 불법 고래고기 환부 사건 재수사를 지휘하면서 검찰과 부딪쳤다. 울산시장 측근 비리 의혹 수사와 관련해서는 야당인 자유한국당으로부터 거센 항의를 받았다.

힘든 시기였다. 보수언론과 야권은 나를 '정치경찰'이라고 비난했다. 소가 웃을 일이었다. 수사과정을 제대로 안다면 결코 할 수 없는 말이었다. 맹세코 나는 정파적 이해관계에 얽매여 수사하거나 수사를 지휘한 적이 없다. 개인적 가치관과 공직자의 처신을 구분하지 못할 정도로 어리석지 않다.

2019년 10월 경찰청에서 열린 국회 행정안전위원회 국정감사에서도 이에 대한 공방이 벌어졌다. 그날 내가 야당 의원들의 질의에 답변한 대로, 선거를 앞두고 있다고 몇 개월 전부터 진행된 광역단체장의 측근 비리 의혹에 대한 수사를 덮어버린다면, 그것이 더 정치경찰의 행태가 아니겠는가?

수사기관이 마땅히 해야 할 수사를 하지 않는 건 국민에 대한 배임이자 직무유기다. 고래고기 사건 수사는 거대 권력 검찰에 대한 강력한 견제구였다. 울산시장 측근 관련 사건 수사는 지방 토호세력의 부패를 겨냥한 경종이었다. 비록 검찰의 비협조와 수사 방해, 불기소 처분 등으로 굴절되고 왜곡됐지만, 의미 있고 올바른 수사였다고 자부한다.

2018년 8월 울산경찰청 마당 조형물 앞에서 루게릭병 환자를 돕기 위한 아이스버킷 챌린지에 참여했다.

▌ 촛불혁명 정신으로

      2018년 12월 대전경찰청장에 취임했다. 1985년 경찰관으로 첫발을 뗀 지 33년 만에 고향의 치안을 책임지는 자리에 오게 된 것이다. 인사권자의 배려라고 여기면서도 이제 경찰을 떠날 날이 멀지 않았다는 예감이 들었다.

대전 출신 첫 청장에 대한 지역사회의 반응은 우호적이었다. 유천동 성매매 집결지 해체 사건으로 나를 호의적으로 기억하는 시민이 많았다. 여러 행사에 초대를 받았다. 친근한 이미지로 시민과 소통하고 싶어 시간이 허락하는 한 참석하려 노력했다.

주변에서 정치를 권유하는 사람이 조금씩 늘었다. 그들은 "고향의 경찰청장까지 지냈으면 경찰에서 할 역할은 다한 것 아니냐"고 했다. 평소 정치를 혐오하던 몇몇 교수도 "일하는 정치인을 보고 싶다. 일하는 국회를 만드는 데 일조해 달라"며 정계 입문을 권했다.

돌이켜보면 고교 시절부터 정치를 통해 세상을 바꿔보겠다는 꿈을 품었다. 20년 전부터는 '언젠가 정치를 해야 할 사람'이라는 얘기를 자주 들었다.

그런데 어느 시점부터 '가급적 정치는 하지 말아야겠다'는 생각을 굳힌 터였다. 표를 얻어야 하는 정치인의 속성상 소신과 양심을 지키기도 어렵고 혼자 힘으로 좋은 정치를 한다는 것이 불가능에 가깝다고 판단했기 때문이다. 정치를 해야 할 이유가 사라진 것이다.

또 정치에 대한 국민의 불신과 혐오가 큰 상황에서 어차피 나 혼자 바꾸기가 어렵다면 굳이 뛰어들어 욕먹을 이유가 없다고 생각했다.

2019년 5월 청소년의 달을 맞아 청소년이 많이 모이는 장소를 찾아 유관 단체와 함께 선도캠페인을 펼쳤다.

하지만 내가 정치를 외면한다 하더라도 누군가는 정치를 담당해야 한다. 정치 참여가 바람직한 사람은 꺼리고 정치판을 떠나야 할 사람은 악착같이 남는다면 정치에 대한 혐오가 더욱 커질 것이다.

누군가는 의무감으로, 또는 소명의식으로 정치를 맡아야 한다. 누군가에서 나는 빠지겠다면 그건 책임 회피가 아닌가 하는 생각이 머리를 무겁게 했다. 국민이 원하는 좋은 정치를 구현하는 데 일조해야 하는 것 아닌가 하는 생각으로 번민의 시간이 길어지고 있다.

아내와 딸의 강한 반대도 변수다. 사실 그간 풍운의 경찰 생활을 한다는 핑계로 가정에 충실하지 못했기에 늘 빚지는 심정이었다. 인생 2막에서는 무엇을 하든 가족과 함께 소중하고 아름다운 시간을 많이 보내고 싶은 마음이 간절하다.

정치인이 국민에게 신뢰받지 못하는 이유는 소신과 소명의식 및 책임감이 부족하기 때문이다. 내가 잦은 인사 불이익과 수모를 견뎌내면서 경찰 조직 민주화와 수사구조 개혁에 매진할 수 있었던 것도 바로 소신과 소명의식, 그리고 역사 앞에 책임감을 가졌기 때문이다.

오랜 기간 불합리한 상명하복 구조에 길들여지고 부패에 마비되고 검찰의 수사지휘권 위세에 눌려 아무런 저항도 하지 못했던 조직 구성원들에게 나는 '불의에 맞서 싸우면 바꿀 수 있다'는 비전을 제시하고 실천에 옮겼다.

불신과 혐오의 대상인 정치를 개혁하는 일 또한 다르지 않을 것이다. 훌륭한 정치인은 국민에게 비전을 제시하고 용기 있게 실천해야 한다고 생각한다.

누군가의 표현대로 나는 수사권독립군의 선봉이었다. 상사나 기득권자의 눈에는 이단아요, 꼴통이었다. 개혁보다 질서를, 분쟁보다 안정을 중시하는 사람들 눈에는 과격한 돈키호테였다. 돈키호테는 송파서장 시절 직원들이 붙여 준 애칭이기도 하다. 이상을 좇아 무모하다 싶은 도전을 일삼는 모습이 돈키호테 이미지와 닮았다는 평이었다.

그간 숱한 비난을 받고 모욕을 당하기까지 했다. 노골적으로 옷을 벗으라는 압박을 받았다. 그래도 견뎌낸 것은 나만의 꿈이 있었기 때문이다. 그 길을 포기하는 순간 내 영혼이 죽는다는 걸 알기 때문이었다.

그리스신화에 나오는 시시포스는 굴러 떨어지는 바위를 계속 산꼭대기로 밀어 올려야 하는 운명을 짊어졌다. 그처럼 나는 끊임없이 도전하고 저항했다. 가시덤불을 헤치며 한 걸음 한 걸음 내 길을 열어갔다.

대전경찰청장 부임 후 TED 강연을 모방해 '대성공 톡스(talks)'를 만들었다. '대성공'은 '대전경찰이 성장하는 공간'의 약자로, 문화·예술계 전문가가 와서 강연한다. 사진은 '대성공 톡스' 개설 취지를 설명하는 모습.

불가능한 도전으로 비친 나의 검찰 개혁 비전은 어느새 모두의 꿈이 됐고 조금씩 현실이 돼 간다. 운도 따랐다고 생각한다. 나같이 반항적인 기질을 가진 사람이 조직 내 비주류의 길을 걸으며 현실과 타협하지 않고 소신을 지키면서도 치안감까지 승진한 것은 기적 같은 행운이 아닐 수 없다.

물론 나 혼자 힘으로 이뤄낸 것은 없다. 내가 위기에 처하거나 좌절할 때 도움을 준 분들, 보잘것없는 내 능력을 높이 평가해준 분들, 대의를 향한 힘난한 여정에 기꺼이 동참한 분들의 노고를 빼놓고서는 어떠한 성취도 언급할 수 없다.

모름지기 한 사람의 열 걸음보다 열 사람의 한 걸음이 소중하다는 것이 역사의 교훈이다. 그것을 여실히 보여준 것이 촛불혁명이다. 반민주적 구체제의 성벽을 무너뜨린 2016년 광화문의 촛불과 검찰 개혁을 외친 2019년 서초동의 촛불은 참여와 연대의 힘이 얼마나 위대한지를 입증했다.

이제 나는 촛불혁명의 숭고한 뜻을 받들어 인생 2막을 펼치려 한다. 정치의 길을 걷든, 평범한 시민으로 살아가든, 혹은 공직의 삶이 더 이어지든 내 삶의 나침반은 늘 정의를 가리킬 것이다.

'기회는 평등하고, 과정은 공정하고, 결과는 정의로운' 세상을 만드는 데 미력이나마 보태고 싶다. 눈을 크게 뜨고 가슴을 넓게 펴되 고개는 숙이겠다. 그간 지지해주고 도와준 분들에게 진심으로 감사를 드린다.

對談

4부
묻고 답하다

대담 **조성식 · 황운하**

▌첫 번째 인터뷰   검찰 개혁

·· **오늘날 검찰 개혁은 시대적 과제로 떠올랐다. 이는 경찰에서 주장해 온 수사구조 개혁과 밀접한 관계를 갖는다. 불씨를 지핀 조국 전 법무부 장관에 대한 검찰 수사 얘기부터 해보자. 무엇이 문제였나?**

"진영 간 시각 차이가 극명하니 자칫 한쪽 편을 드는 것으로 인식할 우려가 있다. 한쪽에서는 장관 적임자가 아닌데 대통령이 무리하게 임명했다고 본다. 다른 한쪽에서는 비록 정치적 논란의 대상이기는 하지만, 사태를 키운 건 검찰의 수사권 남용이라고 본다. 대통령의 인사권에 개입하는 정치행위를 했다는 것이다.

양쪽 다 일리가 있다. 하지만 후자 쪽 논리가 사태의 본질에 가깝다고 본다. 장관 임명은 대통령의 고유 권한이다. 조국 장관을 임명한 것은 국민의 권한을 위임받은 대통령이 인사권을 행사한 것이다. 야당에서 각종 의혹을 제기한 만큼 정치적 논란은 있을 수 있지만, 임명되기도 전에 검찰이 영향을 끼쳐서는 안 된다.

지금까지 장관 후보자에 대해 비리 의혹이 제기되지 않은 경우가 없다. 그렇지만 이번처럼 검찰이 후보자와 그 가족, 친척에 대해 대대적으로 압수수색을 벌인 전례가 있는가? 검찰이 조국을 장관으로 받아들이기 싫다는 의지를 강력하게 표현한 셈이다.

야당과 언론의 의혹 제기를 빌미로 비상식적인 수사권을 발동했다. 털어 먼지 안 날 사람 있겠느냐? 그럼 장관 임명을 무산시킬 수 있지 않겠느냐? 이런 의도로 상황을 악화시킨 것 아니냐는 의심을 살 만하다. 여야 정치공방에 그칠 일을 국론을 양분하는 심각한 사건으로

2018년 6월 울산청장 재임 중 정부가 검경수사권조정 합의안을 발표한 후 조성식 기자와 인터뷰할 때의 모습.

만들었다. 검찰 수사가 아니었다면 이 정도로까지 나라가 심각한 분열 양상을 보였을까?

결과적으로는 긍정적 의미도 있다. 서초동 촛불집회가 보여줬듯 일반 국민도 검찰 개혁의 필요성을 절감하는 계기가 됐기 때문이다. 대통령의 인사권을 침해하고 직속상관을 무지막지하게 수사해 결국 내쫓아내는 검찰의 막강한 권력에 많은 국민이 분노한 것이다.

검찰은 제 발등을 스스로 찍은 셈이다. 조국 수사로 검찰 개혁이라는 도도한 흐름이 형성됐다. 누구도 거스를 수 없는 시대적 흐름이다. 그런 점에서 역사 발전에 이바지한 면도 있다.

‥ **검찰은 청문회 기간에 공소시효 만료를 내세워 장관 후보자의 부인을 기소했다.**

"공교롭게도 시점이 맞물렸다. 검찰이 기소한 범죄 혐의가 사문서 위조다. 구체적으로는 표창장을 위조했다는 혐의다. 사문서 위조 범죄는 반드시 위조 사문서 행사, 즉 위조한 사문서를 어떤 목적으로 실제로 사용한 범죄와 떼어놓을 수 없다.

그런데 행사한 시점으로 보면 공소시효가 남은 상태였다. 나중에 이 부분에 대한 혐의가 확인되면 그때 가서 기소해도 된다. 공소시효가 임박했다는 이유로 서둘러 위조 혐의에 대해서만 기소한 것은 이해하기 힘들다. 단순히 공소시효 때문에 그랬다고 보기 어렵다.

그리고 혐의 내용을 감안해 판단했어야 한다. 피해자가 많다든지, 피해 정도가 심각하다든지. 예컨대 화성연쇄살인사건처럼 국민적 공분을 일으키는 범죄라면 공소시효가 중요할 수밖에 없다. 그런데 부인이 10년 전에 표창장을 위조한 게 사실이라도 해도, 그게 그렇게 시급히 수사해야 할 중대한 범죄인가? 더욱이 국회 청문회를 앞둔 상태에서.

자녀 입시와 관련된 문제라 많은 사람이 실망하고 분노하는 심정은 이해되지만, 대통령의 인사권을 침해하면서까지 수사기관이 나설 일인지, 더욱이 당사자 조사도 하지 않은 채 긴급히 기소해야 할 일인지 의문이 든다. 정치적 의도가 담긴 기소권 남용이라고 본다."

· · **검찰총장은 "법과 원칙에 따라 수사한다"고 강조한다.**

"윤석열 총장도 청문회 때 여러 의혹이 제기됐다. 의혹이 제기됐다고 해서 조국 장관 수사하듯이 가족과 친척을 탈탈 털었다면 무사할 수 있었을까? 하고 싶은 사건만 골라 법과 원칙을 내세우는 게 아닐까?"

· · **이른바 선택적 정의인가?**

"그렇다. 수많은 고소·고발 사건 중 특별히 하고 싶은 것을 골라 특수부에 배당하고 수사인력을 결정한다. 두 달간 특수부 검사 수십 명을 투입하고 압수수색만 70회를 했다는데, 조 전 장관이 무슨 범죄에 얼마나 개입한 건지 분명하지 않다. 국민 세금이 들어가는 검찰을 이렇게 자의적으로 운용해도 되는가?

아무리 중대한 범죄라도 하기 싫은 건 덮는다. 최근 사건만 보더라도, 김학의 사건의 경우 검찰과거사위원회가 수사를 권고하니 마지못해 나섰다. 그 전에는 어떻게 했는가? 무혐의 처분했다. 피해자의 피맺힌 진술과 여러 정황증거가 있는데도 과감하게 덮었다.

반면 조직 차원에서 작정한 사건은 저인망식 수사를 벌여 어떻게든 기소한다. 나중에 법정에서 무죄가 나오는 한이 있더라도. 이건 법과 원칙에 따른 수사가 아니다.

조국 수사는 첫째, 보충성 원칙에 어긋난다. 국가형벌권 발동은 최소한에 그쳐야 한다. 정치적·정책적 사건은 정치적인 수단으로 해결하는 것이 바람직하다. 사회적 논쟁이나 토론 등 비정치적 접근이 우선돼야 한다. 수사권 발동은 최소한으로, 보충적으로 이뤄져야 한다.

둘째, 비례 원칙에 어긋난다. 초등생이 문방구에서 연필을 훔쳤다고 하자. 이에 대한 철저한 수사는 비례 원칙에 안 맞는다. 그 부모가 아이를 어떻게 키웠는지까지 수사한다면 법과 원칙에 따른 수사로 볼 수 있겠는가? 사건 경중에 따라 수사 수단을 선택하고 강도를 조절해야 한다.

조국 장관 부인의 혐의로 제기된 것이 사모펀드와 표창장 관련 의혹이다. 그게 특수부 검사 수십 명이 붙어서 수사할 사건인가? 야당과 언론에서 제기한 의혹이니 청문회를 지켜본 뒤 수사 여부를 검토하겠다는 자세가 적절했다. 문재인 정부에 우호적이지 않은 언론의 보도

태도도 감안했어야 한다.

셋째, 형평 원칙에 어긋난다. 과거 유사한 사례가 발생했을 때 이번처럼 대대적인 수사를 했느냐? 앞으로도 계속 이렇게 할 거냐? 누구든지 청문회 앞두고 의혹이 제기되면 특수부 검사 수십 명을 투입해 가족과 친척까지 샅샅이 뒤질 거냐?

대통령의 언급을 수사 개입이라고 하는데, 말이 안 된다. 그럼 누가 검찰을 통제하느냐? 임명권자인 대통령과 국민 의사를 대변하는 정당이 민주적 통제를 하는 것이 당연하다."

검찰은 수사 독립성과 정치적 중립성을 내세운다.

"물론 검찰의 수사 독립성과 중립성은 지켜야 한다. 하지만 전제가 있다. 수사기관의 권력 남용 가능성이 제도적으로 제거된 경우에 한해서다. 우리나라 검찰은 세계적으로 드물게 수사권과 기소권을 독점했다. 독립성과 중립성을 방패삼아 수사권을 남용할 경우 대책이 없다. 이에 대한 대책이 마련되기 전까지는 통제가 우선해야 한다.

한편에서는 검찰 개혁의 본질로 독립성과 중립성을 언급한다. 마치 그것만 보장하면 검찰이 정의로운 수사를 할 것으로 착각한다. 그런 사람들 눈에는 과거 검찰이 정치권력과 야합하거나 정치권력이 검찰을 이용한 일부 사례가 크게 보일 수 있다.

하지만 검찰의 권력 남용은 몇 가지 정치적 사건에 국한되지 않는다. 국민의 일상생활 속에서 훨씬 광범위하게 이뤄지고 훨씬 큰 피해를 끼친다. 정치권력이 검찰을 이용하려는 유혹을 느끼는 것은 그만큼 검찰권력이 막강하기 때문이다. 검찰이 독점한 권한을 여러 기관으로 분산하면 정치권력도 굳이 이용할 필요를 느끼지 못할 것이다.

문제의 근원은 검찰의 권력 남용이다. 검찰의 중립성과 독립성에 초점을 맞춘 사람들은 검찰의 속성을 제대로 알지 못하는 것이다. 지금은 통제와 위험 제거에 초점을 맞춰야 할 때다. 검찰의 독립성만 강조하는 사람들은 검찰공화국을 만들겠다는 얘기를 하는 것과 다름없다."

·· **지식인, 언론인 중에도 그런 시각이 많다. 검찰의 권력 남용보다 중립성과 독립성 확보를 더 중요한 문제라고 본다. 왜 그런 시각이 많은 걸까?**

"지식인이나 언론인일수록 정치권력에 대한 불신이 크다. 사회의 상위 계층을 형성하는 정치권력을 비판해야만 참 지식인이고 언론인이라고 생각한다. 정치권력이나 재벌권력의 부패가 워낙 심하니 그나마 검찰이 수사권으로 그것을 견제하고 정화할 수 있다고 믿는 것이다.

그래서 검찰권력의 남용에 대해서는 과소평가하거나 외면한다. 검찰이 일부 정치적 사건에서 매서운 수사력을 보여줄 때 카타르시스를 느낀다. 그러다보니 검찰 문제를 냉철하게 보지 못한다. 본의 아니게 검찰이 정의로운 칼이라는 프레임에 동조하는 셈이다. 정치권력은 곧 부패이고, 검찰은 그 부패를 단죄하는 정의로운 기관이라는 프레임이다."

·· **정치권력을 악의 축으로 보고, 이를 혼내줄 수 있는 기관은 그래도 검찰밖에 없으니 그 특별함을 인정해야 한다는 논리인 듯싶다. 검찰도 문제가 많은 집단이라는 걸 알면서도.**

"검찰 수사에 대한 환상을 버려야 한다. 일시적 카타르시스일 뿐이다. 검찰 수사에 대한 기대는 검찰을 무소불위 권력집단으로 만드는 데 이바지했을 뿐이다. 과연 정치권이 정화되거나 청렴한 나라가 되는 데 검찰 수사가 기여를 했느냐. 그렇지 않다. 예컨대 정치자금이나

선거자금 문제는 국회에서 법을 바꿈으로써 해결했다. 청탁금지법도 같은 맥락이다. 검찰의 막강한 수사로 해결된 게 아니다."

·· **국민 눈에는 검찰이 정치 개혁에 상당한 역할을 하는 것으로 비친다. 한 예로 노무현 정부 초기 불법 대선자금 수사는 국민에게 큰 박수를 받았다. 검찰 본연의 기능을 다하는 것으로 비쳤다.**

"검찰 수사가 무조건 나쁘다고 볼 수는 없다. 순기능도 있다. 다만 그것을 과대포장하는 것이 문제다. 순기능과 역기능을 냉정하게 짚어야 한다. 강력한 반부패 수사기구는 필요하다. 그런데 그게 꼭 검찰일 필요는 없는 것이다. 권력 남용이라는 폐단이 크기 때문이다."

·· **검찰에 모든 권한이 쏠려 있으니 그런 것 같다. 수사권, 수사지휘권, 영장청구권, 기소권 등 다른 나라의 경우 분산된 권한을 우리나라 검찰은 독점하고 있으니.**

"국회 패스트트랙(안건신속처리제도)에 오른 사법개혁 법안이 통과해도 검찰은 여전히 직접수사 기능을 갖는다. 권력 남용 위험이 사라지지 않는 것이다. 수사 총량을 줄여야 한다.

그럼에도 반부패 수사는 필요하니 그 기능을 몇 개 기관으로 분산할 필요가 있다. 고위공직자범죄수사처(공수처)와 공정거래위원회, 금융감독원, 국세청 등 분야별로 수사기구를 다원화하면 권력 남용 위험이 줄어든다. 물론 검찰은 빼야 한다. 기소권만 해도 막강한데 수사권까지 가지면 굉장히 위험하다."

·· **경찰은 초기에는 수사권 독립이라는 표현을 썼다. 이후 수사권 조**

정, 수사구조 개혁이라는 용어를 사용했다. 이런 개념과 검찰 개혁은 어떻게 연결되나?

"수사권 독립은 경찰이 검찰에 종속됐다고 보는 인식에서 비롯된 용어다. 경찰의 수사 기능이 검찰로부터 독립해야 한다는 뜻이다. 이는 검찰의 수사지휘권 폐지를 전제로, 검경 관계가 상하관계에서 협력관계로 전환됨을 뜻한다. 일방이 지휘하고 명령하는 관계가 아니라 상의하고 협조하는 관계다. 수평적 의사소통이 가능한 관계다.

사실 검찰은 기소권만으로도 경찰 수사를 충분히 통제할 수 있다. 경찰이 아무리 열심히 수사해서 검찰에 넘겨봐야 검찰이 재판에 못 넘기겠다고 하면 어쩔 수 없다. 이러이러한 걸 더 수사하라, 증거를 더 가져와라, 아니면 기소하지 않겠다고 하면 따를 수밖에 없다. 이것이 통제다. 그런데 통제를 넘어 지배를 하기 때문에 수사권 독립을 주장할 수밖에 없었던 것이다.

수사권 조정은 노무현 정부 때 쓰기 시작한 용어다. 수사권 독립은 경찰 측 용어이니 수사권 조정이라는 중립적 표현을 쓰자는 취지였다. 검찰이 제시한 용어인데 적절하지 않았다.

수사권 독립이라는 표현에 오해 소지가 있는 건 맞다. 경찰이 마음대로 하겠다는 뜻으로 비칠 수 있으니. 그런데 수사권 조정은 본질을 왜곡할 소지가 있는 표현이다. 싸우지 말고 권한을 나누라는 뜻으로 이해된다. 이는 검경 간 밥그릇 다툼, 나눠먹기라는 부정적 인식을 심어줄 우려가 있다. 실제로 언론은 이런 표현을 쓰면서 양비론적 태도를 취했다.

그런 점에서 수사구조 개혁이라는 표현이 적절하다. 일부 학자들도 이 용어가 맞다고 본다. 형사사법 시스템을 평가할 때 수사구조가 어떤지, 소송구조가 어떤지를 본다. 재판에서는 당사자주의, 직권주의, 공판중심주의라는 용어를 쓴다.

그렇다면 수사구조는 어떤가. 현행 형사소송법으로는 수사 개시-강제수사-수사 종결이라는 각 단계를 검사가 전적으로 지배한다. 이는 견제와 균형, 분권과 자율이라는 민주주의 원칙에 어긋난다. 검사가 왜 수사 전 과정을 지배해야 하느냐? 수사구조를 어떻게 바꾸는 것이 바람직한가? 수사구조 개혁은 이런 문제 인식에서 비롯된 용어다.

문재인 정부에서도 이 용어가 등장했다. 법무부 산하 법무검찰개혁위원회 1기 때 사용했다. 조정이 아니라 구조 개혁을 해야 한다는 뜻이다. 부분적 손질이 아니라 전면적으로 바꿔야 한다는 뜻이다.

현 검찰 제도는 프랑스 혁명 당시의 앙시앙 레짐과 같다. 시민사회가 왕정을 무너뜨리고 공화정 체제를 수립했듯이 검찰이 전적으로 지배하는 수사구조를 바꾸고 민주주의 가치에 맞는 제도를 새로 설계해야 하는 것이다.

수사구조를 개혁하면 경찰과 검찰의 관계가 새롭게 정립된다. 수사 단계에서의 권한과 기능이 달라질 수밖에 없다. 검찰이 내놓는 권한을 경찰이 다 가지는 것으로 생각하고 걱정하는 시각도 있다. 이는 사실과 다르다. 경찰이 검찰의 권한을 대신 갖는 게 아니다. 입법안대로 수사권 조정이 이뤄지더라도 경찰 권한이 커지지는 않는다.

그럼 왜 경찰이 목소리를 높이느냐? 검찰권 남용의 1차 피해자가 바로 경찰이기 때문이다. 모든 국민이 잠재적 피해자인데, 경찰도 피해 당사자로서 문제 제기를 하는 것이다. 이것을 권한 다툼으로 인식하면 양비론 프레임에 갇히게 된다.

검찰 개혁은 수사구조 개혁보다 큰 개념이다. 핵심은 수사구조 개혁이지만 플러스알파가 있다. 공수처 설치나 법무부의 탈검찰화, 직제 개편과 수사인력 조정 등이 여기에 해당된다."

‥ 수사구조 개혁의 핵심은 역시 수사, 기소 분리인가?

"그렇다. 검사 제도가 처음 생긴 것은 프랑스 혁명 후인 19세기 초다. 왕으로부터 독립해 재판할 수 있는 형사사법 제도를 갖춘 것이다. 먼저, 재판에 넘기는 사람과 재판하는 사람을 분리했다. 재판에 넘기는 사람이 바로 검사였다. 이후 재판에 넘기는 사람에게 수사 권한까지 주는 문제를 놓고 논쟁이 붙었다.

이때 추밀원장이 이런 논리로 반대했다. 공소관, 즉 검사는 재판의 한 당사자다. 공소를 제기하는 것만 해도 막강한 권한인데 그 사람에게 소추를 위한 수사권까지 주면 도시가 공포에 떨게 될 것이다. 작은 독재자를 만나게 될 것이다. 공포스러운 존재가 될 것이다.

추밀원장의 반대로 검사는 소추권만 갖고 수사권을 갖지 못하게 됐다. 수사와 기소는 분리한다는 원칙을 세운 것이다. 프랑스에서 수사를 지휘하는 사람은 예심판사라고 한다. 다만 경범죄는 검사가 수사를 지휘한다. 어떠한 경우든 실제 수사는 경찰이 다 한다. 검사와 예심판사는 직접수사 인력이 없다. 그렇게 해서 수사는 경찰이, 수사지휘는 예심판사와 검사가, 소추는 검사가 맡는 구조가 만들어졌다.

이것이 수사와 기소를 분리하는 이론의 뿌리다. 역사적 정당성을 갖는 것이다. 수사와 기소를 한 사람이 행사하면 필연적으로 그 권한을 남용하고 부패한다고 본 것이다.

그밖에 여러 이론이 있다. 그 중 일반 국민이 가장 쉽게 이해할 수 있는 이론적 근거는 형사사법제도의 민주화다. 분권과 견제라는 민주주의 작동원리를 형사사법제도에도 적용해야 하는 것이다. 권한 독점은 필연적으로 부패를 빚을 수밖에 없기 때문이다.

오늘날 검찰은 어디서부터 손대야 할지 모를 정도로 권력 남용이 심각하다. 인권 침해나 부패, 성추행에 무감각하다. 조사받던 사람이 자살하는 사건이 자주 발생해도 반성하지 않는다. 권력에 취해 있기 때문이다. 그래서 수사와 기소는 분리해야 한다.

무엇보다도 특별수사 총량을 줄여야 한다. 수사권도 분산해야 한다. 현재 검찰이 하는 수사 중 절반은 사라져야 한다. 대표적인 예가 조국 사건과 같은 정치적 수사다. 나는 같은 논리로 패스트트랙 폭력 사태에 대한 수사도 반대한다. 조국 수사는 여당에 큰 피해를 안겼다. 패스트트랙 수사는 야당 의원들을 겨냥한다. 어떻게 수사해도 정치적 논란에 휩싸일 수밖에 없다.

이런 문제는 정치로 풀어야 한다. 이왕 조국 수사를 했으니 패스트트랙 관련 수사도 안 할 수 없다고 주장할 수 있다. 형평성 면에서 일리가 있다. 하지만 내 생각에는 둘 다 검찰이 나설 일이 아니다. 이런 수사로 국가적 에너지를 낭비하지 말아야 한다.

대통령의 해외순방 기간에 장관 집을 압수수색했다. 국익을 위한 대통령의 활동이 검찰 발 뉴스에 가려졌다. 거의 쿠데타 수준이다. 그걸 중립성과 독립성으로 합리화할 수 있겠나?

수사만능주의에 빠지면 안 된다. 굉장히 위험하다. 누구나 다 법과 원칙에 따라 털어보자? 그럼 검찰 구성원들에게도 같은 잣대를 들이대야 한다. 먼저 검찰총장부터."

·· **영미식 수사구조는 수사, 기소 분리가 좀 더 철저하지 않나?**

"그렇다. 영국은 원래 수사를 하는 경찰이 기소까지 담당했다. 그러다 기소를 전담하는 검사 제도가 생기면서 수사와 기소가 분리됐다. 검사는 소추권자로서 경찰 수사에 조언하는 역할을 한다.

자치경찰제를 실시하는 영국은 여러 기관이 수사를 나눠 맡는다. 주요 범죄는 중대범죄수사청(SFO)이나 국가범죄수사청(NCA) 같은 독립 기구에서 수사한다. SFO는 뇌물이나 부정부패 사건을, NCA는 조직범죄, 마약, 테러 사건 등을 수사한다.

미국은 널리 알려졌다시피 주마다 자치경찰이 있는데, 주요 범죄는 연방수사국(FBI)이 수사한다. 검사는 기소권자로서 경찰과 상호 협력하는 관계다.

독일도 수사와 기소가 기능적으로 분리됐다. 독일 검사는 한국처럼 경찰 수사를 지휘한다. 하지만 큰 차이점이 있다. 자체 수사 인력이 없기 때문에 직접수사를 하지 않는다. 또한 경찰의 독립적 수사를 제도적으로 보장한다.

선진국 제도를 보면 한국의 수사구조가 얼마나 기형적인지 알 수 있다. 검찰을 권력기관이 아닌 소추기관으로 정상화하는 일이 시급하다. 수사는 경찰만 할 게 아니라 영국처럼 여러 수사기관이 나눠 맡는 게 효율적이다."

·· **2018년 6월 국회로 넘어간 정부 조정안을 두고, 경찰은 명분을, 검찰은 실리를 챙겼다는 평가가 있었다.**

"맞는 얘기다. 행정안전부 장관과 법무부 장관이 합의한 정부 조정안은 검찰의 반발과 국회 통과를 감안해 만든 타협안이다. 즉 검찰 의견을 고려해야 하는 법무부 장관이 받아들일 수 있는 내용만 담은 것이기에 한계가 있다. 냉정하게 말하면 검찰 개혁에는 별 도움이 안 되는 안이다.

가장 큰 문제점은 검찰의 직접수사권을 폐지하지 않은 것이다. 모든 문제의 근원을 제거하지 않은 것이다. 기소권 남용보다 더 심각한 문제가 수사권 남용이다. 검찰권력 남용의 본질이다.

정부 안을 보면, 검찰의 수사 범위는 부패, 경제, 금융, 선거 범죄 등이다. 겉으로 보면 마치 검찰의 수사 영역을 제한하는 것 같지만, 이는 사실을 호도하는 것이다.

부패 범죄만 보더라도 뇌물, 정치자금, 직권남용 등이 있다. 경제 범죄에는 사기, 횡령, 배임 등이 포함된다. 그밖에 위증, 증거인멸, 무고, 방위산업 비리 등도 수사한다. 조폭과 마약 범죄를 빼면 사실상 이전과 다름없이 거의 모든 영역에서 수사가 가능한 것이다. 게다가 '등'이라는 표현이 붙어 있다. 얼마든지 갖다붙일 수 있는 것이다. '등'을 제거하더라도 엄청난 영역이지만."

·· **한번 법을 제정하면 되돌리기 힘들다. 검찰의 직접수사권을 폐지하는 건 현실적으로 불가능해 보인다.**

"법으로만 규정해두고 실제로는 못하게 하는 방법도 있다. 직제와 인력을 조정하면 가능하다. 우선 생각할 수 있는 방안은 특수부를 크게 줄이고 형사부를 강화하는 것이다. 핵심은 서울중앙지검 특수부 축소다. 검사 인력과 조직이 방대한 중앙지검 특수부를 그대로 둔 채 다른 지방검찰청 특수부를 폐지하는 건 '눈 가리고 아웅' 하는 것이다.

검찰 수사 인력은 검사와 수사관으로 구성된다. 수사관 인력이 없으면 실제로 수사하기 힘들다. 수사관을 전환 배치하면 자연스럽게 직접수사를 줄일 수 있다. 경찰로 보내는 것도 좋고, 직무를 바꿔주는 것도 생각해볼 수 있다. 인력이 부족한 형 집행과 보호관찰 분야로 배치하면 법무검찰 행정을 원활히 하는 데도 도움이 될 것이다.

이런 일들은 국회에서 법을 고치지 않고도 가능하다. 대통령령이나 법무부령으로 바꾸면 된다. 조국 사태 이후 법무부에서 발표한 검찰 개혁안은 미흡하다. 중앙지검 특수부는 손도 못 댔다. 조 장관 가족을 수사하고 있으니 수사 방해라는 오해를 받을 수 있다고 우려했기 때문이다.

패스트트랙 법안도 여야가 재협의하면 좋은데, 전략상 좋지 않다. 아마도 티격태격하다가 시기를 놓칠 것이다. 일단 법안 통과가 중요하다. 검찰 개혁의 핵심은 검찰권 남용을 막는 것이다. 지금까지 나온 방안으로는 검찰 개혁의 실질적 효과를 보기 어렵다. 후속 개혁 조치로 중앙지검 특수부 축소, 수사관 전환 배치 등 검찰 직접수사를 실질적으로 줄이는 방안을 검토해야 한다."

·· **경찰에 수사종결권을 주는 것에 대해 우려하는 목소리도 있다.**

"고소·고발 사건의 경우 당사자가 경찰 수사결과에 이의를 제기하면 검찰로 넘어가게 된다. 무혐의 처분한 사건도 검찰로 넘겨야 한다. 검찰은 기록을 보고 문제 있다고 판단하면 재수사를 요구할 수 있다. 검사는 보완수사 요구에 따르지 않는 경찰관에 대해 징계를 요구할 수도 있다. 그런 식으로 겹겹이 통제할 수 있는 장치를 마련했기 때문에 걱정하지 않아도 된다.

경찰이 수사종결권을 가지면 국민에게 신속한 수사서비스를 제공할 수 있다. 자꾸 경찰 수사에 대한 검찰 통제를 강조하면 검찰 개혁이 안 된다. 거듭 얘기하지만 검찰에 몰린 권한을 나누고 쪼개야 한다.

다른 데서는 다 민주주의 작동 원리인 견제와 균형을 찾으면서, 검찰권력에 대해서만큼은 특수성을 인정하거나 본질을 외면하는 건 모순이다. 특히 사회 지도층, 엘리트층일수록 그런 경향이 있다. 서초동 촛불집회는 그런 기득권층의 이중성에 대한 일반 국민의 반발과 저항이라고 볼 수 있다.

무엇보다도 검찰의 직접수사와 수사지휘에 대한 환상을 버려야 한다. 직접수사를 정의로운 칼로 여기고, 수사지휘는 경찰의 오류 방지와 인권 보호를 위해 필요하다는 생각 자체가 착각이다."

·· **검찰 개혁 필요성을 인정하면서도 수사지휘권 폐지에는 반대하는 사람이 많다.**

"수사지휘는 이론일 뿐 현장에서는 실효성이 없다. 지금도 웬만한 사건은 다 경찰이 자체적으로 처리한다. 그런 점에서 수사지휘권 폐지는 명분일 뿐이다. 수사지휘권이 폐지돼도 검찰이 경찰 수사를 통제할 수단은 많다. 재수사나 보완수사 요구, 영장청구권 등으로 경찰 수사를 견제할 수 있다.

그간 검찰은 선택적으로 수사지휘권을 발동했다. 그렇다고 그것을 100% 악이라고 할 수는 없다. 순기능보다 역기능이 크다는 뜻이다. 경찰 수사를 실효적으로 통제하려면 외부보다 내부 기구를 가동하는 게 좋다. 이를테면 가칭 경찰심의위원회를 둬서 수사 내용을 점검하는 것이다."

·· **경찰권의 비대화에 대한 우려와 경찰 수사에 대한 불신도 크다. 노무현 정부 때 수사권 조정이 제대로 안 된 데는 그런 이유도 있지 않았나?**

"주로 법조인이나 법률가들이 그렇게 말한다. 경찰을 법률적으로 통제해야 한다고. 그럼 수사경찰이 전원 법률가로 구성된다면 그런 얘기를 안 할 것인가? 그때도 검사 지휘가 필요하다고 말할까? 논리적 모순이다.

법안 내용대로라면 경찰은 권한이 아니라 책임이 커진다. 어차피 지금도 수사는 대부분 경찰 몫이기 때문이다. 경찰 수준이 높아지는 건 검찰 지휘와 그다지 상관이 없다. 오히려 걸림돌로 작용한 면도 있다. 일부 예민한 수사, 특히 검사 비리와 관련된 수사의 경우 검찰의 차단과 방해 탓에 수사력을 더 키울 수 있는 기회를 놓쳤기 때문이다. 경찰 스스로 역량을 키우고 시민 통제를 받는 것이 가장 좋다."

·· **일반 국민의 피부에 와닿는 수사구조 개혁의 이점은 무엇인가?**

"권력을 남용하는 기관이 있다면 모든 국민이 잠재적 피해자다. 이번에는 조국 전 장관의 일가족이 털렸지만, 언제 누가 그렇게 당할지 모른다.

죄를 지으면 수사 받고 처벌 받는 게 당연하다. 하지만 표적수사와 과잉수사, 별건수사, 먼지떨이 수사가 문제인 것이다. 한국 검찰처럼 막강한 권력을 가진 수사기관이 작정하고 달려들면 견뎌낼 사람이 없을 것이다.

조국 수사가 살아있는 권력에 대한 수사인가? 권력형 비리 수사라 할 수 있나? 그건 현직에서 권력을 가지고 부패 비리를 저질렀을 때나 해당된다. 10년 전 교수 시절 고등학생 자녀의 입시 관련 의혹과 부인의 사모펀드 투자 관련 의혹이 권력형 비리인가? 민정수석의 지위를 이용해 불법을 저질렀다면 모르겠지만.

역대 장관 후보자 청문회에서 이보다 더한 비리 의혹이 제기된 사람이 많았다. 그중 누구에 대해서도 검찰이 청문회 전에 시비를 가리겠다고 수사에 착수한 적이 없다. 더욱이 중범죄자 취급하듯이 가족은 물론 친인척 주변 수십 군데를 압수수색하는 고강도 수사를 군사작전처럼 전개했다.

이건 강자에 강한 수사가 아니다. 표적수사이고 잔인한 수사일 뿐이다. 장관도 이렇게 당하는데, 힘없는 일반 시민은 오죽하겠나? 누구나 피해자가 될 수 있다. 남의 일이 아닌 것이다.

이런 걸 남의 일로만 여기는 것은 민주주의 제도가 내 생활과 무슨 상관이냐고 묻는 것과 다름없다. 형사사법 제도에서 민주주의를 실현하는 것은 국민주권을 실현하는 것이다. 검찰 제도가 당장 내 생활에는 관련 없는 듯싶지만, 견제와 균형 원리가 작동하지 않으면 언제 어떤 피해를 볼지 모른다.

최순실 국정농단 사태도 잘못된 검찰 제도 탓에 악화된 면이 있다. 청와대 민정수석실 내부 문서 등으로 비정상적 통치구조의 흔적이 드러났는데도 검찰이 덮어버렸기 때문이다. 현 수사구조에서는 어떠한 비리라도 검찰이 덮으면 그걸로 끝이다. 검찰 수사에 대한 견제가 없기 때문이다. 공수처가 필요한 이유다.

김학의 사건 피해 여성들도 검찰 제도의 장벽에 막혀 한을 풀지 못했다. 분명한 증거가 있는데도 계속 무시했다. 이런 제도는 국민에게 도움이 안 될뿐더러 해롭고 위협적이다. 형사사법 정의가 실현될 수 없는 것이다.

특수부 검사 출신 변호사가 1년에 100억 원을 버는 사회가 정상인가? 다 검찰의 독점적 권한과 수사권 남용 탓이다. 전관예우로 누군가

덕을 본다면 누군가는 피해를 보기 마련이다. 그런 점에서 형사사법 제도의 정상화는 국민생활과 직결되는 문제다."

‥　　**공수처 도입에 반대하는 의견도 많다. 선진국에 없는 제도이고, 정치적 악용 가능성이 있다는 이유에서다. 꼭 새로운 수사기관을 만들어야 하나?**

"외국에 똑같은 기관이 없기에 반대한다는 건 논리적이지 않다. 우리는 한 기관이 수사권을 독점하고 남용하는 데 따른 폐단이 너무 크기 때문에 이를 견제하는 차원에서 별도 기관이 필요한 것이다.

이상적으로는 수사는 경찰이, 기소는 검찰이 맡는 것이다. 하지만 현 시점에서 경찰이 모든 수사를 맡는다고 하면 국민이 받아들이지 못할 것이다. 아직은 경찰 수사력에 대한 신뢰가 부족하니 공수처를 도입하자는 것이다. 견제와 균형 차원에서도 바람직하다.

야당 탄압 등 정치적으로 악용된다는 주장은 억지다. 설계 자체가 그렇게 안 돼 있다. 공수처장만 해도 야당이 반대하면 후보 추천 자체가 불가능하다. 추천위원 7명 중 6명이 찬성해야 하는데 야당 몫 추천위원이 2명이기 때문이다.

공수처의 권한 남용 가능성도 검찰에 비하면 훨씬 낮다. 공수처 인력이 100명이다. 검찰 수사 인력은 1만 명 가까이 된다. 검사만 2000명이 넘고, 수사관이 7000명 안팎이다. 경찰 수사 인력은 2만 명이다. 검찰의 1%밖에 안 되는 인원이 얼마나 권력을 남용할까? 공수처 반대 논리는 사법개혁의 발목을 잡겠다는 것으로 비친다."

‥　　**검사 출신인 금태섭 더불어민주당 의원은 '사법 과잉'을 지적하면서 검찰과 경찰이 제 기능을 하면 공수처가 필요 없다고 주장한다. 경찰에 대한**

검찰의 수사지휘권을 유지해야 한다면서.

"검찰의 직접수사 폐지를 전제로 한 주장이다. 지나치게 이상적인 주장으로 실현 가능성이 낮다. 더욱이 수사지휘 강화는 검찰 개혁 방향과 맞지 않는다. 수사지휘권 남용의 폐해를 과소평가하는 게 아닌가 싶다.

공수처는 판검사 등 고위 공직자의 부패를 전담 수사한다. 경찰과 공수처가 상호 견제하면서 각자 영역을 수사하는 모양새가 바람직하다. 검찰의 직접수사가 유지되면 반부패 수사 영역에서 공수처와 겹칠 수도 있다. 그 경우 공수처가 우선권을 갖는다. 검찰 직접수사가 변수이기는 하지만 공수처 필요성을 부정할 수준은 아니다."

‥   **공수처에 기소권까지 주는 것은 수사와 기소 분리라는 수사구조 개혁 논리와 맞지 않는다.**

"원칙적으로 공수처는 수사만 하고, 기소는 검찰이 하는 게 바람직하다. 하지만 검찰이 직접수사권을 행사하는 현 체제에서는 공수처가 기소권을 갖는 게 맞다. 그래야 제 기능을 다하면서 검찰을 견제할 수 있기 때문이다. 예컨대 기소권이 없을 경우 공수처가 검사 비리를 파헤쳐 법정에 세우려 해도 검찰이 기소하지 않으면 소용없다.

문재인 대통령은 공수처를 한시적 기구로 인식한다. 경찰 수사력이 일정 수준에 이를 때까지 공수처가 제한된 영역에서 수사권과 기소권을 갖고 검찰을 견제하는 역할을 해야 한다는 뜻이다."

‥   **검찰 제도를 근본적으로 손질하는 것이 부담스러우니 자꾸 돌아서 가는 건 아닌지?**

"당장 검찰 수사권을 전면 폐지할 경우 반부패 등 특수수사 영역에서 빈틈이 생길 우려가 있다. 경찰은 아직 준비가 덜 됐다고 보기 때문이다. 그래서 공수처를 운용하겠다는 것이다. 검찰에 수사 기능을 남긴 데는 그런 이유도 있다고 본다."

․․ **앞뒤가 안 맞는 것 같다. 수사, 기소 분리를 내세우면서도 현실적으로 검찰 수사 필요성을 인정한다는 것 아닌가?**

"문재인 정부는 적폐수사에서 검찰 수사력을 최대한 활용했다. 관성이 있으니 그것을 없애는 것에 대해 자신이 없을 수도 있다."

․․ **경찰 수사력이 검찰에 비해 많이 떨어지는가? 경찰은 반부패 수사를 못하나?**

"검찰과는 일단 가진 무기가 비교되지 않는다. 기울어진 운동장이다. 영장청구권을 비롯해 검찰은 동원할 수 있는 무기가 다양하다. 강력한 수사를 할 수 있는 원동력이기도 하다.

'경찰에서는 넘어가도 검찰에 가면 다 불게 된다'는 말이 나오는 것도 그런 맥락이다. 이건 인권 침해와도 관련된 얘기다. 수사를 잘한다는 뜻도 있지만, 피의자로부터 자백을 받아낼 강제적 수단이 많다는 뜻도 있기 때문이다.

수사 기법은 경험이 축적돼 발전하는 것이다. 경찰은 경험이 부족한 편이다. 그래서 기법과 역량이 부족한 게 사실이다. 일본과 달리 독자적인 영장청구권이 없는 것도 한 원인이다.

그렇긴 해도 전문 분야 수사는 많이 발전했다. 과학수사와 사이버수사 능력만 봐도 그렇다. 현실적으로 모든 수사를 경찰이 다 맡을 필요는 없다. 공수처 등 여러 기관이 전문 영역별로 나눠 맡는 게 바람직하다."

··　　**경찰에서 주요 범죄를 수사하는 광역수사대의 역량은 어떤가?**

"수사라는 게 그리 어려운 게 아니다. 고도의 법률지식이 필요하지도 않다. 상식을 가지면 누구나 할 수 있다. 다만 경험이 많을수록 수사를 잘하게 되는 건 맞다. 광수대를 검찰과 수평적으로 비교하면 다소 밀리는 게 사실이다.

일단 수사 여건부터 차이가 난다. 사건 참고인의 경우 경찰에서 부르면 안 올 때가 많다. 출장조사를 해야 하는데, 그마저 거부하면 방법이 없다. 반면 검찰에서 부르면 무조건 간다. 엄청난 압박 수단에 겁을 내기 때문이다.

경찰은 영장청구권이 없으니 강제수사도 쉽지 않다. 검찰을 거쳐야 하니 시간도 많이 걸린다. 검찰에서 거부하면 수사가 벽에 막힌다. 반면 검찰은 원하는 대로 바로바로 법원에 영장을 청구하니 수사가 신속하다.

내가 지켜본 바로는 광수대 수사가 답답할 정도로 느리더라. 언론과 검찰에 책잡히지 않으려 엄청 조심하면서 수사하는 것이다. 물론 광수대라고 고위 공직자 부패 수사를 하지 말라는 법은 없다. 하지만 이를 전담할 공수처에 비하면 효율성이 떨어질 수밖에 없다. 현 단계에서는 경험 축적과 제도적 보완이 필요하다."

··　　**일본 경찰은 우리와 달리 법원에 직접 체포영장과 압수수색영장을 청구할 수 있다. 검찰의 영장청구권 독점 문제는 이번 입법안에도 빠졌다.**

"영장청구권이 중요한 이유는 그것을 갖지 못하면 경찰 수사의 독립성과 자율성을 보장할 수 없기 때문이다. 영장 거부가 수사 방해로 비칠 때가 많다.

그런데 검찰 개혁을 주장하는 사람들조차 헌법을 고쳐야 하는 문제라고 포기하는 분위기다. 오히려 경찰 수사에 대한 확실한 통제 장치라고 여긴다. 하지만 입법안에 따르면 이것 말고도 검찰이 경찰 수사를 통제하거나 감시하는 장치는 많다.

방법이 아주 없지는 않다. 경찰에 검사를 두는 방안도 생각할 수 있다. 다만 명백한 오류가 발견되는 경우에만 영장 청구를 거부할 수 있게 해야 한다. 검찰 내에 이의심사위원회를 두는 방안은 얼마나 실효성이 있을지 모르겠다. 경찰 측 추천 인사를 포함한다 해도 그렇다."

·· **그렇게 보면 이번 수사권 조정으로 경찰이 얻은 게 많지 않은 듯싶다. 검찰은 잃은 게 별로 없어 보이고.**

"이거 저거 빼면 실속이 없다. 다만 상징적 의미가 크다. 수사 주체가 경찰이라는 점을 명확히 했다는 것. 하지만 영장청구권이 없는 수사권은 팥 없는 찐빵이다. 영장청구권 독점은 직접수사권과 더불어 검사 힘의 원천이다. 이 두 가지가 그대로 유지된다는 점에서 검찰 권한은 달라진 게 없다.

영장청구권은 퇴직 검사의 젖줄이기도 하다. 검사 출신 전관 변호사들의 밥벌이와 밀접한 관계가 있다. 얼마 전까지 한솥밥을 먹은 현직 검사들과의 친분을 바탕으로 영장 단계에서 힘을 쓸 수 있기 때문이다.

피의자들은 그걸 알고 거액을 들여 전관 변호사를 선임한다. 이른바 전관예우다. 현직 검사들도 이를 무시할 수 없다. 자기들도 옷 벗고 나가면 같은 처지이기 때문이다. 검찰 고위직 출신 전관 변호사가 1년에 100억 원씩 벌어들일 수 있는 데는 그런 사정이 있다.

이번 입법안은 수사구조 개혁의 1단계다. 첫 발을 내디딘 데 의미가 있다. 비법률적 후속조치가 따를 것으로 기대한다. 대통령령이나 법무부령으로 보완할 점이 많다."

‥ 검찰에 대한 문재인 정부와 여권의 모순된 태도를 지적하지 않을 수 없다. 이른바 적폐 청산 수사를 벌일 때는 매우 우호적이었다. 그때는 직접수사권 폐지나 특수부 축소는 언급도 하지 않았다. 오히려 그 기간에 특수부 조직이 커지고 인력이 늘었다. 그런데 조국 사태를 맞아 태도가 정반대로 바뀌었다.

"적폐 세력을 청산한다며 검찰에 너무 의존했다. 검찰의 적폐 수사는 필요하긴 했지만, 기간이 너무 길고 범위도 지나치게 넓었다. 결과적으로 검찰 힘을 키워주고 검찰 개혁에 역행하는 흐름을 만들었다. 일찍이 일부 법 전문가들이 우려한 사태가 빚어진 것이다."

‥ 유·불리를 따져 검찰 개혁을 주장하면 정당성을 잃는다. 문재인 정부의 지지층도 검찰에 대해 이중적 태도를 보였다. 적폐를 청산하던 정의로운 검찰이 하루아침에 적폐 세력으로 바뀌었다. 반대편에 섰던 국민 눈에는 정치검찰이 정의로운 검찰로 바뀌었다. 서초동 촛불과 광화문 촛불이 그렇다.

"적폐 수사는 명분이 있었기에 누구도 반발하기 어려웠다. 그 수사를 비난했던 사람들이 이번에 들고일어난 것이다. 조국 사태를 맞아 '너희도 한번 당해보라'며.

적폐 수사와 조국 수사는 구분해 봐야 한다. 적폐 수사는 비록 지나친 면이 있지만, 검찰이 수사기관으로서 할 일을 한 것이다. 하지만 조국 수사는 검찰권 남용이고 수사권 남용이다. 불순한 의도를 갖고 한 수사이기 때문에 비교 대상이 아니다."

·· 　　문재인 대통령이 조국 사태와 관련해 "조국 법무부 장관과 윤석열 검찰총장의 환상적 조합에 의한 검찰 개혁은 꿈 같은 희망이 됐다"고 회한조로 말하는 것을 보며 놀랐다. 순진한 건지, 오판한 건지….

"어떤 정치적 상황에서라도 검찰 개혁의 원칙을 잊으면 안 된다. 정파적 시각에서 보면 안 된다. 검찰의 수사 기능에 대해서는 각자의 가치관과 이해관계에 따라 달리 볼 수 있다.

검찰의 직접수사가 제도적으로 인정되는 한 그것이 남용되지 않게 관리하고 통제하는 것이 중요하다. 적폐 수사에 대한 검찰의 공을 인정하면서 검찰 개혁에 대해 순진하게 접근한 게 아닌가 싶다.

임기 절반이 지나는데 아직 검찰 개혁에 대한 가시적 성과가 없고 진전도 느리다. 조국 사태로 정부가 엄청난 타격을 받았기에 앞으로 얼마나 적극적으로 추진할 수 있을지 걱정스럽다. 자칫 검찰 개혁의 진정성을 의심받을 수도 있다.

그렇더라도 원칙을 포기하지 않고 꾸준히 추진해야 한다. 법 개정과 형사사법제도 개선을 통해 민주주의 원칙에 부합하는 방향으로 검찰 개혁이 꼭 이뤄지기를 기대한다."

두 번째 인터뷰　**인생의 길**

..　돌이켜보면, 어릴 적 꿈꾸었던 삶과 실제 삶은 어떤 차이가 있었나?

"고등학교 2학년이 되기 전까지는 장래에 대한 구체적인 꿈을 갖지 않았다. 10.26 을 거치며 봇물처럼 터져나온 정치 관련 신문기사와 책을 보면서 사회의식에 눈을 뜨게 되었다. 민주주의, 자유, 평등, 정의 등과 같은 공적 가치에 대한 관심이 높아졌다. 그때부터 막연히 부조리한 현실을 타파하는 혁명가나 개혁적인 정치가가 돼야겠다고 생각했다. 그래서 서울대 정치학과 진학을 목표로 삼았다.

그때 정치학과에 진학했더라면 시대의 아픔에 동참하면서 아마도 전형적인 386운동권의 길을 걸었을 듯하다. 하지만 가정형편으로 경찰대학교에 진학한 것이 나의 운명을 바꿔놓았다. 이후 경찰 조직의 민주화 및 수사구조 개혁이라는 목표를 세웠다. 돌이켜보면 그 두 가지 목표를 향해 흔들림 없이 나아간 것은 혁명가의 길을 가는 것 못지않게 파란만장했다.

권위주의적이고 계급지상주의적인 경찰 조직에서 상사와 부딪치고 괴물로 변한 거대 기득권 검찰과 두려움 없이 싸움을 벌여야 했다. 그 과정에서 모진 박해와 부당한 공격을 감내해야 했다.

오늘날 386 운동권이 모두 긍정적인 모습을 보이는 것은 아니다. 타락한 사례도 많다. 하지만 치열한 문제의식으로 기득권과 싸움을 벌여왔다는 점에서 사회·역사적 의미가 크다 할 것이다. 그런 점에서 나는 경찰 조직 내에서 386운동권과 같은 존재로 살아온 게 아닌가 싶다. 결과적으로는 고교 시절 꿈꾸었던 삶과 실제의 삶은 닮았다고 본다."

가장 감명 깊게 읽은 책, 혹은 삶에 가장 큰 영향을 끼친 책은?

"<백범일지>를 꼽을 수 있다. 임시정부 초대 경무국장을 역임한 백범은 대한민국 1호 경찰이기도 하다. 상놈으로 태어나 나라를 잃은 백성으로 만고풍상을 겪으며 대한민국 임시정부의 주석으로 성장하는 일대기는 그 자체로 대하드라마다.

<백범일지> 마지막에 나오는 '내가 원하는 우리나라'의 일부 구절은 암송해 말할 때나 글 쓸 때 활용하기도 한다.

'나는 우리나라가 세계에서 가장 아름다운 나라가 되기를 원한다. 가장 부강한 나라가 되기를 원하는 것은 아니다. 내가 남의 침략에 가슴이 아팠으니, 내 나라가 남을 침략하는 것을 원치 아니한다. 우리의 부력(富力)은 우리의 생활을 풍족히 할 만하고, 우리의 강력(强力)은 남의 침략을 막을 만하면 족하다.

오직 한없이 가지고 싶은 것은 높은 문화의 힘이다. 문화의 힘은 우리 자신을 행복하게 하고, 나아가서 남에게 행복을 주기 때문이다. 지금 인류에게 부족한 것은 무력도 아니요, 경제력도 아니다. 자연과학의 힘은 아무리 많아도 좋으나, 인류 전체로 보면 현재의 자연과학만 가지고도 편안히 살아가기에 넉넉하다.

인류가 현재 불행한 근본 이유는 인의(仁義)가 부족하고, 자비가 부족하고, 사랑이 부족한 때문이다. 이 마음만 발달이 되면 현재의 물질력으로 인류 20억이 다 편안히 살아갈 수 있을 것이다. 인류의 이 정신을 배양하는 것은 오직 문화다. 나는 우리나라가 남의 것을 모방하는 나라가 되지 말고, 이러한 높고 새로운 문화의 근원이 되고, 목표가 되고, 모범이 되기를 원한다. 그래서 진정한 세계의 평화가 우리나라

에서, 우리나라로 말미암아 세계에 실현되기를 원한다.'

백범 김구 선생의 좌우명이자 즐겨 쓰던 친필 휘호로 알려진 문구도 내겐 힘들 때 이정표가 된다.

踏雪野中去(답설야중거) 不須胡亂行(불수호란행)
今日我行跡(금일아행적) 遂作後人程(수작후인정)

눈 덮인 들판을 걸어갈 때는
발걸음을 어지럽게 걷지 말지어다.
오늘 내가 디딘 발자국은
언젠가 뒷사람의 이정표가 되리라."

경찰 생활에서 가장 보람 있었던 일과 후회스러운 일을 꼽는다면?

"가장 보람 있었던 일이라면 2008년 대전 중부경찰서장 시절 유천동 성매매 집결지를 해체한 것이다. 인신매매로 팔려와 성노예와 다를 바 없는 생활을 이어가던 피해자들을 구출한 데 대해 큰 자부심을 갖는다. 결과뿐 아니라 과정도 대단히 자랑스럽다. 모두 불가능하다고 했던 집결지 해체를 두 달 만에 끝낸 데는 지역사회, 유관기관, 언론과 연대한 것이 큰 힘이 됐다.

하나 더 말한다면, 검찰 개혁이 시대적 과제로 부상하는 데 일조했다는 자부심이다. 1999년 검찰에 편법이나 불법으로 파견된 형사들을 철수시킨 데서 시작해 우여곡절을 겪으며 2017년 촛불혁명의 절정기에 경찰청 수사구조개혁단장으로 근무하면서 검찰 개혁 청사진을 완성하고 그것이 조금씩 현실화돼 가는 걸 지켜보면서 큰 보람을 느꼈다.

가장 후회스러운 일이라면 아무래도 가족에게 많은 시간을 할애하지 못한 것이다. 특히 2004년 늦게 태어난 딸의 유년기에 바쁘다는 핑계로 자주 놀아주지 못한 점이 걸린다. 더 많은 시간을 함께하고 더 많은 사랑을 베풀었어야 하는데 그러지 못한 점이 가장 후회스럽다."

·· **스스로 아웃사이더라고 생각하나? 그렇다면 아웃사이더의 사회적 의미를 어떻게 평가하나?**

"아웃사이더는 비주류, 변방과 비슷한 의미다. 스스로 아웃사이더라고 생각하는 건 주류에 편승하지 않겠다는 의지의 표현이다. 적절한 용기가 없다면 선택하기 쉽지 않은 길이다. 삶의 역정이 비주류, 아웃사이더의 길이었다고 생각한다. 주류인 기득권 세력, 예컨대 조직 내 상사, 검찰, 거대 언론 등과 끊임없이 마찰을 빚어왔다.

누구든 주류에 포함되고 싶어한다. 그러나 주류에 포함되기 위해서는 적당히 비굴해야 한다. 적당히 비굴하면 삶이 안락해진다. 그러나 그 비굴함을 거부하면 삶이 피곤해진다. 비굴함을 거부하는 건 내 기질이고 내 삶의 정체성이다.

신영복 선생의 저서 <변방을 찾아서>에서 아웃사이더의 사회적 의미를 이해할 수 있다.

변방이란?
중심지에서 멀리 떨어진 가장자리를 말한다.
그러나 변방!!! 인류의 역사다.
인류 문명사는 변방이 다음 시대의 중심이 되어 온 역사다.

낡은 것에 대한 냉철한 각성과 그것으로부터 과감한 결별이 변방의식의 핵심이다.

*변방성 없이는 성찰이 불가능하다.
변방이 창조 공간이 되기 위해서는 콤플렉스가 없어야 한다.
중심부에 대한 열등의식이 없어야 하는 것이다.
중심부에 대한 콤플렉스를 청산하지 못하는 한,
변방은 그야말로 변방(邊方)에 지나지 않는다."*

조직에서는 개인의 소신보다 조직논리가 앞선다. 부당한 지시에 따라야 하거나 불의에 눈감아야 할 때가 많다. 이런 문제로 좌절하거나 고통스러워하는 젊은이들에게 어떤 얘기를 해주고 싶나?

"눈앞의 작은 이익이나 손해에 연연하기보다는 좀 더 멀리 내다보고 대의와 소신을 위해 용기 있는 모습으로 살다보면 결국 더 성공적인 삶을 살게 될 것이라는 확신을 가지면 어떨까 싶다.

부당한 지시에 따르지 않은 대가는 인사 불이익이겠지만 직접 겪어보니 그 정도는 견딜 만하다. 당당한 삶의 대가라고 생각하면 즐겁게 받아들일 수 있다. 35년 공직생활에서 여러 차례 보복적인 징계, 좌천을 겪었지만 결과적으로 스스로에게 떳떳하고 명예로운 삶을 살 수 있었다.

검찰 개혁에 앞장선 임은정 검사는 조직논리에 저항하며 자신의 양심과 소신을 힘겹게 지켜왔다. 그런 삶의 태도는 당장은 힘들어 보이지만 역사에 큰 발자취를 남기는 성공적인 삶으로 귀결될 것이라고 믿는다."

·· **소신이 강한 사람은 도덕적 우월감이나 독선과 오만에 빠지기 쉽다. 이와 관련해 자성할 점은 없나?**

"돌이켜보면 스스로 도덕적 우월감에 젖어 상사는 물론 동기나 후배에게까지 독선적인 태도로 그들을 경시하거나 외면한 면이 없지 않았다. 덕분에 호불호가 분명하다는 평을 듣기도 하고 그만큼 안티(anti)가 많아지기도 했다.

요즘은 동료들, 특히 부하직원들에 대해서만큼은 좀 더 포용적인 태도를 가지려 노력한다. 하지만 개혁을 거부하는 기득권 세력에 대해서는 여전히 나만의 엄격한 잣대로 평가할 것이다. 다만 '접인춘풍 임기추상(接人春風 臨己秋霜)', 즉 '다른 이를 대할 때는 봄바람처럼 친절하게, 자신을 대할 때는 가을 서릿발처럼 엄격하게 하라'는 자세로 스스로에게 부끄럽지 않도록 자신에 대한 수양을 게을리하지 않는다는 걸 전제로 하는 얘기다."

·· **우리나라처럼 검찰권력이 센 상황에서 경찰이 검찰에 맞서는 일은 여간한 용기가 아니면 힘들다. 두렵지 않았나?**

"검찰은 독점적인 수사권과 기소권을 가진 무소불위 권력기관이다. 어떤 사람을 표적으로 정해놓고 탈탈 털기 시작하면 안 걸릴 사람이 거의 없을 것이다. 경찰과 달리 검찰이 인지수사에 나서면 대체로 기소를 전제로 수사하기 때문에 수사 대상자와 관련된 제3자가 거짓진술을 하도록 강요하고 나아가 증거를 조작해 생사람을 잡을 가능성도 배제하기 어렵다.

실제로 그런 사례가 종종 나타난다. 이런 경우 나중에 법원에서 무죄판결을 받는 것도 쉽지 않겠지만, 설사 무죄판결을 받는다 치더라도 이미 범죄자로 낙인찍히고 재판에 따른 시간적 경제적 손실, 정신적 피해 등으로 거의 패가망신을 당한다. 그 피해를 회복하는 것은 불가능하다.

따라서 아무리 털어봐야 먼지밖에 나올 게 없다고 생각하는 사람이라도 검찰이 두렵지 않다고 말하면 그건 검찰을 잘 모르고 하는 소리다. 나도 두렵지 않은 게 아니었다. 하지만 설사 검찰로부터 보복성 수사를 받고 실제로 기소되는 일이 벌어진다 하더라도 정의의 여신이 최후 승자를 가릴 때 내 손을 들어줄 것이라는 최면을 걸면서 용기를 잃지 않았다. 검찰 개혁이라는 대의를 위해서라면 그 정도 희생을 감수할 수 있다고도 생각했다."

·· **지나온 삶에서 몇 가지 변곡점을 꼽는다면?**

"첫 번째 변곡점은 경찰대 입학이다. 경찰대에 들어가지 않았다면 운동권 대학생이 돼 이른바 386운동권 출신 무리의 일원이 되었을 것이다. 물론 운동권 출신으로 이후 어떤 길을 걸었을지는 알 수 없다.

경찰대를 졸업하고 숙명처럼 경찰관이 됐지만 경찰 조직 내 운동권처럼 부당한 기득권, 부조리한 관습과 싸워왔다. 그 결과 경직된 의사소통 구조를 바꾸는 등 내부 개혁에 이바지하고, 검찰 개혁이 시대적 과제로 자리매김하는 데 일조할 수 있었던 것은 내 삶의 축복이었다고 생각한다.

두 번째 변곡점은 초대 경찰청 수사구조개혁팀장을 맡은 것이다. 수사권 독립을 위한 헌신을 내가 경찰로서 존재하는 이유로 삼긴 했지만, 그 일을 전담하는 경찰청 공식 조직의 팀장을 맡은 것은 대내외적으로 수사권 독립을 상징하는 인물로 인식되는 계기가 됐다. 그전

2019년 6월 경찰대총동문회로부터 '제2회 자랑스러운 동문상'을 받았다.

에도 공직자로서 절제된 삶을 살아오긴 했지만, 검찰에 대한 주 공격수 노릇을 하다 보니 검찰의 표적이 돼 더욱 엄격하게 자기관리를 하게 된 긍정적 면도 있다.

마지막으로, 치안감 승진이다. 경찰 승진은 시험과 심사로 이뤄진다. 경감, 경정까지는 시험을 통해 자력으로 오를 수 있지만, 총경 계급부터는 승진 문턱을 넘기도 어려운 데다 오로지 심사를 통해야 하기 때문에 실력과 상관없이 승진에서 누락될 수도 있다. 몇 번 탈락하다 보면 계급정년에 걸려 떼밀리듯이 나가야 한다. 실제로 많은 동기생이 거듭된 승진 탈락으로 조기에 옷을 벗어야 했다.

누구든 승진 과정이 쉽지는 않겠지만, 내 경우는 특별히 우여곡절이 많았다. 총경 승진도, 경무관 승진도 큰 변곡점이었다. 그때 승진에 실패했더라면 벌써 경찰 옷을 벗었을 테고 이후 삶도 달라졌을 것이다. 무엇보다도 치안감 승진은 기적 같은 일이었다. 갑작스러운 대통령 탄핵과 조기 대선에 이어 문재인 정부가 출범하지 않았다면 그 해 계급정년으로 퇴직해야 할 처지였기 때문이다.

· · **프루스트 시 '가지 않은 길'에서 화자는 두 갈래 길 중 사람이 적게 간 길을 선택했다. 가지 않은 길에 대한 회한은 없나?**

"나에게 가지 않은 길은 현실과 타협하는 길을 말한다. 또는 기득권이나 주류에 편입되기 위해 자신이 세운 원칙을 포기하는 길을 의미한다. 가지 않은 길은 더 많은 사람이 선택하는 길이다. 나는 사람이 적게 간 길을 선택했다. 회한은 없다."

· · **삶에서 가장 중요하게 여기는 가치는 무엇인가?**

"꿈, 열정, 균형감각, 의무감이다. 항상 높은 이상을 추구했다. 그래서 젊은 시절에는 혁명을 꿈꾸기도 했다. 체 게바라를 우상으로 여겨 '우리 모두 리얼리스트가 되자. 그러나 가슴 속에는 불가능한 꿈을 갖자'라는 그의 말을 좋아했는데, 특히 뒷부분 문장을 가슴에 품고 다녔다.

수사구조개혁단장 시절에는 사무실 벽에 '꿈에 눈이 멀어라. 시시한 현실 따위 보이지 않게'라는 문구를 붙여놓았다. '수사와 기소 분리'라는 목표를 이루기 위해 소소한 현실 문제는 뒤로 미루고 통 크고 대범하게 일로매진하자고 마음을 다지기도 했다. 적당히 현실과 타협하거나 비굴함을 감수하기보다는 가장 바람직한 상태를 설정해 놓고 그 꿈을 이루기 위해 다소 교조주의적인 삶을 살아왔다.

꿈을 이루기 위해서는 식을 줄 모르는 열정을 유지하는 것이 매우 중요하다. 그런데 열정에 빠지면 시야가 좁아지고 편견을 갖기 쉽다. 즉 균형감각을 잃기 쉽다. 그런 오류를 범하지 않으려 독서와 사색을 통해 정신수양을 하고 역지사지의 자세를 가다듬었다.

마지막으로, 의무감 또는 책임감은 자신의 소임을 성공적으로 완수하기 위해 꼭 필요한 덕목이다. 힘들고 지치고 외로울 때마다 조직에 대한 책임감, 삶에 대한 책임감으로 버텨냈다."

·· **어떤 사생관을 갖고 있나?**

"안중근 의사의 유묵(遺墨)인 '견리사의 견위수명(見利思義 見危授命)', 즉 '이익을 보거든 정의를 생각하고, 위태로움을 보거든 목숨을 바쳐라'는 자세로 살아왔다. 대의를 위해서라면 목숨을 걸 수 있어야 한다고 본다.

2011년 송파경찰서장으로 부임했을 때 직원들이 환영 플래카드를 내걸었다. 그 문구가 '단 한 순간을 살아도 당당한 당신'이었다. 내가 살아온 과정을 함축적으로 표현했다고 생각했다. 명분 있게 살아야만 살아가는 이유를 설명할 수 있다는 마음가짐으로 살아왔다. 추한 모습으로, 비굴한 모습으로 사는 건 삶을 연명하는 것에 지나지 않는다. 의미 없는 삶이다. 이순신 장군의 사생관으로 볼 수 있는 '사즉생 생즉사(死卽生 生卽死)'의 정신도 위기를 맞을 때마다 정면돌파의 용기를 갖게 한다."

·· **경찰 옷을 벗으면 무슨 일을 하고 싶나?**

"퇴직 후 정도를 걸으며 당당한 삶을 살아간다면 무슨 일을 하느냐의 문제는 그다지 중요하지 않을 수 있다. 경찰 조직에 남은 후배들에게 늘 자랑스러운 경찰 선배로 기억될 수 있는 길을 갈 것이다. 경찰 옷을 벗은 뒤에도 경찰의 많은 과제를 해결하는 데 도움이 되고 싶다. 또 시대적 과제이자 국민적 염원인 검찰 개혁을 완성하기 위해 최선을 다하고 싶다. 아울러 국가 발전으로 귀결될 수 있는 지역 발전을 위해서도 미력이나마 보태고 싶다.

나아가 국민에게 불신과 혐오의 대상이 돼버린 낡은 정치를 어떻게 타파하고 개혁할 수 있을지, 또 거기서 내가 어떤 역할을 할 수 있을지 고민하고 있다. 정치에 직접 참여하는 것이 그다지 좋은 선택은 아니라고 보지만, 의무감으로 그 일을 맡아야 하는 상황이 생긴다면 외면하지는 않을 것이다.

정치가 아무리 불신을 받더라도 누군가는 맡아야 하지 않겠는가? 공적 가치에 헌신할 수 있는 자세를 갖추고 열정과 책임감을 가진 사람이 적극적으로 정치에 참여해야 한다고 생각한다. 하지만 가족과 좀 더 많은 시간을 보내는 것도 그 못지않게 중요하다. 정치 참여는 개인적으로 많은 희생을 감수하고 고달픈 삶을 감당해야 한다. 따라서 여전히 많은 고민이 필요하다."

❝
변방성 없이는 성찰이 불가능하다.
변방이 창조 공간이 되기 위해서는 콤플렉스가 없어야 한다.
중심부에 대한 열등의식이 없어야 하는 것이다.
중심부에 대한 콤플렉스를 청산하지 못하는 한,
변방은 그야말로 변방(邊方)에 지나지 않는다.
❞

- **신영복**

1 2019년 10월 12일 경찰의 날을 맞아 '사회적 약자를 위한 음악회'에서 월광 소나타 제1악장을 연주했다.

2 2008년 7월 유천동 성매매 집결지 해체 작전에 돌입하기 직전 67개 업소에 대한 현장점검을 실시했다.

3 2017년 경찰청 수사구조개혁단장 시절 폴네띠앙 정기모임에 참석. 노래 부르라고 해서 앞에 나왔다.

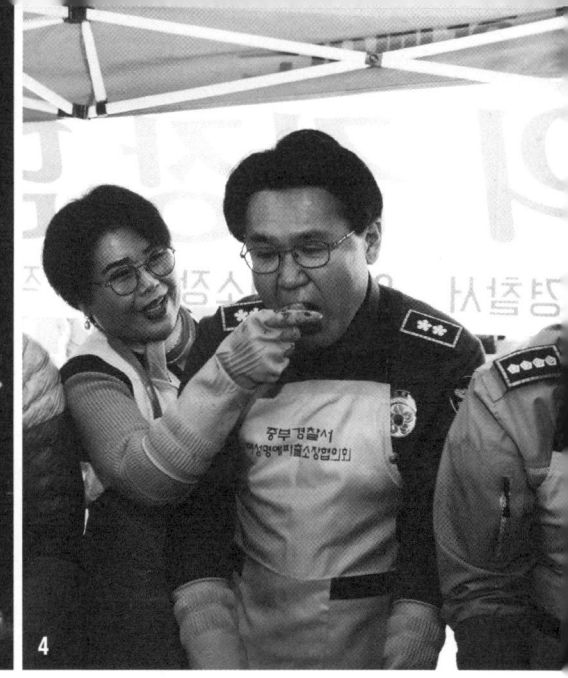

4 울산경찰청장으로 근무하던 2018년 11월 울산 중부경찰서의 김장 담그기 봉사활동에 참여했다.

5 대전경찰청장으로 부임한 직후인 2018년 12월 성탄절을 맞아 대전청 직장어린이 집을 방문해 1일 산타 노릇을 했다.

6 2019년 2월 대전경찰청장 재임 중 몇몇 직원과 함께 한라산 정상에 올라 수사구조개혁을 외치다.

7 울산경찰청장 부임 직후 현장방문 시 한 직원이 "TV에서 보던 분이 왔다"며 셀프 카메라를 들이댔다.

8 2018년 겨울 대전경찰청장 시절 연탄봉사를 하고 나서 활짝 웃는 모습.

9 대전경찰청장으로 재임하던 2019년 8월 광복절 기념행사장. 대전에서 유일하게 생존한 독립유공자와 함께.

축사 | 억울한 사람 위로하고 섬기기를

이 세상에 교회보다 더 귀한 것이 없습니다. 교회는 하나님이 우리를 만나주고 은혜와 복을 주시는 아버지 집입니다. 어떤 허물과 상처를 가지고 있든지 교회에 나오기만 하면 누구나 주님께서 어루만져주고 새롭게 만들어 주십니다. 그래서 교회에 나와 주님을 만나는 사람이 이 세상에서 가장 행복한 사람입니다.

황운하 청장은 우리 교회에 나와서 주님을 만나 큰 은혜를 받은 사람입니다. 주님은 귀한 따님도 선물로 보내주셨습니다. 주님의 은혜는 세상의 어떤 것과도 비교할 수 없는 보화입니다. 지금까지 공직에 있으면서 수많은 시련과 역경을 겪었는데, 앞으로 이 땅에 어렵고 힘들고 억울한 일을 겪는 분들을 주님의 사랑으로 더욱 잘 위로하고 섬기시리라 기대합니다.

이번에 귀한 자서전을 출간하게 돼 진심으로 축하드리며, 자서전을 통해 세상의 많은 사람에게 주님의 사랑과 위로와 소망이 전해지기를 간절히 기원합니다. 우리 주님의 이름으로 축복합니다. 주님의 은혜가 영원히 청장님과 함께하기를 기도합니다.

김 삼 환 명성교회 원로목사

검찰은
왜
고래고기를
돌려줬을까

초판 2쇄 2019년 12월 6일

지은이 황운하 조성식

펴낸 곳 해요미디어
편집 이혜민
디자인 강부경

전화 0505-043-7385
팩스 0505-043-7386
이메일 talbabo26@gmail.com

ISBN 979-11-968640-0-2 (03000)

* 잘못 만들어진 책은 구입한 곳에서 바꿔드립니다.
* 따뜻한 정의를 지향하는 해요미디어는 백범 김구 선생이 염원한 대로
  우리나라가 '높은 문화의 힘'을 갖추는 데 이바지하겠습니다.